徐复观全集

徐复观全集

中国思想史论集

九州出版社

图书在版编目（CIP）数据

中国思想史论集 / 徐复观著. -- 北京 ：九州出版
社，2013.12（2022.12重印）
　　（徐复观全集）
　　ISBN 978-7-5108-2559-0

　　Ⅰ．①中… Ⅱ．①徐… Ⅲ．①思想史－中国－文集
Ⅳ．①B2-53

中国版本图书馆CIP数据核字(2013)第304279号

中国思想史论集

作　　者	徐复观　著
责任编辑	周弘博　童丽慧　姬登杰
出版发行	九州出版社
地　　址	北京市西城区阜外大街甲 35 号（100037）
发行电话	(010)68992190/3/5/6
网　　址	www.jiuzhoupress.com
印　　刷	三河市九洲财鑫印刷有限公司
开　　本	650 毫米 ×950 毫米　16 开
插页印张	0.5
印　　张	24
字　　数	274 千字
版　　次	2014 年 4 月第 1 版
印　　次	2022 年 12 月第 4 次印刷
书　　号	ISBN 978-7-5108-2559-0
定　　价	48.00 元

徐復觀教授著

再版
增編

中國思想史論集

戴君仁敬題

徐复观先生著作

徐复观（右三）与牟宗三（左一）、熊十力（坐者）等合影

出版前言

徐复观先生的著作散见于海内外多家出版社，选录文章、编辑体例不尽相同。现将他的著作重新编辑校订整理，名为《徐复观全集》出版。

《全集》共二十六册，书目如下：

一至十二册为徐复观先生译著、专著，过去已出版单行本，《全集》基本按原定稿成书时间顺序排列如下：

一、《中国人之思维方法》与《诗的原理》

二、《学术与政治之间》

三、《中国思想史论集》

四、《中国人性论史·先秦篇》

五、《中国艺术精神》与《石涛之一研究》

六、《中国文学论集》

七、《两汉思想史》（一）

八、《两汉思想史》（二）

九、《两汉思想史》（三）

十、《中国文学论集续篇》

十一、《中国经学史的基础》与《周官成立之时代及其思想性格》

十二、《中国思想史论集续篇》。编辑《全集》时，编者补入若干文章，并将原单行本《公孙龙子讲疏》一书收入其中。

十三至二十五册，将徐复观先生散篇文章分类拟题编辑成书：

十三、《儒家思想与现代社会》

十四、《论智识分子》

（二十一至二十三册是按《学术与政治之间》的题意，将作者关于中外时政的文论汇编成册，拟名为《学术与政治之间续篇》。）

徐复观先生的著作，以前有各种编辑版本，其中原编者加入的注释，在《全集》中依然保留的，以"原编者注"标明；编辑《全集》时，编者另外加入注释的，以"编者注"标明。

为更完整体现徐复观先生的思想脉络，编者将个别文章，在不同分类的卷中，酌情少量选取重复收入。

《全集》的编辑由徐复观先生哲嗣、台湾东海大学徐武军教授，台湾大学王晓波教授，武汉大学郭齐勇教授，台湾东海大学薛顺雄教授协力完成。

九州出版社

二〇一三年十二月

编者前言

徐复观教授，始名秉常，字佛观，于一九〇三年元月卅一日出生于湖北省浠水县徐家垇凤形塆。八岁从父执中公启蒙，续在武昌高等师范及国学馆接受中国传统经典训练。一九二八年赴日，大量接触社会主义思潮，后入日本士官学校，因九一八事件返国。授身军职，参与娘子关战役及武汉保卫战。一九四三年任军令部派驻延安联络参谋，与共产党高层多次直接接触。返重庆后，参与决策内层，同时拜入熊十力先生门下。在熊先生的开导下，重启对中国传统文化的信心，并从自身的实际经验中，体会出结合中国儒家思想及民主政治以救中国的理念。年近五十而志不遂，一九五一年转而致力于教育，择菁去芜地阐扬中国文化，并秉持理念评论时事。一九七〇年后迁居香港，诲人笔耕不辍。徐教授于一九八二年四月一日辞世。他是新儒学的大家之一，亦是台、港最具社会影响力的政论家，是二十世纪中国智识分子的典范。

我们参与《徐复观全集》的选编工作，是以诚敬的态度，完整地呈现徐复观教授对中华民族的热爱和执著，对理念的坚持，以及独特的人生轨迹。

九州出版社出版《徐复观全集》，使得徐复观教授累积的智慧，能完整地呈现给世人，我们相信徐复观教授是会感到非常欣慰的。

王晓波　郭齐勇

薛顺雄　徐武军　谨志

《中国思想史论集》由台中私立东海大学一九五九年十二月初版，台北学生书局一九六八年二月再版，一九七一年三版。

目录

代　序
——研究中国思想史的方法与态度问题

一

这里所收的十一篇文章，都是已经在刊物上发表过的，因研究的对象——中国思想史——大体相同，所以现在略加补正，汇印成这本《中国思想史论集》。其中，《象山学述》是没有到东海大学以前所写的，我到东海大学已经四年，前两年所写的这类的文章，已收入在《学术与政治之间》的乙集。仅乙集里面《〈中庸〉的地位问题》一文，因与此集所收的《中国思想史中的若干问题》一文有直接关系，所以也汇印在这里。此外，收集在《学术与政治之间》甲、乙两集的若干同性质的文章，未能放在一起汇印，实系一大缺憾。所以后面特附存一个篇目。同时，在这两年内，除了收在这里的九篇及收在《东海学报》一卷一期的《〈文心雕龙〉的文体论》一篇以外，尚有几篇关于现代文化评论性的文章，或者更值得这一时代的人们看看，但因为性质的关系，所以都未加收录。至于这两年内发表过的若干杂感性的文章，那本来是不足爱惜的。

二

　　我的看法，对于中国文化的研究，主要应当归结到思想史的研究。但一直到现在为止，还没有产生过一部像样点的综合性的著作。这一方面固然是因为分工研究的工作做得不够，但最主要的还是方法与态度的问题。

　　五四运动以来，时贤特强调治学的方法，即所谓科学方法，这是一个好现象。历史上，凡是文化的开山人物，总多少在方法上有所贡献。不过，凭空地谈方法，结果会流为几句空洞口号。方法是研究者向研究对象所提出的要求，及研究对象向研究者所呈现的答复，综合在一起的一种处理过程。所以真正的方法，是与被研究的对象不可分的。今人所谈的科学方法，应用到文史方面，实际还未跳出清人考据的范围一步，其不足以治思想史，集中已有专文讨论。

　　一个思想家的思想，有如一个文学家的文章，必定有由主题所展开的结构。读者能把握到他的结构，才算把握到他的思想。西方哲学家的思想结构，常即表现为他们的著作的结构。他们的著作的展开，即是他们思想的展开，这便使读者易于把握。但中国的思想家，很少是有意识地以有组织的文章结构来表达他们思想的结构，而常是把他们的中心论点，分散在许多文字单元中去；同时，在同一篇文字中又常关涉到许多观念、许多问题。即使在一篇文章或一段语录中是专谈某一观念、某一问题，但也常只谈到某一观念、某一问题、对某一特定的人或事所需要说明的某一侧面，而很少下一种抽象的可以概括全般的定义或界说。所以读的人，不仅拿着一两句话推论下去，常会陷于以偏概全，容易把针对某一具体情况的说法，当作是一般性的说法。例如看到孔子曾主张"拜下"，[①]便误认孔子系以卑下为臣道，这当然是非常危险的结论。即使是把多数材料汇集在一起，但若不能从这些材料中抽出可以贯通各材料的中心观念，即是若不能找出黄梨洲所说的学者的"宗旨"，[②]则那些材料依然是无头无尾的东西。西方的思想家是以思辨为主；思辨的本身必形成一逻辑的结构。中国的思想家系出自内外生活的体验，因而具体性多于抽象性。但生活体验经过了反省与提炼而将其说出时，也常会澄汰其冲突矛盾的成分，而显出一种合于逻辑的结构。这也可以说是"事实真理"与"理论真理"的一致点、接合点。但这种结构，在中国的思想家中都是以潜伏的状态而存在。因此，把中国思想家的这种潜伏着的结构如实地显现出来，这便是今日研究思想史者的任务；也是较之研究西方思想史更为困难的任务。我在写《象山学述》一文时，先是按着象山的各种观念、问题，而将其从全集的各种材料中抽了出来，这便要把材料的原有单元（如书札、杂文、语录等）加以拆散，再以各观念、各问题为中心点，重新加以结合，以找出对他所提出的每一观念、每一问题的比较完全的了解。更进一步把各观念、各问题加以排列，求出它们相互间的关联及其所处的层次与方位，因而发现他是由哪一基点或中心点（宗旨）所展开的思想结构（或称为体系）。这种材料的拆散与结合，及在再结合中所作的细心考量比较，都是很笨的工夫。此后我所写的与思想

---

① 《论语·子罕》："子曰：拜下，礼也；今拜乎上，泰也，虽违众，吾从下。"按此语乃针对当时鲁之三家而发。

② 见黄梨洲《明儒学案·凡例》。此《凡例》对治思想史者极富有启发性。

史有关的文章，都是以这种笨工夫为基底。当然，在这种笨工夫中，还要加上一种"解释"的工作。任何解释，一定会比原文献上的范围说得较宽、较深，因而常常把原文献可能含有但不曾明白说出来的，也把他说了出来。不如此，便不能尽到解释的责任。所以有人曾批评我："你的解释，恐怕是自己的思想而不是古人的思想。最好是只叙述而不解释。"这种话，或许有一点道理。但正如卡西勒（Carsirer）所说："哲学上过去的事实，伟大思想家的学说与体系，不作解释便无意味。"① 并且没有一点解释的纯叙述，事实上是不可能的。对古人的、古典的思想，常是通过某一解释者的时代经验，某一解释者的个性思想，而只能发现其全内涵中的某一面、某一部分，所以任何人的解释，不能说是完全，也不能说没有错误。但所谓解释，首先是从原文献中抽象出来的。某种解释提出了以后，依然要回到原文献中去接受考验；即须对于一条一条的原文献，在一个共同概念之下，要做到与字句的文义相符。这中间，不仅是经过了研究者舍弃抽象的细密工作，且须经过很细密的处理材料的反复手续。

三

戴东原曾说："义理者，文章考核之源也。熟乎义理，而后能考核，能文章。"② 此处的"义理"，可以泛解作"思想"，这本是很平实的话。但段玉裁却接着说"义理文章，未有不由考核而得

————————

① *An Essay on Man* 日译本，页二五七。
②《戴东原集》段玉裁序。

者"，^① 这便把他先生的意思完全弄颠倒了。今人表面上标榜戴氏，实则并不足以知戴氏，而仅承段氏之末流。凡研究与文献有关的东西，必须先把文字训诂弄清楚，这还有什么疑问？但由段氏以至今日标榜考据的人所犯的毛病是：一则把义理之学与研究义理之学的历史（研究思想史），混而不分；一则不了解要研究思想史，除了文字训诂以外，还有进一步的工作。仅靠着训诂来讲思想，顺着训诂的要求，遂以为只有找出一个字的原形、原音、原义，才是可靠的训诂；并即以这种训诂来满足思想史的要求。这种以语源为治思想史的方法，其实，完全是由缺乏文化演进观念而来的错觉。从阮元到现在，凡由此种错觉以治思想史的，其结论几无不乖谬。现在我引二十世纪语言学权威耶斯柏孙（Otto Jespersen）在 *Mankind, Nation and Individual from a Linguistic Point View*（日译为《人类与言语》）大著中的几句话来破除这种错觉。他说："在下宗教、文明、教育等某些概念的定义时，多数人总爱先问'它的语源是什么？'以为由此而对于它本来的性质可投给以光明；这实在是最无意义的事。这是迷信名号之力的学者；他们与相信名号有魔术能力的（按如念真言、咒语之类）原始迷信，有其关联。我们即使知道'悲剧'（tragedy）曾经指的是'山羊之歌'，这对于悲剧本质的理解，不曾前进一步。又知道喜剧（comedy）的希腊语 Kōmos 的语源是'祭之歌'、'宴享之歌'的意味，对于喜剧本质的理解，更无所进步。"^② 因中国文字的特性，从语源上找某一思想演变的线索，并不是没有一点益处，但不应因此而忽略了每一

---

① 《戴东原集》段玉裁序。
② 日译本，页三〇四。

思想家所用的观念名词，主要是由他自己的思想系统来加以规定的。即使不是思想家，也会受他所处的时代流行用法的规定。

四

其实，决定如何处理材料的是方法，但决定运用方法的则是研究者的态度。有人强调科学方法，而常作陷于主观的论证，这种令人困惑的情形，大概不是在方法上可以求得解答，而关系到隐藏在运用方法后面的态度。所以科学方法与科学态度，是不可分的。但所谓态度，是整个现实生活的自然流露。在研究自然科学方面，因为研究的对象和研究者的实生活有一个距离，于是他的实生活的态度，和他走进实验室时的态度，也可以形成一个自然的隔限，而不易受到实生活态度的影响。所以有不少的自然科学者，其实生活的态度，和在实验室中的态度，无妨其有相反的现象；例如实生活是固执的，而做实验时则是客观的；在实生活中带有迷信，而在实验室中则全系理智。这也不大妨碍他的研究工作。并且自然科学的真理，其证明是来自对象的直接答复，所以一经证明以后，便没有多大的争论。研究人文科学，则研究的对象与研究者实生活的态度常密切相关；于是在实生活中的态度，常能直接干涉到研究时的态度。譬如假使有人对跳舞有兴趣，便可以把孔子的"游于艺"解作即是他的进跳舞场；而不知孔子的"游于艺"是和他的"志于道，据于德，依于仁"连在一起，所以和今人的跳舞，在精神上会有些两样；因此，便很难把自己的跳舞，解释是在师法孔子。并且在人文这一方面的证明，常常是间接性的证明；任何简单明白的道理，也可以容许人的诡辩。所以

中国思想史论集

在这方面的困惑，许多是和研究者的现实生活的态度有其关联。要使我们的实生活态度能适合于研究时的态度，最低限度，不太干涉到研究时的态度，这恐怕研究者须要对自己的生活习性有一种高度的自觉；而这种自觉的工夫，在中国传统中即称之为"敬"。敬是道德修养上的要求。但黄勉斋称朱元晦是"穷理以致其知，反躬以践其实；居敬者所以成始成终也。谓致知不以敬则昏惑纷扰，无以察义理之归；躬行不以敬则怠惰放肆，无以致义理之实"。①这段话便说明敬乃贯彻于道德活动、知识活动之中的共同精神状态。在求知的活动中，为什么需要这种精神状态？因为求知的最基本要求，首先是要对于研究对象作客观的认定；并且在研究过程中，应随着对象的转折而转折，以穷究其自身所含的构造。就研究思想史来说，首先是要很客观地承认此一思想，并当着手研究之际，是要先顺着前人的思想去思想，随着前人思想之展开而展开，才能真正了解他中间所含藏的问题及其所经过的曲折，由此而提出怀疑、评判，才能与前人思想的本身相应。否则仅能算是一种猜度。这本是很寻常的事。但一般人在实际上所以做不到这一点，只是因为从各个人的主观成见中浮出了一层薄雾，遮迷了自己的眼睛，以致看不清对象；或者把自己的主观成见，先涂在客观的对象上面；把自己主观成见的活动，当作是客观对象的活动。这自然就容易作出指鹿为马的研究结论。此种主观成见的根源，是因为有种人在自我的欣赏、陶醉中，把自己的分量，因感情的发酵而充分地涨大了，于是常常会在精神的酩酊状态下看问题；也在精神的酩酊状态中运用方法；所以稍有了一点声名

① 黄勉斋《朱熹行状》。

地位的人，更易陷于这种状态而不自觉。敬是一个人的精神的凝敛与集中。精神的凝敛与集中，可以把因发酵而涨大了的自我，回复到原有的分量，于是先前由涨大了的自我而来的主观成见所结成的薄雾，也自然会随涨大部分的收缩而烟消云敛，以浮出自己所研究的客观对象，使自己清明的智性，直接投射于客观对象之上，随工夫之积累，而深入到客观对象之中，即不言科学方法，也常能暗合于科学方法。例如朱元晦本人，并不曾标榜什么校勘学，但其校勘方法的谨严精密，正是出于他的居敬工夫。兹摘录他《与张钦夫论程集改字书》以作一例证：

夫所谓不必改者（按指程集旧本之文字而言），岂以为文句之间，小小同异，无所系于义理之得失而不必改耶？熹所论出于己意，则用此说可也。今此乃是集诸本（按指程集旧刻诸本）而证之，按其旧文，然后刊正。虽或不能尽同，亦是类会数说而求其文势语脉所趋之便，除所谓疑当作某一例之外，未尝敢妄以意更定一点画也。……若圣贤成书，稍有不惬己意处，便率情奋笔，恣情涂改，恐此气象亦自不佳。盖虽所改尽善，犹启末流轻肆自大之弊，况未必尽善乎。伊川先生尝语学者，病其于己之言有所不合，则置不复想，所以终不能合原注：答杨迪及门人二书，见集。今熹观此等改字处按系指胡刻程集所改旧本之字，窃恐先生之意，尚有不可不思者，而改者未之思也。盖非特己之不思，又使后人不复得见先生手笔之本文，虽欲思之以达于先生之意，亦不可得，此其为害，岂不甚哉。夫以言乎己，则失其恭敬退让之心；以言乎人，则启其轻肆妄作之

中国思想史论集

弊；以言乎先生之意，则恐犹有未尽者而绝人之思。姑无问其所改之得失，而以是三者论之，其不可，已晓然矣。……大抵古书有未妥处，随事论著，使人知之，可矣。若遽改之以没其实，则安知果无未尽之意耶。汉儒释经，有欲改易处但云某当作某，后世犹或非之，况遽改乎。……窃以为此字按指旧刻本程集中所用之"沿"字决当从旧，尤所当改按此指胡刻本将旧本"沿"字改作"泝"（溯）字，故朱子主张改从旧本。若老兄必欲存之，以见"泝"字之有力，则请正文只作"沿"字，而注其下云某人云"沿"当作"泝"字，不则云胡本"沿"作"泝"，不则但云或人可也。如此两存，使读者知用力之方，改者无专辄之咎……岂不两全其适而无伤乎。……计老兄之意，岂异于此，但恐见理太明，故于文意琐细之间，不无阔略之处。用心太刚，故于一时意见所安，必欲主张到底。所以纷纷未能卒定。如熹则浅暗迟钝，一生在文义上做窠窟，苟所见未明，实不敢妄为主宰。……

按胡刻《二程全集》将旧本之"沿"字改为"泝"字，将旧刻之"姪"字改为"犹子"；张钦夫重刻程集，欲遵用胡刻所改之字，而朱元晦以长凡二千二百五十二字之书札争之，其对校勘方法之谨严，可以概见。其所以能如此者，乃出自其"恭敬退让"之心，亦即来自其"居敬"之精神状态。今人好作毫无根据的翻案文章，乃至先存一种看假把戏的心情来标榜他的研究工作，其病根正在缺少此一"敬"字。《说文》"忠，敬也"，无私而尽己之谓忠。因不曾无私而尽己，所以自会流于不敬；因为肆无忌惮，所以也自然会不忠于所事。忠与敬是不可分的。

五

儒家思想，为中国传统思想之主流。但五四运动以来，时贤动辄斥之为专制政治的维护拥戴者。若此一颠倒之见不加平反，则一接触到中国思想史的材料时，便立刻发生厌恶之情，而于不知不觉中，作主观性的恶意解释。这与上述的研究态度相关联，也成为今日研究思想史的一大障碍。从历史上看，学术思想若与现实的政治处于分离状态，则其影响力常系局部的、慢缓的。若与现实政治处于对立状态，复无有力之社会力量加以支持，以改变当时之现实政治，则现实政治之影响于学术思想者，将远过于学术思想之影响于现实政治。若在本质上系与现实政治相对立，而在形势上又须有某程度之合作时，则现实政治对学术思想之歪曲，常大过于学术思想对现实政治之修正。学术思想的力量，是通过时间的浸润而表现；现实政治的力量，则在空间的扩张中而表现，所以学术思想常无法在某一空间内与政治争胜。政治是人类不得已的一种罪恶，它是由现实中的权力关系生长起来，开始时并不靠什么学术思想。而学术思想，则一开始便会受到现实政治的干扰。近代民主主义与社会主义，其所以能改变现实政治，是因为先有了市民阶级、工人阶级，及立基于此种阶级之上的强大政党。换言之，即是结合上另一政治力量以改变原有的政治力量。至于可以不受到现实政治的干扰而自由发展其与人自身有关的学术思想，只有在民主政治之下，才有其可能。民主政治，在交通、通信尚未发达以前，仅有在地小人少而又集中的城邦，始能实现。中国从古代以至近代，都是以散漫的农业生产为社会经济的基础，而黄河流域的广大平原的实力，使它可以向四周辐射，以建构一个庞大的农业帝国；这便促进了封建政治向大一统的专制政治的发展。而大一统的专制政治建立起来以后，虽不断地改朝换代，但卒无一种社会力量可以支持建立专制以外的政治形式；于是中国专制政治的规模之大、时间之久，在人类历史中殆罕有其匹。处于此种历史条件之下，一切学术思想，不作某程度的适应，即将归于消灭。五四运动以来，有人反儒家而崇尚道家，以为道家富有自由精神；殊不知先秦各家思想，除法家本为统治阶级立言以外，最先向专制政治投降者即系道家。以出世为目的，并主张不拜王者的佛教，传入中国后，亦必依附帝王以伸张或保存其势力，所以从前藏经的扉页，首先要印上"皇图巩固，帝道遐昌"八个大字。儒家思想，乃从人类现实生活的正面来对人类负责的思想。他不能逃避向自然，不能逃避向虚无空寂，也不能逃避向观念的游戏，更无租界、外国可逃，而只能硬挺挺地站在人类的现实生活中以担当人类现实生存发展的命运。在此种长期专制政治之下，其势须发生某程度的适应性，或因受现实政治趋向的压力而渐被歪曲；歪曲既久，遂有时忘记其本来面目，如忘记其"天下为公"、"民贵君轻"等类之本来面目，这可以说是历史中的无可奈何之事。这只能说是专制政治压歪，并阻遏了儒家思想正常的发展，如何能倒过来说儒家思想是专制的护符。但儒家思想在长期的适应、歪曲中，仍保持其修正缓和专制的毒害，不断给予社会人生以正常的方向与信心，因而使中华民族度过了许多黑暗时代，这乃由于先秦儒家，立基于道德理性的人性所建立起来的道德精神的伟大力量。研究思想史的人，应就具体的材料，透入于儒家思想的内部，以把握其本来面目，更进而了解它的本来面目的目的精神，在具体实现时所受的现实条件的限制及影响；尤其是在专制政治之下所受到的影响歪曲，及其在此种影响歪曲下所作的向上的挣扎，与向下的堕落的情形，这才能合于历史的真实。梁启超住在租界里面写《异哉所谓国体问题者》，却在《中国历史研究法》中，大骂无租界可住的古人，何以会由临文不讳，变而为临文有讳？今人常在他们所不愿意的宣言上签上自己的名，常在他们所不愿意的场合说上连自己也不相信的话；却怪无外国可跑、无宪法可引的古人何以不挺身而起，对专制政治作革命性的反抗？此皆由颠倒之见未除，所以常常拿自己在千百年以后所不能做之事、所不敢自居之态度，以上责于千百年前之古人，这如何能与古人照面呢？对古人的不忠不恕，正因为今日知识分子在其知识生活中，过于肆无忌惮。

我中年奔走衣食，不曾有计划地做过学问。垂暮之年，觉得古代思想堡垒之门，好像向我渐渐开了一条隙缝，并从缝隙中闪出了一点光亮；所以这几年作了若干尝试性的工作。此一工作对我个人说，仅仅算是开端；就全般工作自身说，几乎并未开始，而依然是一片广漠的处女地。因此，我对下一代的人在此一工作中的期待，远过对我自己的期待；所以当本集付印之际，不敢阿附时贤而率直写出这些感想。

一九五九年十月二日于东海大学

再版序

　　本书第一版早经绝版，其中有关文学方面的三篇文章，已抽出编入《中国文学论集》里面。我原来打算把《学术与政治之间》甲、乙集重新编印，将其中论政与论学的文章完全分开，而论学的文章即编入本集之内。但因许多原因，此事尚有所待。现当本集再版时，只补进两篇性质相同的文章，并另将性质不完全相同的四篇文章也一并收为附录。

　　在本集交付再版之前，我抽暇从头到尾看过一遍，除了看出若干错字，列为勘误表①外，对内容有不甚妥当的地方，因将就原有版型的关系，不能改写，便在这里略为指出：

　　（一）《象山学述》一文中，"八、陆王异同"一节，我把问题处理得太简单，应完全去掉。我在《两汉思想史》写成后，对宋明理学预定要写几篇文章，以了我原来的志愿，对此问题当有进一步的交代。

　　（二）《〈中庸〉的地位问题》一文中的第二节，提出了五点论证，以证明《中庸》乃出现在孟子之前。现在看起来，只有将

---

① 编者注:此勘误表现附于"再版序"之后,凡属文字改错的从略,仅保留字意改动处,并按本书填入页码。

《论语》、《中庸》之"知仁勇"，与《孟子》之"仁义礼知"作对比之第二项证据，可坚确不移；其他四项论证则稍嫌薄弱。此一问题，须在拙著《中国人性论史·先秦篇》中而始得到解决。近来也有人以《中庸》上有"故大德必得其位"，及"国家将兴，必有祯祥"等语，遂认定这是战国末期的"受命"及"符瑞灾异"的思想，因而认为《中庸》是战国末期的作品。我以为孔子本有大德可以受命的想法，始有《论语》上"凤鸟不至，河不出图，吾已矣夫"之言，子思遂以之立万世受命的准则。而大德受命，与战国末期所流行的由邹衍"五德运转"而来的受命，有其本质上的分别。符瑞灾异思想，源远流长，不始于战国。但战国末期所流行之符瑞灾异思想，皆征验于罕见之自然现象，无一以蓍龟为征验的，因为蓍龟在此时已极少在社会上层中应用。《中庸》则谓"见乎蓍龟"，尚保存蓍龟之神秘性，正可见其出于孟子之前。

（三）在《有关思想史的若干问题》一文中，谈到孔老关系（页九八）的地方，不够确切。此一问题，在拙著《中国人性论史·先秦篇》附录一《有关老子其人其书的再检讨》一文中，始有精密的考查，应以之纠正本文的错误。同时，今春我在香港中文大学新亚书院研究所授课时，曾将《庄子·天下》篇所述"老聃曰"的一段话，逐句与现行《老子》一书对照，发现无一字不是出自现行《老子》一书。是《天下》篇成篇时，《老子》一书已开始流行。虽然其中或不免有后来附益上去的东西，但基本形态则形成于《天下》篇成篇之前，是决无可疑的。而《庄子·天下》篇，我以为是出于庄子本人之手（此另有考证）。因为以后大概没有机会专谈此一问题，故附记于此。

（四）在《〈孟子〉知言养气章试释》一文中，我在几个地方改了几个字，列入勘误表中，希望读者在此等处，细心体察所以改动之故。

（五）在《中国孝道思想的形成、演变及其历史中的诸问题》一文中，我对《孝经》成书的考证，认为它是出现于汉武帝、宣帝之际，这是错误的。年来我把两汉的文献完全读过一遍，发现陆贾《新语》已有两处引用到《孝经》；在文景时代也有多人引用到。现在我认为它是出于战国中期以后；到吕不韦的门客集体写《吕氏春秋》时，它已经流行。我有关本问题考证的最大缺点，在于太注重钻材料的空隙，而忽视了广大的背景，更忽视了古代对某些事情不可能记录得完全，因记录得不完全而遽然断定这些记录为伪，这是非常冒险的考证方法。有关《孝经》问题，预定还有专文谈到它，但在此文中对它内容的批评，却完全可以成立的。

我写的文章发表后，非常希望学术界能提出负责的批评；但在目前环境之下，是一种很不容易的事，并且像"陆王异同"及《孝经》成书年代与孔老关系等问题，即使有人指出我的错误，我也容易找出逃避之所。在这种地方，只有靠个人不断的继续努力，并须要不把"爱假面子"当作维持自己地位的重要手段时，才会引起真正的反省，因而在学术上可以减少对天下、对后世所犯的欺枉之罪。当然，写文章的主要动机，到底是为了个人的名位，还是为了对天下、对后世的责任心，更是一个人有无反省力的决定因素。我回想到在写"陆王异同"和《孝经》成书年代时，多少含着有点卖弄聪明、驰骋意气的成分在里面，这是立说容易流于武断的最根本原因。我在这里特别指出，以作治学的大戒。

把含有不少错误的文章重印出来，并不是为了把它当作个人治学过程中的里程碑，而是为了我的这些文章，都是在时代激流之中，以感愤的心情所写出来的。对于古人的了解，也是在时代精神启发之下，所一步一步地发掘出来的。所以我常常想到克罗齐（B. Croce）的"只有现代史"的意见，因此，在我的每一篇文章中，似乎都含有若干有血有肉的东西在里面。而本集里，对治思想史的方法与态度的不断提出，及对于迷离惝恍的文字魔术所作的追根究底的清理，这都可给下一代有志气从事于学问的人以一点帮助。

现代特性之一，因科学技术的飞跃进展，及国际关联的特别密切，使历史演进的速度，远非过去任何时代可比，关于人自身问题的看法也像万花筒样地令人目光缭乱。最主要的是表现在西方传统价值系统的崩溃，因而有不少人主张只有科学技术的问题，没有价值的问题；事实上则是以反价值的东西来代替人生价值。十多年来，我一方面尽可能地保持对这些时代风潮的接触，一方面坐稳自己的研究椅子，从人类的过去以展望现在与未来，认定在科学技术之外，还要开辟人类自己的价值世界，以安顿人类自己。有些沾点西方反价值者的余沥以标新立异，并百端诬蔑我的人们，可谓尽变幻神奇的能事。但因为我从人类古老历史的残渣中，早已看过这类的脸谱和这类脸谱所担当的角色，所以从未因此而阻扰到自己努力的大方向。而这种努力的大方向，今日又正从世界各个文化园地，以各种不同的语言、形态，发出在本质上是相同的呼声，这又在说明什么呢？站在人性根源之地，以探索人类运命的前程，这与新旧中西等不相干的争论，是颇为缘远的。

一九六七年孔诞节徐复观记于东海大学寓庐

附勘误表

页	行	误	正
175	倒 6	亦即系从观念	亦即系从内存世界
175	倒 5	便会遇到在观念世界中	便会遇到在内存世界中
175	倒 4	可以给观念世界	可以给内存世界
178	3	道义原是一种观念	道义原是生命中的一点种子
178	3	是此观念向生理中生根	是此种子向生理中生根扩大
178	5	抽象的观念，	此种子若只当作抽象的观念去加以把握，则
178	倒 9	要使道义的观念，在生理的生命中生根，只有把观念落下而成	要使道义的种子，在生理的生命中生根扩大，只有把种子透出而成
178	倒 7	即是观念向	即是种子向
178	倒 6	观念同着血肉	种子同着血肉
178	倒 5	是观念而是生命	是种子而是整个生命
191	2	并没有把它当作做人的一般原则。孔子提出的做人的一般原则	并没有把它当作做人的总括性原则。孔子提出的做人的总括性原则

三版代序
——我的若干断想

　　兹当此书发行三版补编之际，以下面曾经在《人物与思想》上刊出过的一文，作为代序。

一九七三年十一月十五日

　　香港"现代研究辅导中心"，把我写的各书里面提到方法的文字，抽出来汇印在一起，以为可供青年人治学的参考，并要我再写几句话在前面，这是非常使我感愧的一件事。我年来所作的是有关中国思想史这一方面的工作，这里只能补充若干片断的感想。

　　我国过去，常有借古人几句话来讲自己的哲学思想的，一直到熊十力先生的体大思精的《新唯识论》，还未脱此窠臼。所以他曾告诉我："文字借自古人，内容则是出自我自己的创造。"所以《新唯识论》只能视为熊先生个人的哲学，不能当作中国哲学思想史的典据。但在今日，我主张个人的哲学思想，和研究古人的哲学思想史，应完全分开。可以用自己的哲学思想去衡断古人的哲学思想；但万不可将古人的思想，涂上自己的哲学。

　　可是，上述的简单要求，并不容易达到。我们了解古人，仅能凭借古人直接留下来的文字。朱元晦读书的精细，及态度的客观，只要看过《朱子读书法》的人，便不能不加以承认。但当他费最大精力注释《孟子》时，对《孟子》中言心言性的地方，几乎无不颠倒；因为他自己有一套理气的哲学横在胸中，不知不觉地便用了上去。这里便遇着一个难题，没有哲学修养，如何能了解古人的哲学思想？有了哲学修养，便会形成自己的哲学，便容易把自己的哲学与古人的思想作某种程度的换位。在这种地方，就要求治中国哲学思想史的人，有由省察而来的自制力。对古人的思想，只能在文字的把握上立基，而不可先在自己的哲学思辨上立基。孔子自谓"夏礼吾能言之"、"殷礼吾能言之"，所谓"能言"乃由周礼上推，以言其"礼意"，但因"文献不足"，他终于不言。我读《论语》，常常是在他生命的转化中所自然流露出的"平凡中的伟大"的语言上受到感动。西方一套一套的形而上学，面对着孔子由生命转化中所流露出的语默云为，我不感到有多大意义。上面引的乃其一例。

治学最重要的资本是思考力，而我国一般知识分子所最缺乏的正是思考力，亦即是缺乏在分析综合中的辨别推理能力，连许多主张西化的人也不例外。思考力的培养，读西方哲学家的著作，较之纯读线装书，得来比较容易。我常常想，自己的头脑好比是一把刀，西方哲人的著作好比是一块砥石，我们是要拿在西方的砥石上磨快了的刀来分解我国思想史的材料，顺着材料中的条理来构成系统，但并不要搭上西方某种哲学的架子来安排我们的材料。我们与西方的比较研究，是两种不同的剧场、两种不同的演出相互间的比较研究，而不是我们穿上西方舞台的服装，用上他们的道具的比较研究。我们中国哲学思想有无世界的意义，有无现代的价值，是要深入到现代世界实际所遭遇到的各种问题中去加以衡量，而不是要在西方的哲学著作中去加以衡量。面对时代的巨变，西方玄学式的，与现实游离得太远的哲学思想，正受着严重的考验。我们"简易"的哲学思想，是要求从生命、生活中深透进去，作重新的发现，是否要假借西方玄学式的哲学架子以自重，我非常怀疑。我们在能与西方相通的地方，可以证人心之所同；我们与西方相异的地方，或可以补西方文化之所缺。这也和我们要吸收西方所有，而为我们所没有的，以补我们之所缺，是同样的道理。做学问，只能求之于自己学术良心之所安，而不必先问西方人的能否接受；因为接受不接受，是西方人的事情。孔子说："古之学者为己（为了充实自己），今之学者为人（做给他人看）。"今人治学的精神状态，"为人"的成分太多了。

谈到方法问题，大体上说，是出自治学历程中所蓄积的经验的反省。由反省所集结出的方法，又可以导引治学中的操作过程。没有适当的方法，很难得出有意义的结论。但悬空地谈方法，可以简括成几句话。可是知道了简括的几句话，并不能发生什么真正作用。方法的真正作用，乃发生于诚挚的治学精神与勤勉的治学工作之中。方法的效果，是与治学的功力成正比例。面对学问的自身而言，我还是一个幼稚园的学生，这便局限了我所提到的方法问题的价值。但我所提到的，虽各有根源，而我对它的把握，则是来自治学过程中的触发和领悟，而不是出于抄袭、悬拟，这一点，或者勉强可以对答"现代研究辅导中心"的盛意。

一九七一年一月三日于九龙寓所

象山学述

前言 [1]

象山之学，最足表现中国文化之基本精神。顾数百年来，论学术思想史者，以象山为阳明之先驱，忽视两人同中有异之处，关键至大，遂多详于王而略于陆；于是陆学之精神面貌，真正能言之者绝少，故写此文稍加阐述。乃辞繁不杀，厥故有二：其一，古人无下定义之习惯，对名词之使用，至欠严格。不仅各家所用之同一名词，常各有其独特之内容；即一人所用之同一名词，其涵义先后亦常不一致。故仅持一二名词以论古人之思想，实冒最大之危险。且古人亦极少以一组织严密、体制完整之论文，叙述其思想者。宋明儒遗留于今日之讲学文字，多表现为书札及门人所记之语录。两者常系针对某一特定之对象或问题而发，而为"对治"（对症下药）之性质。若非从其全部著作中求其指归所在，而仅演绎其一二凸出之语言，以为古人之学术即在于此，其危险性

---

① 编者注：本前言系作者为此文所写。《象山学述》初于一九五四年十二月一日《民主评论》第五卷第二十四期发表，题为"象山学述"。作者在全文前写了这篇文字。《象山学述》收于《中国思想史论集》时，《民主评论》中这篇文字未予收入，现由编者补入《全集》，并拟名"前言"。

亦与上述者无异。至在古人浩瀚之文字语言中，仅引其与己意相近者以证成己意，其为不当，更不待论。今人肯读宋明人之全集者固少，肯读《宋元学案》、《明儒学案》者亦少。两学案特注重学派的传承，每人除一小传外，即以摘录为表现各人学术思想之方式，此对初学仍属"无把柄的话"，易生猜度而失真意。余欲使读者能了解象山思想之全般轮廓，即不能不将其散见于全集各处之言语，顺其思想之理路，稍加条贯，使其略具首尾。其二，述象山之学，即不能不涉及"朱陆异同"之老公案；一涉及此一公案，即不能不对当时思想上之若干根本问题，作尝试性之解释。加以象山与阳明之异同，数百年来，殆无一人注意及此；若不稍加剖析，即无以了解象山在学术上之地位，且亦无以洞察各人学术之血脉骨髓；于是因叙述象山一人，发展而为对宋明学主要部分之重新评价，此亦势非得已。不仅文内所提出之若干观点，尚另待专题阐述，尤其是关于朱学与王学者为然。更以庸劣之资，探绝学于数百年之后，复不敢以浮言泛语自安，则疏漏谬误，必所不免，尚望海内学人能加指正。

一九五四年六月二十日于台中市

一、小传

陆九渊，字子静。江西抚州金溪人。晚年讲学于贵溪的应天山，经他改为象山，自称象山居士，又称象山翁。他出身于一个九世同居的贫穷大家庭，而象山这一代是第五代。全家千余人，除了"二百年古屋"之外，只有"蔬畦不盈十亩"。治理这样的一个家庭，确是一件难事，而且也是一件大事。这是陆氏一门学问的起点。所以他曾说："吾家合族而食，每轮差子弟掌库三年。某适当其职，所学大进。"（《语录》）朱子谓陆氏兄弟"专务践履"（《朱文公文集》卷三一《答张南轩书》），我想这和他的家庭也有关系。象山的祖父"好释老言，不治生产"（《象山全集》卷二七《教授陆公行状》）。父亲陆贺，字道乡，"酌先儒冠昏丧之礼行之家，弗用异教"（同上）。朱元晦曾谓："自佛教入中国，治丧者一用其法。在唐惟姚文献，在本朝则司马公、程、张诸君子。近世张忠献始斥不用。"（《朱文公文集》卷八三《跋向伯元遗戒》）所以"弗用异教"，在当时是一件难能可贵的事。道乡六个儿子，长九思。次九叙，经营先世遗留的药肆，"一家之衣食百用，尽出于此"（《象山全集》卷二八《陆公墓志铭》）。次九皋，授徒家塾，晚为乡官，"吏不得以其权牟利"（同上《陆修职墓表》）。次九韶，字子美，号梭山，有《梭山日记》，中有《居家正本》及《制用》二篇，黄东发谓其"殆可推之治国"。次九龄，字子寿，学者称复斋先生。"时方摈程氏学，先生独尊其说"（同上卷二七《教授陆公行状》），"文辞近古，有退之、子厚之风；道学造微，得子思、孟轲之旨"（同上）。有寇将及郡境，郡府委先生捍卫乡里，门人皆谓"此闾里猥事，不足以累先生"。先生既以"男子生以弧矢，文事武备，初不可析"，又以"甘家之祸，忍乡之毒，缩手于所可得为之事，此奚啻嫂溺不援者哉"（同上），遂受命不辞。当时称江西三陆（连同梭山）或二陆（复斋及象山）。象山居末，生于南宋绍兴九年二月（一一三九），小朱元晦九岁（朱生于一一三〇），卒于绍熙三年（一一九二）荆门任所，早朱元晦八年（朱卒于一二〇〇），得年五十有四。乾道八年，他三十四岁。春中选南宫，夏五月赐进士，考官吕伯恭见其文，便断定是他的手笔。是年七月还家，辟旧屋名"槐堂"，开始讲学。此时从游的重要学生，《宋元学案》列有"槐堂诸儒学案"。淳熙元年三十六岁，授靖安县主簿。淳熙二年三十七岁，春末应吕伯恭之约，偕兄复斋晤朱元晦于鹅湖。淳熙四年三十九岁，丁继母丧去职。淳熙六年四十一岁服除，授崇安县主簿。淳熙八年四十三岁，春二月访朱元晦于南康，在白鹿洞书院讲"君子喻于义"一章。淳熙九年四十四岁，除国子正。秋初赴国学，常讲授《春秋》。淳熙十年四十五岁，冬迁敕令所删定官，敕令所亦简称"敕局"。淳熙十一年四十六岁，上殿轮对五劄。淳熙十三年四十八岁。是年十一月廿九日改主管台州崇道观，遂归故里。淳熙十四年四十九岁，登贵溪应天山讲学。唐马祖道一曾结庐于此山之阴，元丰中，僧莹为寺于此山之阳，名曰应天。陆氏以其山形似巨象，遂改为"象山"。前后在此山五年，大约每年二月登山，九月始归，中间亦往来无定。学徒在此结庐者甚众，来谒者前后数千人。始继梭山之后，与朱元晦辩论《太极图说》。淳熙十六年五十一岁，光宗即位，诏知荆门军；绍熙二年五十三岁，是年七月赴荆门，嘱傅季鲁留山讲学，九月三日至荆门。绍熙三年五十四岁，十二月十四日以血疾卒于荆门。

二、象山学术思想的时代课题

象山的学术渊源，在《宋元学案》的《象山学案》中，全祖望谓"程门自谢上蔡以后，王信伯、林竹轩、张无垢至于林艾轩，皆其前茅，及象山而大成"。而在《横浦学案》（张无垢）中，特

中国思想史论集

注明"陆学之先"。是在全谢山心目中，以象山与横浦的关联最为密切。但象山集中绝未提及横浦，横浦思想之中核，为承上蔡之后，以觉为仁，余率多泛语，除重视心一点而外，与象山之精神面貌，并不相似，此读两家学案时所最易辨认者。象山虽不喜程伊川，但他承认"伊洛诸公，得千载不传之学，但草创未为光明"（《语录》）。并且他对程明道则略无间然。明道谓学者当先识仁，不须防检，不须穷索，其与象山思想之相贴切，更远在横浦之上。然全谢山不谓其渊源于明道者，盖上蔡以下之信伯诸人，世多指其入禅，尤以横浦为甚。洪适刊横浦之《传心录》，朱元晦谓其患烈于洪水、夷狄、猛兽，此与元晦的学生陈北溪之攻击象山，口吻正复相似。在《宋元学案》中，黄宗羲之态度近于陆，全谢山受黄东发的影响最大，其态度偏于朱，他对陆学的考语为"自成其是"（《困学纪闻》卷十五"东莱象山学术条"全注）。所以他所加上的"皆其前茅"及"陆学之先"等说法，无疑是受了朱、陆异同的影响，不特对象山学术的渊源无所说明，且徒增加后人误解。象山的学术，若就广义的思想渊源说，则亦可谓与朱元晦同出于伊洛；若就狭义的师传说，则陆氏兄弟"自为师友"，可谓孤军特起，不必另有所附丽；若就各人治学之所由启发，亦即其所最得力处说，则他自己分明说是"因读《孟子》而自得之"（《语录》），此语与其全部学术之精神，最吻合无间。

其实，与其从学术渊源上去了解象山的思想，毋宁是从时代课题上去了解他的思想，更为适当。当时知识分子自身，摆在象山面前的有两大课题，不能不引起象山的反省。第一是科举制度，不仅破坏了士大夫的人格，并且破坏了文化精神，破坏了治国平天下的事业。一切学问及朝廷的爵位，在此一制度下，都化成了个人追求利欲的工具。读圣贤书是为作时文，作时文是为考科举，考科举是为了做官，做官是为了一人一家的享受。在这种情形下，士人口里说东说西，都是虚语、废话、谎言，说的内容与说的人的自身毫无关涉，真正相干的只是利欲。所以在科举下的知识分子，照朱元晦的说法，简直是一个盗贼集团，最低限度也是一个谎言集团（参阅拙著《中国知识分子的历史性格及其历史命运》一文，见《学术与政治之间》）。象山对此更感到非常迫切。例如他最得意的学生傅子渊说："梦泉（子渊字）向来只知有举业，观书不过资意见耳。"象山说："今时士人读书，其志在于学场屋之文，以取科第。"（《象山全集》卷十五《与傅克明书》）又说："取士之科，久逾古制，驯至其弊，于今已剧。"（同上卷十九《贵溪重修县学记》）"后世弊于科举，所向日陋，疾其驱于利欲之途，吾身吾心之事，漫不复讲。"（同上卷二十《送毛文善序》）"今天下士，皆溺于科举之习。观其言，往往称道《诗》、《书》、《论》、《孟》；综其实，特借以为科举之文耳。"（同上卷十一《与李宰》）"科举取士久矣。名儒巨公，皆由此出，今为士者固不能免。然场屋之得失，顾其技与有司好恶如何耳，非所以为君子小人之辨也。而今世以此相尚，使没于此而不能自拔，则终日从事者，虽曰圣贤之书，而要其志之所向，则有与圣贤背道而驰者矣。推而上之，则又惟官资崇卑，禄廪厚薄是计，岂能悉心于国事民隐，以能无负于任使之者哉。"（同上卷二三《白鹿洞书院论语讲义》）《全集》中提到此点的甚多。于是象山第一个用力的地方，是要把士人的精神，从科举时文中拯救出来，使他们凭借圣经贤传所说的谎言，变为自己良心的实话。所以他说："时文之说未破则不得，时文之说破则得之。"（同上卷十四《与侄孙浚》）这是从学术人心上说。

又"大抵天下事须是无场屋之累、无富贵之念，而实是平居要研核天下治乱、古今得失的人，方说得来有筋力。五哥心志精神尽好，但不要被场屋富贵之念羁绊，直截将天下事如吾家事相似，就实论量"（同上卷六《与吴仲时》）。这是就事功上说的。又"仆处足下之馆几半载，而不能回足下眷眷声利之心，此诚仆浅陋之罪"（同上卷三《与童伯虞》）。这是就他自己的教育目的与效率来说的。象山在这一方面所用的气力，可由他的学生傅子云记他在象山讲学时的一段故事表现得最清楚："有议论者（发议论之意），先生云，此是虚说。或云，此是时文之见。学者遂云，孟子辟杨、墨，韩子辟佛、老，陆先生辟时文。先生云，此说也好。然辟杨、墨、佛、老，犹有些气道，吾却只辟得时文。因一笑。"（《语录》）

其次，是当时浮论虚说的学风。宋代重文轻武，政治上对士大大的束缚较宽。加以唐代所发展的禅宗，至宋而在士大夫间流行极广，使士大夫对于中国文化，不能不重新估价，因而导出濂洛的理学，也导出求新疑古的精神。且因印刷术大行，士大夫得书印书，皆较过去为易，于是著书之风气亦特盛。因此，宋代是一意见最多，议论最盛的时代。司马光说："近岁公卿大夫，好为高奇之论。流及新进后生，口传耳剽。读《易》未识卦爻，已谓'十翼'非孔子之言。读《礼》未知篇数，已谓《周官》为战国之书。读《诗》未尽《周南》、《召南》，已谓毛、郑为章句之学。读《春秋》未知十二公，已谓三传可置之高阁。循守注疏者谓之腐儒，穿凿臆说者谓之精义。且性者子贡之所不及，命者孔子之所罕言。今人发言秉笔，先论性命，乃至流荡忘返，入于老、庄。以此欺惑考官，猎取名利。"（《司马温公文集》卷四五《论风俗劄子》）朱元晦也说："祖宗以来，学者但守注疏，其后便论道。

如二苏，直是要论道。"（《语类》）他提到当时解书注书，爱随便发议论的地方很多。王顺伯也说："本朝百事不及唐，然人物议论远过之。"（《象山语录》所引）在此一风气下，所包含的人物层次很多，但有一个共同之点，即是抱着书本子发议论；而此种议论和时文一样，都不是从各人的心坎中流露出来的，所以对于成就一个人的行为而言，也都是虚说废话。藏在虚说废话后面的依然是利欲。象山的所谓学问，完全是继承儒家的传统，指的是做人，即是人格的完成。他说："学者所以为学，学为人而已。"（《语录》）又："须思天之所以与我者是甚底，为复是要做人否？理会得这个明白，然后方可谓之学问。"（同上）"诸处方晓晓然谈学问时，吾在此，多与后生说人品。"（同上）所以他对于与做人无干，并遮蔽做人之路的这类议论，也要加以破除扫荡。他说："王泽之竭，利欲日炽。先觉不作，民心横奔。浮文异端，转相荧惑。往圣话言，徒为藩饰。……依凭空言，傅著意见。增疣益赘，助胜崇私。重其狷忿，长其负恃。蒙蔽至理，扞格至言。"（《象山全集》卷一《与邵叔谊书》）又谓："古之所谓小人儒者，亦不过依据末节细行以自律，未至如今人有如许浮论虚说，谬悠无根之甚。"（同上《与曾宅之》）"今人天资，去圣人固远，辄欲以口耳剽窃场屋之余习，妄论圣经，多见其不知量也。"（同上卷七《与詹子南》）又："先圣先师之训，家藏其帙，人诵其言，而所汲汲者顾非其事。"（同上卷十九《贵溪重修县学记》）以上是说明当时人所发的议论，和藏在各人议论后面的利欲，完全是两回事。由此更进一层，如朱元晦并"不没于利欲"（象山称晦庵语），他只认为"为学之道，莫先于穷理，穷理之要，必在于读书"（《朱文公文集》卷十四《甲寅行宫便殿奏劄》）。但在象山看来，此种穷理的方法，只算是"支离"，依然会落到意见议论中去，依然是私见虚说。这一点在后面还要特别提到。他下面这类的话，是把朱元晦也说在一起的："以学自命者，又复封于私见，蔽于私说，假先训，刬形似，以自附益，顾不知其实背驰久矣。"（《象山全集》卷九《与陈君举书》）"学不至道，而日以规规小智，穿凿附会，如蛆蠹，如蟊贼，以自抱适，由君子观之，正可怜悼耳。"（同上卷十五《与孙季和书》）他认为在这种琐碎学风之下，"天下虽有美材厚德，而不能以自成自达，困于闻见之支离，穷年卒岁而无所至止。若其气质之不美，志念之不正，而假窃附会，蠹食蛆长于经传文字之间者，何可胜道。方今熟烂败坏，如齐威、秦皇之尸，诚有大学之志者，敢不少自强乎"（同上卷十四《与侄孙浚》）？他更以两语概括当时的情形说："愚不肖者之蔽，在于物欲；贤智者之蔽，在于意见。"（同上卷一《与邓文范》）从当时物欲、意见的风习中，透出中国文化的真精神，以拯救当时的智识分子，这正是象山毕生的志业。

三、象山思想的结构——辨志，义利之辨，复其本心

如前所述，象山的所谓学问，完全指的是做人，是要成就一个人的行为。而真正决定一个人的行为的，是他的念虑初萌之处，即今日一般所说的"动机"，亦即中国古人所说的"志"。时文、意见都是环绕着书本子说道理；这些道理都是从外面、从半途撷拾得来，和各人内在的志隔着有很大的距离。这些东西可以暂时遮蔽掩饰一个人的志，但最后还是受着志的驱遣。象山讲求以做人为目的之学，只好从这些作掩饰、供利用的东西中直追进去，

追到一个人决定行为的"志"的地方，清查一个究竟根源，这就是象山的所谓"辨志"。辨志是把时文、意见这些包装品一起戳穿，以露出一个赤裸裸的人，使是非善恶无所遁形，因而迫人不能不在这种根源究竟之地，作一真正抉择，以决定各人做人的大方向。辨应当有一个标准，站在道德立场上简单明了的标准，即是利己或利他，这就是象山的所谓"义利之辨"，亦称为"公私之辨"。

> 陈正己自槐堂归，问先生所以教人者，正己曰，首尾一月，先生谆谆只言辨志。（《语录》）
>
> 常云，傅子渊自此归其家；陈正己问之曰，陆先生何言？乃对曰，辨志。复问何所辨？对曰，义利之辨。（同上）
>
> 阜民（詹子南）初见先生，不能尽记所言。大指云，凡欲学者，当先识义利、公私之辨。（同上）

但是，一个人的志，只有各人自己知道，所以辨志只能靠各人自己去辨。人何以能辨别出自己所志的是义或是利？即使把义利辨清楚了，又有什么保证会使人徙义而弃利？这便牵涉到一个更根本的问题，即是心与理的问题，亦即所谓"本心"的问题。

象山首先承认宇宙间有一个昭著的理，"此理在宇宙间，未尝有所隐遁。天地之所以为天地者，顺此理而无私焉"（《象山全集》卷十一《与朱济道》）。并且此理，天全盘都赋与于吾人而成为人之心。"天之所以命我者不殊乎天"（《语录》），"天之所以与我者即此心也。人皆有是心，心皆有是理，心即理也"（《象山全集》卷十一《与李宰》）。"心即理"之"心"，名为"本心"。本心为人作主，则本心之所发——志，自然是与天地万物"不限隔"，而为

"与天地相似"的理。因为理是天地人三极所共，故理即是公，即是义；本心即是公，即是义。但一般人因利欲或意见把本心遮断了，本心不曾与人作主，而一让人在利欲、意见中打滚，象山说这种情形为"主客倒置"，"如在逆旅"（同上卷一《与曾宅之》）。因为利欲、意见是外来的、后起的，都非人本来所有，所以是客，是逆旅。现在一路闯过利欲、意见的关卡，而直透到人之念虑之所萌的地方，这便和主人接上了头，主人便会出来作主；正如慧日澄空，阴霾自敛。义是人所固有，利欲、意见是后来的，主客分明，于是在志的地方，自然有一个义利之辨。义利之辨，即是本心在那里作主，所以义利之辨的同时，即"复其本心"了。本心既复，因为本心即理，以后的理便都从本心流了出来。而本心之理，是夫妇之愚可以与知的，所以说是"简易"。如谓："此理本天所以与我，非由外铄。明得此理，即是主宰。真能为主，则外物不能移，邪说不能惑。"（同上）"圣人赞《易》则曰，乾以易知，坤以简能。……孟子曰，夫道，若大路然，岂难知哉。夫子曰，仁远乎哉，我欲仁，斯仁至矣。……孟子曰，尧舜之道，孝弟而已矣。又曰，人能充无欲害人之心，而仁不可胜用也。人能充无穿窬之心，而义不可胜用也。……又曰，人之有是四端，而自谓不能者，自贼者也。古圣贤之言，大抵若合符节。盖心，一心也；理，一理也。至当归一，精义无二。……孟子曰，所不虑而知者，其良知也；所不学而能者，其良能也。此天之所与我者，我固有之，非自外铄我也。故曰，万物皆备于我矣。反身而诚，乐莫大焉。此吾之本心也。"（同上）志是人的行为的"端绪"。端绪是"始"、是"本"，为学应先着重这种本末先后的次序。

> 学问固无穷已，然端绪得失则当早辨。……物有本末，事有终始，知所先后，则近道矣。于其端绪知之不至，悉精毕力，求多于末，沟浍皆盈，涸可立待。（同上《与邵叔谊》）

志是端绪，是起点，但由外面的时文、虚说，一路追进来，则志又可说是终点。所以辨志又称为"知止"或"知至"。同时，"心体甚大"，由辨志而复其本心，故亦名"先立乎其大"。

> 知止而后有定，定而后能静，静而后能安，安而后能虑，虑而后能得。学不知止，而谓其能虑能得，吾不信也。（同上《与邓文范》）
>
> 学者之不能知至久矣。（同上卷十四《与侄孙浚》）
>
> 必有大疑大惧，深思痛省，抉去世俗之习，如弃秽恶，如避寇仇，则此心之灵，自有其仁，自有其智，自有其勇。私意俗习，如见睍之雪，虽欲存之而不可得。此乃谓之知至，乃谓之先立乎其大者。（同上卷十五《与傅克明》）

天地之理，全赋予人的心，故说"心即理"。心与天地共此一理，则是人的心乃与天地相通而同量，故谓："宇宙内事，乃己分内事；己分内事，乃宇宙内事。"（同上卷二二《杂说》）又曰："宇宙便是吾心，吾心即是宇宙。"（同上）由外面撷拾来的意见，是无根的东西，是虚；由天地赋予人心的理，是有根的，是"实在"的，所以称为"实理"。同时象山所指的是伦理，伦理是以身心、家国、天下之所当然者为其内容，所以理之本身即涵有身心、家国、天下之"实事"，此身心、家国、天下之实事，乃理之内容，亦即心之内容，是与人的生命连结在一起，所以自然对之而负起行的责任，以成其为"实行"。由辨志、义利之辨、复其本心，一路下来的结果，便是"实理"、"实事"、"实行"，所以他说："宇宙自有实理，所贵乎学者为能明此理耳。此理苟明，自有实行，自有实事。德则实德，行则实行。"（同上卷一《与曾宅之》）"非明实理，有实事、实行之人，往往乾没于文字间，为蛆虫识见以自喜而已。"（同上卷七《与胥必先》）他自称其学为"实学"，或自称"朴学""十虚不博一实。吾平生学问无他，只是一实"（《语录》）。又谓"一意实学"（《象山全集》卷十二《与赵咏道》）。又"臣才由拙短，学以朴专"（同上卷十八《删定官轮对劄子》）。由实理流出而为实事、实行，这是陆学精神之所在。

总之，辨志、义利之辨、复其本心，是一件事情的三个环节，是陆学的大纲维，亦即是他的思想的结构。其中尤以义利之辨为其向内向外的总枢纽。由义利之辨向内，则本心自不同乎虚无寂灭之心；由义利之辨向外，则对社会、人生自不能安于消极苟且。且儒家以孝弟为一个人的德性之所自发，故《论语》以"孝弟为仁之本"，这是儒家的根本教义。但孝弟究系德性实现于家庭形式之中，人常易受此一形式之限制，而使儒家的道德，家庭意味常超过社会意味，流弊遂常自此出。象山则经常以义利之辨绾带一切，使儒家道德，由家庭直接贯通于社会、国家，这是儒家精神向前的一大伸展。鹅湖之会，二陆讥朱元晦为"榛塞""支离"，不欢而散。及象山在白鹿洞书院讲"君子喻于义"一章，专讲义利之辨，当时听者"至有流涕"，天气微冷，朱亦汗出挥扇，再三云"熹在此不曾说到这里，负愧何言"。朱将词刻之于石而志其后谓："至其所以发明敷畅，则又恳到明白，而皆有以切中学者隐微深痼之疾，盖听者莫不悚然动心焉。"又朱与杨道夫云："曾见陆子静义利之说否？曰，未也。曰，这是子静来南康，熹请说书，却说得这义利分明，是说得好。"由此不难想见义利之辨，亦即利己与利他之辨，是对当时智识分子灵魂救济的大说教。要了解象山的思想，应先把握住义利之辨的总枢纽。

四、象山对书与事的态度

象山思想的特色，消极方面是表现在他对于读书的态度上面。在科举制度之下，读书只当作追求私人利欲的工具，这一点，朱元晦也承认。但朱元晦为了补救此种流弊，主要是从读书的方法下手。他说："自秦汉以来，士之所求乎书者，类以记诵剽窃为功，而不及乎穷理修身之要。"（《朱文公文集》卷七八《徽州婺源藏书阁记》）于是他提出"读书只是要见得许多道理"，而"以心体之，以身践之"（《语类》）的读书方法。他认为读书的方法改变，结果也便会两样。所以他一生教人，依然是以读书为主，即所谓"必由是（读书）以穷其理"。但在象山看来，以读书为主的补救方法，依然是"只知病其末流，而莫知病其源"，是"抱薪救火，扬汤止沸"（《象山全集》卷十二《与赵然道》）。因为他认为这种方法，不仅达不到一个人病源所在的膏肓之地，且常被人利用为讳疾忌医的护符。所以他说："后世学者溺于文义知见，微绕蔽惑愈甚，不可入道。"（《语录》）"人有消杀不得处便是私意，便去引文牵义，牵枝引叶，牵今引古，为证为非。"（同上）因此，他教人不先从读书着手，而是要直追到一个人"志念"之所动处，"切己自反"，以"启发人之本心"，已如上述。"周康叔来学问，先生曰，公且说扶渡子讼事来。曾宅之来学问，先生曰，公且说为谁打关节来。只此是学。"（同上）一个人的"志念"，亦即今日一般人之所谓"动机"，常常是由许多东西包装着，不仅人看不清楚，自己也往往误以虚伪的装饰为真实，这是人心有了病。要治心病，须把包裹装饰的东西剥落掉，"剥落得一番，即一番清明"（同上）。他说朱元晦教人只是"添"，而他却只是"减"，"减"即是剥落，剥落是克己自反的过程，自反是由外向内的追索穷究，把裹挟着本心的各种虚诞的东西，一层一层地剥掉，剥到最后就是本心。先没有这段工夫，则读书只是增加包裹的装饰品。有了此段工夫，就象山来说，这也决非一超直入，一了百了。本心启发出来，只是端绪，端绪只是"涓涓之流"，涓涓之流只"有成江河之理"，并非涓涓者即是江河（同上）。"有学者听言有省，以书来云，自听先生之言，越千里如历块。因云，吾所发明为学端绪，乃是第一步……不可遽谓千里"（同上）。自此以下，还有一番学问工夫："大纲提掇来，细细理会去。"（同上）"古先圣贤，无不由学……夫子天纵将圣，然自谓我非生而知之者，好古敏以求之者也。"（《象山全集》卷一《与李省幹》）"虽如颜子，夫子犹曰未见其止。易知易从者，实有亲有功，可久可大，岂若守株坐井然哉。"（同上卷五《与戴少望》）"圣人教人，只是就人日用处开端。如孟子言，徐行后长者，可为尧、舜。不成在长者后行便是尧、舜？怎生做得尧、舜样事，须是就上面着工夫。"（《语录》）他这里之所谓"工夫"，当然不仅指的是读书，但读书当然也包括在内。如詹阜民初见象山，闻公私义利之辨，不可溺于文义之教后，"遂屏弃诸书。及后来疑其不可，又问先生，则曰，某何尝不许人读书，不知此后有事在"（同上）。又"前言往行，所当博识。古今兴亡治乱、是非得失，亦所当广求而详究之"（《与正己》）。他尝以"束书不观，游谈无根"，为学者大病。与包显道书，责其轻视读圣贤书为"可谓奇怪"。朱元晦对于他的教人之法，曾怀疑只是助成人的懒散；他的答复是："某从来勤理会。长兄每四更一点起时，只见某在看书，或检书，或默坐，常说与子侄以为勤，他人莫及。今人却言某懒，不曾去理会，好笑。"（《语录》）我们现在从他的文集中看他每与人解析书义，常精确不移，足见其平日读书之入微入细。他说："文才上二字一句，便要有出处。"（同上）又说"在我全无杜撰"，此"杜撰"二字，固然是指非从本心出来的东西，但也可以包括一切没有根据的东西。由此可知他对于读书也是很注意的。在这里，黄东发便提出了这样一个疑问和解释出来：

> 象山之学，虽谓此心自灵，此理自明，不必他求，空为言议。然亦未尝不读书，未尝不讲授，未尝不援经析理。凡其所业，未尝不与诸儒同。至其于诸儒之读书、之讲授、之援经析理，则指为残贼、为陷溺、为缪妄、为欺诳、为异端邪说……得非恃才之高，信己之笃，疾人之甚，必欲以明道自任而然也耶。（《黄氏日抄》卷四十一）

黄氏这一段话，显见他并不曾了解象山学术的真正精神。象山的用心，是要先在人的根源上，即念虑初起之处，先作一种价值的转换。有了这种价值转换，则一切的东西都在此一价值统属之下，而皆成为有价值，皆可以充实价值。此时不仅读书为有益，甚至考时文亦无大害。此种价值的转换，即是由辨志的义利之辨

中国思想史论集

以复其本心。在本心发用之下去读书、考时文，则都是为了义而不是为了利，都是本心的发荣滋长，都是"从里面出来"。他常说："《论语》也有无把柄的话，如'学而时习之'，学些什么？"（《语录》）意思是说一个人的端绪未先弄清楚，而只泛泛地说学，这便会毫无目的，使人摸不着头脑。又如"仲诚（徐仲诚）因问《中庸》以何为要语？梭山曰，博学之，审问之，慎思之，明辨之，笃行之，此是要语。答曰，未知学，博学个什么？审问个什么？明辨个什么？笃行个什么？"（同上）《中庸》这五句话，本是象山所常引用的，而且认为前四者在先，笃行在后，即是知先行后，所以梭山的话并不错。但他认为在这里，一定要有一个大前提，即是辨志、辨义利，立其大本，从根基处把价值转换过来，学、问、思、辨、行才有着落。能如此，则不仅"引用经句，乃是圣人先得我心之同然"（《象山全集》卷一《与曾宅之》）。"《中庸》、《大学》、《论语》诸书，不可不时读之，以听其发扬告教"（同上卷五《与戴少望》），并且"诚能立乎其大者，则区区时文之习，何足以汩没尊兄乎"（同上卷十一《与朱济道》）。"此学之兴，敢问所向。为辞章，从事场屋，今所未免。苟志于道，是安能害之哉"（同上卷十九《宜章县学记》）。于此我们应当承认，学问、思辨，固然可以得到一种知识；但此种知识对于一个人的行为，到底是正号还是负号，依然是未定之天。所以 Nicolaus Cusanes 说："悟性是卖淫妇，它不是可以委身于任何东西吗？"（K. Jaspers 著《哲学与科学》日译本页三三）。因此，悟性的后面，即知识的后面，应该有决定悟性的东西。就象山说，应该有义利之辨的价值转换，使其属于义而不属于利。象山这种用心，只要对照当前的时代看，便可了解其意义的重大。现在人类受到了原子武器的威胁，亦即是受到了科学成果的威胁。但是假定各国的政治家，在其内心都有此一价值的转换，则原子能只会增加人类无穷的幸福。由科学所造成的矛盾，不是科学本身所能解决，只能靠人类行为的动机，而科学对于这一点是无能为力的。我国在千余年科举制度之下，士大夫变成了一个谎言的集团。而近三十年来，流行着两句最确切不移的考语是"好话说尽，坏事做尽"。利用各种名词、口号，想尽各种方法，捏造各种教说，假借各种制度，耗尽国家各种力量，剥落到底地说一句，只是为了一二人权利之心。此一二人权利之心，不能作一个价值转换，遂令人怀疑到古今中外一切的妙方灵药，在我们这一代都变为废物，甚至是毒物。几令人怀疑此一民族非万世为奴不可。其实，只要在漆黑的权利之心那里，轻轻地来一个义利之辨，把个人权利欲的动机，转为悲天悯人的动机，使一切的事成为"实事"，行成为"实行"，则一切无用的东西，立刻可以变为有用，国家立刻可以得救。中国的政治问题，不追索到这种地方，甚至以各种浮文虚说来辩护这种地方，则一切努力，只如象山所说的"抱薪救火"。所以就整个人类讲，尤其就中国现势讲，象山所主张的这种价值转换，实是起死回生的不二法门。可是正如象山所叹息的一样，"此道与溺于利欲之人言犹易，与溺于意见之人言却难"（《语录》）。因为溺于利欲之人，中无所恃，良心发现较易；而织成一套似是而非之浮说，甚至依靠一套积非成是的谎言体系的人，常自以为有所依恃，得所捍卫，其窟宅愈深，破除便愈难。凡是自称信什么神佛，持什么口号的人，假定他隐藏在念虑之间的是利而不是义，则这种人的得救，真比骆驼穿过针孔还要困难。

象山是把义利之辨的价值转换放在第一位，而把读书放在第二位，这便与朱元晦为学的次第不同，因而读书的态度也随之不同。象山读书只看古注，要人只就书的本身去了解，而不可随意推度，这与朱元晦是大体相同的。但朱子认为理是在书上，读书是为了穷理，做学问是要把书上的理一点一滴地积了起来，丝毫不能放松，因此，读书的态度便不能不十分严肃。如"看文字须似法家深刻，方穷究得尽"（同上）；"看文字如捉贼。须于盗发处自一文以上，赃罪情节都要勘出，莫只描个大纲"（同上）；"读书须立下硬寨，誓以必晓畅为期"；"只是勤苦捱将去，不解得不成"（皆同上）。但在象山则认为心即是理。复其本心，则理从心内流出来，所以他常引用《孟子》"源泉混混"的几句话。读书不过是此心的一种印证，即所谓"六经皆我注脚"（同上）。因此，书在象山思想中所占的分量比较轻，读书的态度也比较轻松。如谓："大抵读书，训诂既通之后，但平心读之，不必强加揣量。……或有未通处，姑缺之无害。"（《象山全集》卷七《与邵中孚》）"先生问子直（杨子直），学问何所据？云，信圣人之言。先生云，且如一部《礼记》，凡子曰，皆圣人之言也，子直将尽信之乎？抑其间有拣择？子直无言。"（《语录》）大抵朱元晦读书，好像病人吃药，吃得进固要吃，吃不进也得吃。象山读书，好似养生家吃饭，能消化便吃，不能消化便不吃。朱元晦《上孝宗劄子》谓："为学之道，莫先于穷理。穷理之要，必在于读书。读书之法，莫于循序而致精。而致精之本，则又在于居敬而持志。……圣贤复生，所以教人，不过如此。"可见朱元晦以读书为做学问的总枢纽，和象山以义利之辨为总枢纽，恰可作一明显的对照。

这里还应附带一提的，象山义利之辨的"辨志"，即是所谓"识病"。他说："老夫无他能，只是识病。"（同上）"识病"不能靠死的书本而是要靠活的师友。于是象山劝人亲师取友的意义，比劝人读书的意义特重。如谓："人生而不求学，学而不求师，其可乎哉。"（《象山全集》卷一《与李省幹》）"以夫子之圣，犹曰学不厌，况在常人？其求师友之心，岂可不汲汲也？"（同上卷十《与董元锡》）"杨子云谓务学不如务求师，吾亦谓论学不如论师。"（同上卷四《与符舜功》）"心学"重人与人的直接传承，自然把文字视为次要。

象山由辨志以正端绪的治学方法，由端绪下来，其主要工夫不落在书册上而是直接落在"事"上。盖他的所谓理，"皆吾身吾心之事，而达之天下者也"（同上卷二十《送毛元善序》）。故实理即有实事。他常说："道外无事，事外无道。"他所说的"道"，亦即他所说的理。他既认为心即理，心与理是一，即可说心即事，心与事是一，因此，他一说到心，便常说到事。他《与朱元晦辨太极图说书》二谓："古人质实，不尚智巧。言论未详，事实先著。……所谓先知觉后知，先觉觉后觉者，以其事实觉其事实，故言即其事，事即其言。所谓言顾行，行顾言。"又谓："日享事实之乐，而无暇辨析于言语之间。"（同上卷七《与詹子南》）"古之学者以养心，今之学者以病心。古之学者以成事，今之学者以败事。"（同上卷三《与陈正己》）"复斋家兄一日见问云，吾弟今在何处做工夫，某答云，在人情、事势、物理上做些工夫。"（《语录》）他认为"须是下及物工夫，则随大随小有济"（同上）。"及物工夫"他觉得并非容易，"孔子……至三十而立，则无出入明晦，警纵作辍之分矣；然于事物之间，未能灼然分明见得，至四十始不惑"（同上）。"学问于大本既立，而万微不可不察"（同上）。他自己是"逐事逐物，考究练磨"。他对于读书也要归结到事上来。

"后生惟读书一路。所谓读书，须当物理，揣事情，论事势"（同上）。他在荆州任所写给罗春伯的书说："簿书所当整顿，庐舍所当修葺，道路当治，田莱当辟，城郭当立，武备当修者不少。朝夕潜究密考，略无少暇。……真所谓心独苦耳。"（《象山全集》卷十三）由此可见他对事的态度，和对书本子的态度，实大有出入。书是朱学的骨干，而事是陆学的骨干。象山在儒家精神中加强了社会性，自然也加强了事功性。朱元晦《答沈叔晦书》云："近日一派流入江西，蹴踏董仲舒而推尊管仲、王猛。"（《朱文公文集》卷五四）象山似未曾蹴踏过董仲舒，但由此亦可知陆门重事功的精神实过于程、朱。此点在论到他的政治思想时还要提到。总结一句，象山千言万语，要道德的行为、道德的生活，从各人的道德主体——心中流出，客观化而为实行实事，这才是真的、实的，不是杜撰的。由此心推而上之，同时即是由此心推而外之，仅由此心去认识、去捉摸，其所认识、捉摸得最好的，也只如摄影所得的影像。这在西方，即是构成概念，概念的东西只构成知识，并不能真正成为一个人的行为推动力，照象山的意思说，这不是实理，所以也不会有实事、实行。我们只看中国知识分子的行为，自科举制度实行以来，以至于今日，其品格大体上皆不如愚夫愚妇；都市人的品格，大抵不如农村。不认识字者之中可以出一个金石为开的武训，但在知识分子中决出不出一个武训型的人物。武训不懂得许多道理，而只有兴学以救穷子弟之一念，自其心坎中流出，便有一生不容自已的忘己救人（兴学，在他的心目中即是救人）的卓绝行为。这类事实，只有在象山的学说中才可加以解说，即此，亦可以知道象山学说的真价。

五、朱陆异同——朱子自身的矛盾

朱、陆异同，为九百年来未能解决的争论。但不从这里作一番比较，则对象山的思想还不能彻底明白。上面把两人对于书的态度之不同，已略有叙述，这里试作进一步的讨论。

朱、陆自鹅湖会后，直到朱元晦闻象山之讣，率门人往寺中为位而哭为止，中间十七年，他们两人虽欲互相说服，互有争论，但始终是互相推敬。两家的门人，亦常彼此往来问学，有的先朱而后陆，有的先陆而后朱，有的可立于两家的门墙，有的则各守师说而不变。他们中间最大的关涉有三次。第一次淳熙二年（一一七五）是鹅湖之会，朱元晦四十六岁，陆三十七岁，正盛年大事著作之时；象山兄弟意气正盛，赋诗讥朱为支离榛塞，朱意不欢而散。然朱于别后致书，谓"警切之诲，佩服不敢忘"。而三年后的和诗，但云"旧学商量加邃密，新知涵养转深沉"；又朱在五十四岁时通书谓"向来泛滥，真是不济事"，五十七岁时致书又谓"无复向来支离之病"。朱与他人通书时，亦常自责支离，或以支离为戒，则此会陆所与朱的影响，究大于朱所与陆的影响。第二次是淳熙八年（一一八一）的南康之会，在鹅湖之会后六年，朱五十二岁，陆四十三岁。两人见面之先，朱答吕东莱（吕氏即卒于是年）书谓："子静近却说人须读书讲论，但不肯翻然说破今是昨非之意。"又谓："回思鹅湖讲论时是甚气势，今何止十去七八耶。"（《朱文公文集》卷三五）是朱在未见面之前，以为陆已受其影响而有所改变。但见面后又与东莱书谓："子静旧日规模终在，熹因与说，渠虽唯唯，终未穷竟。"（同上）可见这次见面，虽"加款于鹅湖"（《与朱元晦书》中语），然两人意见终归不合。但观朱元晦将白鹿洞讲词刻石，谓"熹当与诸生共守，以无忘陆先生之训"之语，则不可谓朱对陆无倾倒之意。及淳熙十四年（一一八七），象山四十九岁，朱五十八岁，初登应天山讲学，与元晦通书，继梭山后作《太极图说》之辩。象山不仅不赞成"无极而太极"这一句的"无极"，他直是不赞成周濂溪形成《太极图说》之骨干的"主静"（圣人定之以中正仁义而主静）的思想，他以《图说》为濂溪之少作。象山本来很称道濂溪，其原因，一在其光风霁月的气象，一在其《通书》。《太极图说》"主静"，而《通书》则"主诚"，《通书》前四章第一句皆说诚，不复言静，此乃濂溪思想上的一大转变。象山承认"存诚"，而反对"持敬"。老实说，伊川的"持敬"，实在即是"主静"，"伊川每见人静坐，便叹其善学"。静之中而能不昏沉，"常惺惺"，即是所谓"持敬"，所以他的大弟子谢上蔡就干脆说"常惺惺"。"常惺惺"二字是禅宗提出来的。伊川以"主一无适"为"持敬"，但这也可以作为"主静"的解释，凡稍通禅者皆可了解。所以"无极"、"太极"的争论，实牵涉到这种根本问题，以后还要说到。此次争论，前后三年，由朱元晦来书的"别纸"而告结束。别纸说："如曰未然，则我日斯迈而月斯征，各尊所闻、各行所知，亦已矣，无复可望其必同也。"（《朱文公文集》卷三六）这可说是很不愉快的结束。同时，在往复辩论中，两人的语气都非常尖锐，对两方门人及当时知识分子所引起的激动当亦较前为大。他两人辩论的内容，今日无须再转入此一漩涡中，但观朱元晦先谓"不言无极，则太极同于一物，而不足为万化根本；不言太极，则无极沦于空寂，而不能为万化根本"，是他认为言无极乃非常重要的。但以后又谓"若于此有以灼然实见太极之真体，则知不言（无极）者不为少，而言之（无极）者不为多矣"，是无极的分量，实已减轻了许多。而朱元晦注《太极图说》，仍采用象山语意（见《象山学案》顾谔案语），是元晦仍多少受了象山的影响。且朱虽给了象山这样不愉快的"别纸"（在是年正月），但象山得守荆州之命后，仍于秋七月四日致书朱元晦，绝未以此介意。朱元晦八月六日的复书谓："某春首之书，词气粗率，既发，即知悔之，然已无及矣。"（《朱文公文集》卷三六）同时"有学者（按此学者并非指的包显道，乃朱元晦写此信时，包显道在侧，《宋元学案》中黄百家因误看《象山语录》，遂指此人为显道。显道乃象山门人，象山死后事朱，然并未叛陆。朱文集中有复包显道书两通，并无此书）因无极之辨，贻书（于朱）诋先生（象山）者，晦庵复其书云：南渡以来，八字着脚，理会着实工夫者，惟某与陆子静二人而已。某实敬其为人，老兄未可以轻议之也。可见两人虽学问上的意见不同，但始终是保持互相尊重的态度。

朱对陆的批评，自陆在象山讲学以后渐多；"毛刚伯必疆云，当时先生与晦翁门徒俱盛，亦各往来问学。晦庵门人乍见先生教门（教人的门路）不合，不与解说无益之文义，无定本可说，卒然莫知所适从，无何辞去，归语师友，往往又失其本指，遂起晦翁之疑"（《语录》）。象山先朱元晦死八年，其门人杨慈湖、傅子渊辈，向内开辟之力为多，于是朱由对浙学（元晦谓浙东学者，多子静门人）之不满而晚年攻陆亦愈力，大率斥之为禅。然此类话实多不得当。如谓"浙江一般学问，又是得江西（象山）之绪余，只教人合眼端坐，要见一个事物如日头，便谓之悟"（同上），类此的话甚多。以此评禅尚不当，评陆更不可。如又谓"象山言告子论性，强于孟子，言荀子性恶之论甚好，如'孝弟为仁之本'

一章都不看，他只说一个心，上面便著不得一个字"（同上）等，这或出于传闻之误，或出于记录之讹，或出于一时之意气，评象山皆不得其实。至朱的学生陈北溪之攻陆，大半出于诬诳，更不足置论。朱元晦自言两人异同，实以下面这一段话最平实而恰当：

> 大抵子思以来，教人之法，尊德性、道问学两事，为用力之要。今子静所说尊德性，而某平日所闻道问学上多。所以为彼学者，多持守可观，而看道理全不仔细。而熹自觉于义理上不乱说，却于紧要事上多不得力。今当反身用力，去短集长，庶不堕二边耳。（《朱文公文集》卷五四《答项平甫书》）

象山对朱元晦的批评是说他"泰山乔岳，可惜学不见道"（《语录》），"此老才气英特，平生志向，不没于利欲，当今诚难其辈。第其讲学之差，蔽而不解，甚可念也"（《象山全集》卷十三《与郑溥之》）。他何以说朱未闻道，因为朱虽"亦可受用，只是信心不及"（《语录》）。因"信心不及"，便向外去穷理，结果"揣量模写之工，依放假借之似。其条画足以自信，其节目足以自安"（同上《与朱元晦书》）。朱曾谓"取足于心者，佛老空虚之邪见"（《朱文公文集》卷八十《鄂州州学稽古阁记》）。程、朱取足于理，而不认为心即理；陆、王认为心即理，遂即取足于心。故程、朱不可谓之"心学"，而一般称之为"理学"。两相对照，则象山对朱信心不及的批评，可称简当。

若二人一往不同，问题还容易解决。但王阳明有《朱子晚年定论》之作，说："朱子晚岁，固已大悟旧作之非，痛悔极艾，至以为自诳诳人之罪，不可胜赎。"王氏此论，虽为其自学张目，实亦无异于为陆学张目。元、明两代，朱学为官学，此论一出，闻者哗然，竞斥王氏之诬。然黄宗羲于《晦翁学案》后加案语略谓："考亭之悟，毕竟在晚年。阳明为《朱子晚年定论》，虽或有出于早年者，其大意则灼然不失。"此犹可谓黄氏之学出于阳明系统。但朱子言论，以读书问题为中心，有显系自相矛盾而无以自解者，则系难以否认的事实。故朱、陆异同问题，实即朱子治学上所包含之矛盾问题。如谓："孟子言学问之道，惟在求其放心。而程子亦言心要在腔子里。今一向眈着文字，令此心全体都奔在册子上，更不知有己，便是无知觉不识痛痒的人。"（同上卷四七《答吕子约》）这可说与陆的意思完全相同。但他又说"《论语》不曾说心，只是说事实。《孟子》说心，后来遂有求心之病"（《语类》），又"如孟子之求放心，已说缓了"（同上），"今说求放心，说来说去，却似释老说入定一般"（同上），这便与陆分明不同，亦与上引《答吕子约书》自相矛盾。又如既说"穷理之要，必在于读书"（见前），但又说"读书为学者第二事"（《语类》），"学问就自家身上切要处理会方是。那读书的已是第二义。自家身上道理都具，不会外面添得来"（同上）。"洪庆友将归，先生召入与语曰，于今要下工夫，且须端庄存养，独观昭昭之源。不须枉费工夫，钻纸上语。……此等语不欲对诸人说，恐他不肯看文字，又不实了。且教他看文字，撞来撞去，将来自有撞着处"（同上）。这也却与象山的态度大抵相同，而与他平日许多语言矛盾。若谓此种矛盾为晚年与中年之矛盾，则朱之攻陆，不应至晚年而更甚。并且他在七十一岁那一年三月死的前三天，尚改《大学》诚意章。临死时，遗书于其子在及门人范念德、黄幹，拳拳以修正遗书为言。可见他对文字的工夫，直是用到死，何有晚年大悟之说？一个人的思想在他一生中会有演变，但朱子以"已发"、"未发"问题为中心之演变，中年归结到伊川之"涵养须用敬，进学在致知"，已成定局，此后更无大变更，所以朱子终身是学伊川。因此，从时间的先后，恐怕不能解决朱子自身所包含的矛盾问题。

六、朱陆异同——知识与道德界域的混乱与厘清

人的心，含有无限的可能，有各方面的作用。其中最主要的，心的知性的一面追求知识，心的德性的一面成就道德。西方观念论者常将心的各方面的活动，说成是各层次的活动。我认为在每一方面活动中，固各有其层次，但不可将各方面的活动共累成为一高下的层次。因为若果如此，则欲达到上一层次者，必先经过下一层次；欲完成道德者必通过科学，于是科学诚为各层次——道德、艺术、宗教等——所必经之路，无论科学不甘居于最下的层次，且在理论与事实上，科学亦并非道德等所必不可缺之因素。所以我始终认为与其说是心的各层次，不如说是心的各方面。统摄各方面者即为心的自身的统一。因此，学问大体上可分为两大界域，知性的知识活动，以物理为对象；德性的道德活动，以伦理为对象。前者属于实然的世界，后者属于应然的世界。两个世界有其关联，但无必然的因果关系，道德未必能随知识而增高，知识亦不能随道德而俱进。《公是先生弟子记》："刘原父云，永叔问曰，人之性必善，然则孔子所谓上智与下愚可乎？刘子曰，可。智愚，非善恶也。"知愚是知识，善恶是道德，二者固不可混为一谈。索诺根（P. A. Sorokin）在其《人性的再建》一书中，探求决定人类利他或利己的因素，他根据现代各种统计数字，证明

生物学的本质及社会环境等，对道德问题，并无确定关系。谈到知性方面，他说："由上述的技术（按即知性系数，精神检查的诸形式等）所测定的知性，看不出是使人成为利他的或利己的要因。此两现象间（知性与行为），当然存有若干微细的关系，即是高的知性，可稍稍助长利他主义。但此关系不是不变的，也不是一贯的。"（前书第五章）并谓"高谈"利他主义与道德观念者，并不显示与此相应的行为（同上）。因为"高谈"也是象山所谓的议论，最多也只是一种知性的活动。他同时指出现代的成人，其思想、言论与其公开的行为，毫不相干。倒是天真的幼儿，与一般单纯的人们，"其观念形态与公然行动，倒是很密切地连在一起"，因为那是"深植根"于其内部（同上）。所以他最后结论是要求在人格与行为的四种不同的形式中，把最高的"超意识"（有似于象山之所谓本心）解放出来。于是他深深地寄望于印度的瑜伽（Yoga）行，希望由此种方法把人的超意识爆破出来为人作主。而许怀彻（Albert Schweitzer）在其《文化没落与再建》中，也特别把文化的命运归结到伦理上面，归结到人的心上面。从心上面、从伦理方面来解决人类文化的问题，这本是中国文化二千余年以来开辟出的一条路，也是象山自认为继承孟子一千五百年的道统之路。要成就道德，成就人的道德行为，不能在外面的各种不确实的关系中去找根据，而只能在各人的心上去找。并且从"孩提知爱长知钦"来看，人的心本是道德的心，亦即本来具备道德之理，于此而认定"心即理"，认定"心即理"之"心"是人的"大本"。应然的世界、价值的世界，只能从这个大本的地方流出来。不是不要知识，而系知识对于道德的行为来说，只是处于补助的、被动的地位，它不过处于德性的印证和被选择的地位，其对于道德行为的分量自然比较轻。同时，知性的知识活动，是就客观的对象上去探索；而道德主体的大本，则只有靠"返观内照"，即是"反省"。卡西勒（Cassirer，1874—1945）也在其《原人》（*An Essay on Man*）的第一章中特别强调"以了解自然的方法，不能发现人自身的性质"。所以求知识的方法，和开辟大本的方法并不相同，于是朱、陆治学的门径便不能相同，读书的态度也不能相同。知性的活动，一个时代有一个时代的对象。在中国，书本子一向是成为知性活动的惟一对象，一向是靠书本子来构成知识。朱、陆环绕书本子所作的争论，骨子里面是由知性活动的方法，能否直接开辟出德性大本的问题的争论。这一争论，实际也深深渗入于朱子内心生活之中，这便形成他一生的矛盾。

宋学一开始便负有一种消极的任务，即是要吸收佛、老的成果，又要从佛、老内转出来。佛谈三世，老谈有无，而儒只谈现在，这在理论构造的外形上，似乎比不过佛、老的高大完整，于是儒家也不能不重新构建一套形而上学出来，解答宇宙人生的来龙去脉，以与佛老争一日之长短。这种努力本是属于知性的活动。其次，由天台、华严，尤其是禅宗，对人类的"心"作了一番探险与垦荒的工作，把印度佛教的宗教性格，完全转移于中国人文精神之中，而成为"中国佛教"。要从此种佛教中完全转出来，并不能否定他们在心的方面垦荒的成果，因为这本是中国文化自己的方向，这里便只有两条路可走：禅宗开出的"寂照同时"的心，是冷冷的、"无记"的、无善无恶之心，把这种无善无恶的心，坐实为道德主体的心，使其当下对人伦日用负责，这便回到儒家的身上来了。这是陆、王所走的路。所以象山一定由义利之辨走进去，也要从义利之辨走出来。而当王阳明说无善无恶时是冥合于禅，当他认为仁是心之本体，以"大人者天地万物为一体"立教，以"知善知恶"立教时，这又是儒的本位。其次，禅宗的、冷冷的、寂照同时的心，实际上是超认识范畴以上的知性之心、认识之心。因为是认识之心，所以禅可以承认山河大地（现象界）。因为是超认识范畴以上的，所以它对于山河大地只能有一种"观照"的态度，而不能下解析的工夫；因之，可以承认物，而不能由承认物之理以成就知识。使认识之心，确实定着于认识对象之上，以承认对象上之理，此对象上之理，可以是伦理，更可以是物理，这便也从禅宗转了出来，一面回到儒家的本位，一面并补填了儒家精神隐没不彰的另一面，即由知性活动以构成知识之一面。这是程、朱所走的一条路。朱元晦说禅宗的人"最怕说一个理字"，这倒非常中肯。程、朱转的经路，是把性比心提高一层，而说"性是理"、"性者心之理"（《语类》），心是以性为理的，"性是许多理散在处为性"（同上），"天下无性外之物"（同上）。这是把性推开一步，使其在心之上，同时亦即在心之外，而成为认识之心的客观之理的根据。此乃对客观之理的承认，由此以为知性活动奠定基础，亦即为知识奠定基础。这是在中国文化中本来不甚彰著的一面，因而本是一个新的方面，在文化中本要算一件大事。所以朱元晦说："伊川先生言性即理也，此一句自古无人敢如此道。心则知觉之在人而具此理者也。"（《朱文公文集》卷五八《答徐子融》）"具此理"的"具"字，朱元晦在旁的地方又用作"应"字。实在，"应"字更可表现朱子的意思。心在程、朱，总是认识的意味重，道德的意味轻。"虚灵而能应万物者便是心。人心如一个镜，先未有一个影像。有事物来，方始照见妍丑"（《语类》）。朱固然常说"心是管摄主宰者"，但此处不要误解。象山说心是主宰时，是主人的主宰；朱元晦说心是主宰时，实际只是"总管家"的主宰。许多家当都归总管家管，但它的本身，并不是家当。或者可说在朱子是勤俭成家的主宰，本无家当，只靠勤俭向外面去找。这是他与象山"心即理"的大区别。所以当他谈到心常惺惺时，他的学生有问"佛家亦有此语，曰，其唤醒此心则同，而其为道则异。吾儒唤醒此心，欲他照管许多道理，佛氏则空唤醒在此，无所作为"（同上）。在朱子的精神中，实在很强烈地跃动着希腊文化系统中的知性活动的要求。但限于传统的道理范畴，不能进一步地有此自觉。这样一来，朱子便一面在构想的实然世界根源中（如太极说）去找应然世界的根源，这便成为他的形而上学的性格；一面在分殊的事物上去"即物穷理"，要由这些理的积聚而得出"一旦豁然贯通"的"全体大用"。朱子意指的"全体大用"，是一以贯之的人生道德，而不是知识的统类，但他由即物穷理的方法，实际所能得的，只能是知识的统类。我们今日不仅惊讶于朱子治学的兴趣何以这样的广，不仅认为应读尽一切书，而且对天文、地理、医药、音律、兵、农等，亦无不下一番工夫。同时，他所用的方法，明确谨严细密，不含糊，不笼统，尚疑崇证，完全合于知性活动的要求。我们读朱子的著作，实不能不佩服他这种求知的学术精神的伟大。此一精神，若落在自然的对象上，便可成就自然科学。他说："积累工夫，迤逦向上去。"（《朱文公文集》卷七四《沧州精舍谕学者》）"于这个道理发见处，当下认取，打合零星，渐成片段。""夫道之极致，物我固为一矣。……于其所谓一者必铢铢而较之，至于均而必合。寸寸而度之，至于丈而不差，然后为得也。……今学之未博，说之未详，而遽欲一言探其极致，则是铢两未分，而意料钧石；分寸未辨，而目计丈引，愚恐小差积而大谬。所谓钧石丈引者，亦不得其真矣。"（同上卷六二《答甘吉甫》）"一向就枝叶上零碎处做工夫。"（同上卷《答廖子晦》）又"所谓穷理者，事事物物，各自有个事物的道理，穷之须要周尽"（《语类》）。又"以今日格一物，明日格一物，为非程子之言者，不知何所病而疑之也"（同上）。"大无不该，细无不烛。"（同上）"既莫不析之极其精而不乱，然后合之尽其大而无余。"（黄勉斋《朱子行状》）以上所说的精神、方法，在知性追求知识的立场，都是很正确的。但中国文化中，没有"为知识而知识"的传统，于是朱子虽有知性之强烈活动，但他并不在这上面落脚，不承认求知识之本身有一自足之价值。譬如他已经"觉到在考据上有另一门学问"，他也无形地做了若干考据工夫，故"沿其学者，一传而为勉斋、九峰，再传而为西山、鹤山、东发、厚斋，三传而为仁山、白云，四传而潜溪、义乌，五传而为宁人、百诗"（章实斋《文史通义》卷三《朱陆》），由此以开清代之考据。这是知性以书本为活动对象的自然结果。但他自己决不在考据上落脚。考据与科学，本是出于人类知性活动的同一根据，但从考据学的本身，不能转出近代西方的科学。因为这在知性活动的方向上，须要有一个对象的大转换，因而使知识的性质、种类，能发生一种转换。John Maemurray 在他的《从阿奎那斯到牛顿》（*From Aquinas to Newton*）一文中指出，阿奎那斯在追求知识真理的态度上，实比牛顿更为纯粹而伟大。但一个依然是代表中世，一个却开启近代，主要是因为所追求的知识的对象不同（见 *Some Makers of the Modern Spirit* 日译本页一五八至一六〇）。胡适们因为在这一点上没有弄清楚，所以他们想从考据的方法中带进西方的科学方法，而不知观察、实验、演算等的自然科学方法，

中国思想史论集

是和自然对象结合在一起的。再有一百个《红楼梦考据》，也是两无关涉。朱元晦已经知道有考据学，但他不走这一条路，不仅因为他要在伦理上落脚，即在知性活动上，他是要在事事物物上求出事事物物之理，这是清代考据家乃至新汉学家所根本没有的观念。求事事物物之理，在时代限制上，他主要不能不落在书本上，但他之落在书本上，是要钻到文字训诂的后面去找他所追求之理。假定他生于今日，他的这种精神只会走进实验室里去成一个科学家，决不肯钻进故纸堆的排比中去成一个考据家。清代考据学之出于朱子，一方面固然可以说是他的读书方法落实下来的结果，一方面也是朱子穷理精神之未能得到正常发展，因而堕落下来的一种变形。朱元晦读书穷理的工夫，如上所述，主要是知性追求知识的活动，用在实然的物理世界，可以成就科学；用在伦理的世界，可以成就关于伦理的一种知识。此种知识可能引发一个人的道德，但它并不是道德主体的本身，所以并不能因此而保证一个人的道德。朱元晦曾说："读书所以明理，而明理者，欲其有以烛乎微细之间而不差也。故惟考之愈详，则察之愈密；察之愈密，则吾心意志虑，戞刮磨砺而愈精。吾心愈精，则天下之理至于吾前者，其毫厘眇忽不齐，则吾必有以辨之矣。"（《大学或问》）这一段话把读书的知性活动及他平日以此为"操心之要"，说得真是精透。但由此所磨刮出的"愈精"之心，依然是一明如镜的认识之心，而不是对行为作主的道德之心。就他个人说，他一生的学问是"穷理以致其知，反躬以践其实"，前者是知识，后者是道德，两者都能融在一起，这是他的伟大处。但我们应特为留意的，"穷理以致其知"的向外活动，并不一定可作为"反躬以践其实"的途辙或手段，更不能以此作为"反躬以践其实"的保证。朱子之所以能两面照管得住，是因为在他的知性活动的后面，尚有坚强的德性在那里提撕作主；他之所谓"以心体之，以身践之"，即是德性在后面提撕作主的证明。但一般的考据家，在其穷搜冥讨中，并不感到有紧接"以心体之，以身践之"的必要，此即证明"穷理以致其知"不是"反躬以践其实"的必经途径。王阳明说："纵格得草木来，如何反来诚得自家意？"（《传习录》下）此一问，实在问到了问题的根本。所以由"穷理以致其知"落到"反躬以践其实"，实际是要回到心的地方作一个转换，朱子自己在艰苦中是不断地作此转换。此即黄梨洲之所谓"纵使合得本体上，已费转手"（《姚江学案》）。但他缺少此种转换的自觉，而以为"穷理以致其知"是"反躬以践其实"的方法或手段，于是当他立教时，便常常要人以求得知识的读书方法去发现道德的主体，而忽视一是向外、一是向内。由向外转到向内，纵有此可能，也要转一个大弯；这一个大弯，是可以不必转，并且普通人常常转不过来，所以象山说他是支离，他自己有时也觉得是支离，于是在他的立教中常常不免上述的矛盾，常常由向外求得知识的一条路，有时走向与象山直探本源的一条路上去，这也可以说是必然之势。如说："觉得此心操存舍亡，只在反掌之间。向来诚是太涉支离。盖无本以自立，则事事皆病耳。"（《朱文公文集》卷四十《答吕子约》）"为学只是先要立本。文义却可且与说出，正宜令其宽心玩味，未可便令考校同异，研究纤密，恐其意见促迫，难得长进。"（同上卷二九《与黄直卿书》）这便与象山读书的态度相同。又如"示喻天上无不识字的神仙，此论甚中一偏之弊。然亦恐只学得识字，却不曾学得上天。即不如且学上天耳。……中年以后，气血精神能有几何，不是记故事时节"（同上卷四六《答潘叔昌》），此

与象山之"某则不识一个字，亦须还我堂堂地做个人"（《语录》），
有何分别？凡《朱子晚年定论》所录三十五条，大体皆与象山相
合，无可置辩。在《语类》中此类话更多，如云："看来别无道
理，只有个是非。若不理会得是非分明，便不是人。若见得是非，
方做得人。这个是处便是人立脚的地盘。向前去虽然更有里面仔
细处，要知大源头只在这里。"（同上）这与义利之辨也并无分别，
只是义利之辨更实际一些。但正如象山所说，"后生惟读书一路"
（同上），所以象山也不轻说"文义溺志"的话（见《与曾宅之》）。
而朱子亦感到"只理会上达，即都无事可做，恐孤单枯燥"。于是
人性的另一面的知性，依然在不自觉的状态下，以书为对象而发
生强烈的要求。一个人，能自觉其本有此两面的分途，而由心自
体之统一以保持其谐和，则两成而不互碍；若不能自觉得有此两
方面之分途，则常因互相混杂而互相牵制。这是人类文化中很久
的矛盾，也是朱子一生的矛盾。我更引黄梨洲的一段话以相参证：

> 先生（阳明）悯宋儒之后，学者以知识为知；谓人心之
> 所有者，不过明觉，而理为天地万物之所公共。故必穷尽
> 天地万物之理，然后吾心之明觉，与之浑合而无间。说是
> 无内外，其实全靠外来闻见以填补其灵明者也。（《明儒学
> 案·姚江学案一》）

以"闻见"所填补之"灵明"，只是心的知性的一面，而不是
德性的一面。黄氏也感到这种分别了。

关于因学问的方面不同，而方法亦应因之不同，我再引一个
明显的例子。前面引的朱子《答吉甫书》的"必铢铢而较之"的

一段话，象山恰有与此相反的一段话可资对照："石称丈量，径而寡失，此可为论人之法。且如其人，大概论之，在于为国、为民、为道义，此则君子人矣；在于为利己、为权势而非忠于国、殉于义者，则是小人矣。若铢称寸量，校其一二节目而遗其大纲，则小人或得为欺，君子反被猜疑。"（《语录》，又《轮对劄子》中亦提及此点）这话在知人上是相当的正确，但若在物理上去求知识，则当然以朱子上一段话为是。象山对此区别，自己似乎亦已感觉到，如说："仁义忠信，乐善不倦，此夫妇之愚不肖可以与知能行；圣贤所以为圣贤，亦不过充此而已。学者当以此为根本。"所以他在这种地方说简易，论"宽平之乐"。但接着说："若夫天文、地理，象数之精微，非有绝识，加以积学，未易言也。"（《象山全集》卷十五《与陶赞仲》）这是穷物理，这是朱子的"穷理以致其知"，他并不曾把简易的工夫，认为是万应膏，因而拿到穷理致知的上面。如又云："学问之初，切磋之次，必有自疑之兆。及其至也，必有自克之实，此古人格物致知之功也。……物则所在，非达天德，未易轻言也。"（同上卷一《与胡季随》）他这里所谓"物则"即是物理，穷物理与穷伦理，实有难易之别。日本人喜欢说希腊系统的文化是"学"，而中国系统的文化是"教"，是一种对人自身的教，我觉得这对陆王而言更为恰当。象山虽站在人本的立场以求物理为末，但他既由实理而直接落在实事上以成就实行，则他必在伦理之外更追求物理，在道德之外更追求知识，所以他的一生，实际也曾在这方面致力，只因年命不长，有志不遂，所以傅季鲁的祭文中有云："莫大于历，夜观星象；莫神于《易》，画索蓍卦。考礼问乐，远稽古制，曾不毕究，今则坠矣。"因为象山能将二者分清界域，所以他的思想不像朱子那样混淆夹杂。同时，在事实上，凡是在心上立脚的，行谊莫不卓然有以自立。如朱子所极不喜之张横浦，《宋元学案》称"以风节光显者，莫如横浦"。朱子称象山弟兄为"操持谨质，表里不二"（《朱文公文集》卷三一《答张南轩》），称象山的门人谓"今浙东学者多子静门人，类能卓然自立。相见之次，便毅然有不可犯之色。自家一辈朋友，又却觉不振"（《语类》）。又云"子静之门，如杨简辈，躬行皆有可观"（同上）。这在象山门人各学案中，皆可覆按。即以禅宗而论，他们所发掘的是知性自体的心，对道德只能有消极性的成就，但朱子虽好辟佛，依然说："若人识得心，大地无寸土，看他（禅）是甚么样见识。今区区小儒，怎生出得他手。"（同上）又"或问朱子，今士大夫晚年都被禅家引去者，何故？答曰，是他高似你"（同上）。又"尝见画底诸师，人物皆雄伟，宜其杰然有立如此"（同上）。此无他，学问在心上立脚，即是自己抓住自己的主体，人的脚跟才站得稳，才真能自尊自信。而刘慢堂《复杨德远书》谓："朱氏书年来盛行，立要津者多自谓尝立先生之门，而趋向舛错，使人太息。"由此可见中国文化，在每个人的心上显发价值的根源、道德的主体，因而成就一个人的人格的这一条路，是信而有征；而象山之孤军特起，风动一时，决非偶然之事。不过学问上的两大界域，西方进入到二十世纪后，若干大思想家才慢慢探索到一点端绪；在这以前的三百年，尤其是十九世纪，则正与中国相反，许多思想家想用自然科学的方法来解决人的一切问题。而中国一知半解的西化人物，今日犹拿他一知半解的自然科学方法来衡论中国的文化，遂认为一无是处。则朱子当日的艰辛磨炼，正是值得后人钦佩的。

七、朱陆异同——由对心性认识的不同而来的
　　修养工夫之各异

　　上述的朱、陆异同，可以说是由心即理与性即理，所引起的以读书为中心的方法论上的异同。现在再说到因对于心性的观点不同所引起的修养工夫上的不同。

　　首先，程朱将心性分作两层，前面已经提过。黄梨洲下面这段话，正是指出此中消息。

> 凡气象成形，无一物带来，而亲亲敬长，最初只有这些子。后来盛德大业，皆原于此，故曰孝弟为仁之本。《集注》(朱子《论语集注》) 为仁犹曰行仁。谓性中只有个仁义礼智，曷尝有孝弟来。盖以孝弟属心，心之上一层方是性。有性而后有情，故以孝弟为行仁之本。愚以为心外无性，气外无理。如孟子曰，恻隐之心仁也。盖因恻隐、羞恶、恭敬、是非而后见其为仁义礼智，非是先有仁义礼智而后发之为恻隐、羞恶、恭敬、是非也。人无此心，则性种断灭矣。

　　朱子的意思，仁义礼智是理，是属于性。孝弟是心的作用；心只能以此作用去实行性上的仁义礼智之理；心与性属两层，孝弟与仁义为两事。这是他把伦理的理，也当作物理的理，而推到心的外面去了。如此，则道德将挂空无根，有如象山所说的"揣量模写"而不"实"。同时，一面由心向上一层去追取一个在上面的性、在上面的理，这种在人身之内，由这一层去把捉另一层的

情形，势必如象山所说的"艰难其途径"，如黄梨洲紧接上一段话说的，"其弊必至于语言道断，心行路绝而后已"。程、朱的这一看法，是由前述的强烈知性向外活动的要求所引起来的，与孔、孟的原意实有很大的出入。象山则心、性不分，心就是性，因此，对于道德的主体可以当下认取，非常现成，非常简易，所以他不以"把捉"为工夫。他告诉李伯敏谓"是自家有的物事，何尝硬把捉"（《语类》）。因为心是人自己的，心即理，理也是自己的。当李伯敏问"性才心情如何分别？先生云，如吾友此问，又是枝叶……且如性情心才，都只是一般事物，言偶不同耳"。这和朱子常常作心、性等类的辨别，是显然异趣的。

其次，孟子道性善，凡性皆善，更无二性；但程、朱则分性为二，便较孟子多出一层纠葛，因而也影响到修养的工夫方面。朱元晦谓：

> 孟子之论，尽是说性善。至有不善，说是陷溺。若如此，却是论性不论气，有些不备。却得程氏说出气质来，接一接，便接得有首尾，一齐圆通了。（《语类》）

这是指伊川把性分为义理之性与气质之性而说的。何以这样才"有首尾"？大概是因为程子把性通到外面去，为人物所共，人物分明不同，便不能不说一个气质之性，从气质的偏与全上面去分别人与物。气质之性虽不可说是恶，但恶是由气质之性而来；气质与义理同为性，则善与恶亦同为性，而不复如孟子及陆、王视恶为后起的东西；所以伊川说过"恶亦不可不谓之性"的话。这样一来，程、朱在根本的地方，便常有天理与人欲之对立，这就多少带着有点宗教性的"原罪"感。于是在程、朱方面，艰苦之情常多于乐易之意。朱元晦尝自言："某旧时用心甚苦，思量这道理，如过危木桥子，相去只在毫发之间，才失脚便跌下去。"同时，《中庸》"喜怒哀乐之未发，谓之中；发而皆中节，谓之和"，及《乐记》上"人生而静，天之性也"一段，给宋儒以巨大影响。于是由已发以求未发之中，由感物之动以求天性之静，想以此来达到存天理而去人欲，常为程、朱系统中的大事。如何下手，在伊川是"敬义夹持"，即"持敬"与"致知"。由"致知"而诱发知性的活动，上面已经提到。伊川对于"敬"的解释是"主一无适"，这本是一种心理状态。为了保持此种心理状态，于是常须收敛人身的生理活动，以使视听言动合于礼的方法，便在程、朱的工夫中占有非常重要位置。伊川有视、听、言、动四箴，主旨是在"制之于外，以安其内"，这就自然而然地形成道学家的容止法度。当时道学家的衣着行止，就当时有关的文献看来，确与一般人不相同。朱子"一生法伊川"，而辟佛过于伊川。他尝说："此个道理，才理会深处，又易得似禅。"对于"持敬"也常常不敢向里向深处说，于是制外以安内之成分更为加重。因为恶系由气质之性而来，而所谓气质之性，对人来说，即是具体的人，这便形成对人自身不能有完全的信赖，而益增加战兢惕厉的精神。他对于孟子"若火之始然，泉之始达"、"源泉混混"的说法，并不十分相信。他不很鼓励人读《孟子》。明道《识仁篇》谓："学者须先识仁。……识得此理，以诚敬存之而已。不须防检，不须穷索。"这是理学开宗的一篇大文章。但朱子以此乃地位高（天资高之意）者之事，所以不敢收入《近思录》中，盖他不敢相信"不须防检，不须穷索"。他在临死时告诉他的学生说"但相倡率下坚苦工夫"。

"坚苦"二字，正是他一生伟大的写照。

由伊川到朱子的这一条路，在实际上会发生两个问题：第一，因"制外"大过，容易使人的生命力受到束缚。一般说道学家为拘迂，即系由此而来。第二，由此等细微末节下手，并不能真正保证一个人的大节无亏；并且有时还因枝节的拘牵，反忘记了本心的显发，甚或以此为作伪之资具。世人所骂的"假道学"，主要是从这些地方做假。象山自谓"自幼闻伊川语，若伤我者"。他欣赏明道没有失掉见濂溪后"吟风弄月而归"的情趣。朱子平生讨厌人问《论语》上"吾与点也"的一段话；象山则常讲到"浴沂之志，曲肱陋巷之乐"，常将"戒慎恐惧"和"颜、曾之乐"合在一起，总是由戒惧转到和乐上的意味多。他斥"'持敬'二字乃后来杜撰"（《象山全集》卷一《与曾宅之》），认为古今言敬，总是结合着某一对象讲，如敬事、敬王、敬兄之类，"未曾有言'持敬'者。观此二字，可见其不明道矣"（同上）。因为他认为仅仅说敬，只是一种精神收敛，其本身并无内容。若不先由辨志以立乎其大，则敬反可为藏奸慝忒之地。所以他说："是心之良莠，萌于交物之初，有滋而无芟，根固于怠忽，末蔓于驰骛，深蒙密覆，良苗为之不殖。实著者易拔，形潜者难察，从事于敬者，尤不可不致其辨。"（同上卷十九《敬斋记》）盖象山紧承孟子性善之说，形色即天性，撇开了伊川所加的义理之性、气质之性的这一种纠结，在根源上不承认有理、气之对立，及天理与人欲之对立。他认为天理、人欲之言，出乎《乐记》，而《乐记》之言根于老氏（见《语录》）。又说："天理、人欲之分，亦极有病。自《乐记》有此言，而后人袭之。《记》曰，人生而静，天之性也；感于物而动，性之欲也。若是，则动亦是，静亦是，岂有天理、人欲之分？若不是，则静亦不是，岂有动静之间哉？"（同上）他根本不卷入已发未发这一公案中去摸索，根本不在动静上去费工夫。他说："何适而非此心？心正则静亦正、动亦正，心不正则虽静亦不正矣。"（《象山全集》卷四《与潘方叔》）因此他只从"存心"、"养心"、"求放心"处用力，以"复其本心"。本心在内作主，则一切道理"从里面出来"，如源泉混混不竭，而无事从外面去"把捉"。他说"我治其大而不治其小，一正则百正"（《语录》），并认为"详细处未可遽责于人。如非礼勿视、听、言、动，颜子已知道，夫子乃语之以此。今先以此责人，正是躐等。视、听、言、动无非礼，不可于这上面看颜子。"（同上）他不主张从形迹上去观人，因为形迹是末。他以为"记言后稷其辞恭，其欲俭，只是说末"（同上），没有多大意义。他说："元晦似伊川，伊川固蔽深。"又说："晦翁但在气象上理会，此其所以锱铢。"（同上）他又说："某之说，正吾人大趋向，大指归。……此而不辨，而规规然以声音笑貌为道，真……养其一指而失其肩背，孟子所谓不知务。"（《象山全集》卷十二《与刘伯协》二）他把"梏于末节细故"，视与"溺于声色货利"同科。他的情形有点像获得良心自由后的马丁·路德，从宗教的烦琐仪式中解放出来，以向世俗中大踏步走去，这便在精神上为近代的各种现实活动敞开了一条大路。所以象山在这一点上，可说是对程朱理学系统在精神上之一大解放。但他自己却经常是仪容整肃，也教学生留心"九容"。一位学生吃饭挠起脚来，他一样地加以指摘。这为什么？也和读书问题一样，不是束书不读，是要在立其大本的前提条件下去读。"知道，则末即是本"（《语录》），所以他不从末下手，并不是忽视末。朱子固然不喜欢"洒落"二字，但无本之"脱洒"，亦为象山所不许。"若只管从脱洒等处思之，终不能得其正"（《象山全集》卷一《与曾宅之》）。同时，朱子由外向内的艰苦工夫若一朝成熟，由"心"去把捉"性"的工夫若一朝成熟，也自然有一个内外合一、心性不分的可以受用的境界。此时他也一样有曾点浴沂之意。象山闻朱子"川原红绿一时新，暮雨朝晴更可人。书册埋头何日了，不如抛却去寻春"的诗而色喜，说"元晦至此有觉"，其实朱子诗中表现此种意境者很多。这是说明只要工夫用得实，则进路虽有不同，到达点还可一致。总之，贯通于道德的内发性，则自然趋于乐易。所以孔子"成于乐"，"乐以忘忧"，孟子"无日不乐"。不过就一般人说来，必先经过艰苦阶段后所得之乐易才是真的乐易。而以艰苦为入德之门，乃能根基结实，流弊较少。所以由"艰苦"而成为"泰山乔岳"的朱子，其精神人格，始终可为千秋景范，这里不容发生误解。象山也说："莫厌辛苦，此学脉也。"（《语录》）又说："优游宽容，却不是委靡废放，此中至健至严，自不费力。"（《象山全集》卷六《与包详道》五）

再要稍为一提的，象山似系把孔门的学术分为内外两派，而他自己是内派，程、朱是外派。内派的理是自内流出，而外派则是由外打入。如曰："颜、曾从里面出来，他人从外面入去。"又谓："告子之意，不得于言，勿求于心，是外面硬把捉的。要之，亦是孔门别派。将来也会成，只是终不自然。"（皆见《语录》）照这种意思说，则象山是孟子，而朱子勿宁近于告子。但朱子何以却说象山是告子？因为象山不认心与性、理与气等的分别，认为心即是性，性并非在心的上一层，朱子便以此有同于告子之所谓"生之谓性"。其实，这完全是误解。象山思想的总关键，已如前述，是要在念虑起处，作一价值之转换，由此而复其道德主体之心，使此心作主宰。此心作了主宰，则一切作为皆由此心流出，即是孟子之所谓"践形"，即所谓"形色性也"，即一般所说的"即身是道"。这从表面看有似乎告子之"生之谓性"，但前面有一段复其本心的工夫，所以内容绝对是两样。若不先经过真正复其本心的工夫，则程、朱一套"持敬"的工夫，固然未为见道；即象山所说的"宽平乐易"，也只是模拟形似，同样毫无真实意义。象山在这种地方，分得很清楚。例如他说：

> 必谓不假推寻为道，则仰而思之，夜以继日，探赜索隐，钩深致远者为非道耶？必谓不假拟度为道，则拟之而后言，议之而后动，拟议以成其变化者为非道耶？谓"即身是道"，则是有身者即为有道耶？（《象山全集》卷六《与傅圣谟》）

由此，不仅可以了解象山与告子的分别，并且也可以了解孟子"形色性也"与告子"生之谓性"的区别。

八、陆王异同

朱元晦的向外穷理，本来是学问中通向科学的一条大路。当时虽缺少此一自觉，不能真正向科学方面发展，但朱元晦的这条路，还可旁通于词章考据，故其枝叶易于蕃衍。加以元代经许衡等的努力，朱学成为官学，声势乃益盛。象山的心学，其传承在人而不在书，故不百年即渐归消歇。加以异同之争，挟官学之势以为定论，社会上遂益视陆学为禅、为异端。结果正如黄梨洲在

《明儒学案》中所谓"从前习熟先儒之成说，未尝反身理会，推见至隐。所谓此亦一述朱耳、彼亦一述朱耳"（《明儒学案·姚江学案》）。及王阳明出，始太息于"晦庵之学，既已若日星之章明于天下，而象山独蒙无实之诬，于今且四百年，莫有为之一洗者"，他"欲冒天下之讥，以为象山一暴其说"（《答徐成之书》二）。遂断以陆氏之学为"孟氏之学"（《象山先生全集叙》），系儒而非禅。声应气求，阳明有功于象山不小。后人遂以陆、王并称，此就两人皆取足于心而言，决无不当。然阳明谓象山之"纯粹和平"，不逮于宋之周、程二子（同上），则其对象山之评价，殆在濂溪、明道之下；所以他又说："濂溪、明道之后，还是象山，只是粗些。……他心上用过工夫，但细看，有粗处。用功久，当见之。"（《传习录》下）因此，后之叙录学术思想史者，遂以此为定论。实则陆、王之异同，决非精粗问题，而系思想上之根荄问题，其关系于学脉者甚大。我在这里虽不能详论王学，但应就陆、王同异之处，略加指出。

　　首先我们应该了解，孟子虽言"心之官则思，思则得之，不思则不得也"，这是心的"知"的一面。但他主要系由道德的发见处言心，即所谓恻隐、羞恶、是非、辞让之心等是。与道德之心的发见的同时，自必随着有一个"知"的作用；然此时之"知"，系附丽于四端之心的里面，或平列而为四端中之一端——是非之心，而非将它当作一种独立的活动（知当然可作独立的活动，那是另一问题），因此，心也只会在道德上落脚，而决不能在"知"的本身上落脚。象山承此学脉，由辨志、义利之辨以复其本心；在辨的同时，当然也有一个"知"的作用，但此"知"亦系附丽于义利的决定点上，于是象山所复的本心，依然是在心的道德这一面落脚，而不是在"知"上落脚。阳明开始虽以知行合一立教，其中固含有挽救空言不行之弊之意，然其立言本旨，乃在指出"知"的发动处即是"意"，意即是行，要人在这种地方用力把不好的一点念头克掉，以为拔本塞源之计。所以他说："我今说个知行合一，正与人晓得一念发动处便即是行了。发动处有不善，就将这不善的念克倒了。须要彻根彻底，不使那一念不善，潜伏胸中，此是我立言宗旨。"阳明常说"工夫到诚意始有着落处"；他的知行合一，即是诚意的工夫，他说这是"知行的本体"，和一般常识中所说的"行为"的"行"尚有一段很大的距离，而其立言的精髓则是安放在"知"上，所以黄梨洲对此的解释是"本心之明即知，不欺本心之明即行也"（《姚江学案》一）。阳明自己也分明说："吾'良知'二字，自龙场以后，便已不出此意，只是点此二字不出。"（钱德洪《刻文录叙说》）他又在《大学古本序》上说："乃若致知，则存乎心悟。致知焉，尽矣。"由此可见阳明的思想，究极地说，是从心的知的这一方面走进去，也系在心的知的这一方面落脚。所以他和朱子一样，爱以灵明说心，喜以明镜喻心。如谓："圣人之心如明镜，纤翳自无所容。"又谓："圣人之心如明镜，只是一个明，则随感而应，无物不照。"（《传习录》）明镜照物之心，其自身是"无记"的心。他说：

> 目无体，以万物之色为体。……心无体，以天地万物感应之是非为体。（《传习录》下）

照阳明这一段话的意思，色是在万物而不在目，万物感应之是非也在万物而不在心，心只是一个"知"，所以他干脆说"知是心之本体"（《传习录》上）。"知是心之本体"的观点，出于禅宗神会的四传弟子圭峰宗密，他在《禅源诸诠集都序》中，一则说"知之一字，众妙之门"，再则曰"知即是心"。因此，阳明最后的致良知，不是继承孟子的良知，而实是禅宗"寂照同时"的转用。孟子的良知，只是不虑而知的道德的见端，与四端之说，是一而二、二而一的，是非常现成的东西。但阳明的良知，则"是学者究竟话头"，是"从百死千难中得来"（均见《传习录》）。直截地说，这即是圭峰宗密所说的"克体直指灵知，即是心性"（《禅源诸诠集都序》卷上）的"灵知"。"克"就"灵知"（良知）的本身分位来说，则他对于道德而言，只是"无记"的状态，即是超善恶的无善无恶的状态；因此，阳明在天泉答问的四句教中，不能不说"无善无恶者心之体"，这在当时已引起争论。阳明自己以这是接利根与接钝根者的方法来作解释，但并没有解决此四句话所包含的困难问题，因为既以无善恶为心体，则下面"有善有恶者意之动，知善知恶是良知，为善去恶是诚意"，很不容易接下去。但若不接下去，则和儒家的道德精神、人伦生活，完全脱了节。无善无恶的心体，是炯然独照的心体，是知的心体。阳明之达到此一心体，可能是由道德上的知善知恶、为善去恶的工夫，层层转进，结果达到了超越于相对善恶之上，便有如禅宗之转污成净一般，而非如禅宗之跳过道德范畴，直接由知的回光返照，一超直入；因此，在阳明自己或者是能将四句话和合在一起的。但禅宗可不历阶位，或将阶位之过程一齐扫净，阳明则不能教人把为善去恶作一过程，因而将善恶一齐扫净。所以由为善去恶以上达无善无恶，毕竟是一大曲折。此一曲折，是由以德性为目的，而以知性为底子所无法避免的。因此，良知之教，毕竟不能不成为王学的一大争论，致使黄梨洲有"'致良知'一语，发自晚年，未及与学者深究其旨，后来门下，各以意见搀和，说玄说妙，几同射覆"（《姚江学案》）之叹。阳明自己说："良知只是个是非之心，是非只是个好恶。只是好恶就尽了是非，只是非就尽了万事万变。"（《传习录》下）"是非"是知，"好恶"是行。说是非不说好恶，则人对是非并不负责，把是非、好恶融在一起，在这种地方，阳明的良知，较之上述的灵知是落实了一层，这正是阳明苦心之所在。但《论语》上说"惟仁者能好人，能恶人"，则是孔子以仁来决定好恶。而在阳明则好恶、是非乃决定于知。一般地说，知的本性总要分能所。分能所，则心与理为二。禅宗要能所两忘，只是炯然自照，不另立理境。阳明之心理合一，固即可能所两忘。但知是心的本体，如何而能心理合一？所以他必说"良知即是天理"，或"天理即是良知"。何以见得"良知即是天理"？因为"良知是天理之昭明灵觉处"。此语若解释为天理如一房屋，良知乃此房屋之门户（《易传》：乾坤其《易》之门户耶），房屋须由门户而通内外，天理须由良知而始得昭著，此固圆融无病。但与阳明"良知即天理"之意，不能无若干距离；与"知是心之本体"之意，亦不能无若干距离。因为天理须待良知而始昭著，则知仅系心之一德；知是心之本体，则知乃心之全德。知系心之一德，则知以外之德，如仁、义、礼诸德，皆为心所固有，可自心中流出；若知为心之全德，则仁、义、礼诸德，均系由心之"知"所照射而出，不能与"知"一起融和在心上。所以他以此诸德为"表德"，这和象山之以此诸德为"实德"，实可作一明显之对照。如"澄问，仁义礼智之名，因已发而有？曰，然。澄曰，隐恻、羞恶、辞让、是非，是性之表德耶？曰，仁义礼智，也只是表德"（《传习录》

上）。仁义礼智为表德，则阳明的心与理合一之心，只是"知"的自体冥合，只是知识之心。此一心的本身，实近于朱元晦而远于孟子、陆象山。如徐爱谓："近世格物之说，如以镜照物，照上用功（按此乃朱的系统），不知镜尚昏，何能照。先生（阳明）之格物，如磨镜而使之明，磨上用功，明了后亦未尝废照。"（同上）一在照上用功，一在磨上用功，其下力处固有本末之殊，而心为明镜之心、为知识之心，则元晦与阳明，并无二致。元晦与阳明，在把握道德的主体性上，一则失之于远，一则易流于虚，皆不若象山之直承孟子，现成结实而少流弊。黄梨洲下面的一段话，虽意在为阳明疏解，实则亦露出此中消息："乃后之（阳明以后）学者，测度想象，求见本体，只在知识上立家当，以为良知；则先生何不仍穷理格物之训，先知后行，而必欲自为一说耶。"（同上）若在知上立基，则站在儒家的立场，诚如梨洲所说，应走朱元晦向外穷理格物的一条路。其实，王阳明开始也正是走的这一条路。但因这一条路，在中国文化中系一条生路，朱元晦以一生艰苦之力，尚未走通，阳明天才横溢，更没有走这一条路的耐心，遂因格庭前之竹，格出病来，"于是出入于二氏者久之"（以上皆见《姚江学案》）。据阳明自己说，他出入于二氏者实有三十年之久。如前所述，禅宗之心与朱元晦之心，同为明觉之心，所以阳明由朱元晦转入二氏，在心的历程上并无不同，只不过因此一转而将向外穷理，"无所得入"（同上）之理，一齐从外面收归心下，于是在"心即理"的这一点上，离开朱元晦而会于陆象山。三百年来，遂只称陆、王，而不复有人了解他和朱的脉络，更无人了解他与象山，因入路不同、立足点不同，其在心与理的认证上并不完全一致。此种不一致，纵系只在毫厘之间，但其流衍之影响，实不可忽视。这种不同，在其先与阳明为友，后来成为他的学生的黄绾的晚年，也窥破了一点。如说："乾以易知，坤以简能，象山常与门人言曰，吾知此理即乾，行此理即坤。知之在先，故曰乾知大始；行之在后，故曰坤作成物。近日朋友有为象山言者，以为知即是行，行即是知，以知行合为一事而无先后，则失象山宗旨矣。"（《明道编》页一）黄氏看出了两人的不同，而不知其不同之根源，乃在二人所认定的心的性格有出入，因而所谓行也非一事了。

并且，如前所述，象山继承"天命之谓性"的遗说，认为人心之理，是由天命而来，"天之所以命我者不殊于天"（《语录》），因此，人之心与天地乃共此一理，复其本心，即是显发不殊于天之理，不与宇宙相限隔，而人即与"天地相似"。所以他说"宇宙即是吾心，吾心即是宇宙"，"满心而发，充塞宇宙，无非此理"（同上），此皆系由心与天地共此一理而言。他既认心之理系由天地而来，自然要认"此理乃天地所固有"（《与朱元晦辩太极图说》）。因此，他只说"心即理"，他决没有说过"无心外之理"。因为他不说"无心外之理"，则伦理之外，还可承认有物理；所以他意识到在立大本之外，还另有一套学问之存在（说见前）。王阳明则进一步说："心即理也。天下又有心外之事，心外之理乎？"（《传习录》上）又谓："无心外之物。"（同上）又谓："我的灵明，便是天地鬼神的主宰。……天地鬼神万物，离却我的灵明，便没有天地鬼神万物了。……今看死的人，他这精灵游散了，他的天地万物尚在何处？"（《传习录》下）又："先生游南镇，友指岩中花树问曰，天下无心外之物，如此花树，在深山中，自开自落，于我心亦何相关？先生云，尔未看此花时，此花与尔心同归于寂；

尔来看此花时，则此花颜色，一时明白起来，便知此花不在尔的心外。"（同上）由象山的"心即理"而到阳明的"无心外之理"，这与其说是一大演进，无宁说是一大转变，把物理一起转变而为伦理，把客观一起转变而为主观。站在纯伦理的立场，可以说此理是专属于人的主观的，人之外无所谓伦理。而阳明之所谓"物"，亦只是伦理中之事，所以他说"意之所在为物"，并不牵涉到纯客观存在之物。象山将此理平铺于人与天地万物之间，似乎依然有点夹杂，阳明对于象山，虽尊之而尚有微词，原因或即在此。但象山的"理"，是包摄着身心家国许多实践的"事"。事为吾心所主宰，但亦须受客观的限定，因此，当吾心的"理"在实践而为"事"的过程中，客观的限定，与吾心互相连贯，则此时之"理"，尽管仅为吾心所主宰，但亦不妨主客相融，内外共此一理。象山将此理平铺于主客之间，经事的媒介，依然是混融无间，并不夹杂，并且由此而可使吾人主观之精神，落实于客观之上，能向事上切实用力。《传习录》下有这样的一条公案："又问心即理之说，程子云，在物为理，如何谓心即理？先生曰，在物为理，在字上当添一'心'字，此心在物为理。"若使象山断此一公案，则将曰："在物在心，同为一理。"依我看，若不承认"在物为理"，则心所关联到的事物的客观的一面，将无确定之地位，于是吾人对于事物之用力，亦无确切之要求与意义。且即使完全站在伦理的观点看，若不承认心与天地万物同为一理，则阳明之所谓"大人者天地万物为一体"，这种"一体"只是人的片面恩惠，对于天地万物之自身，或且不承认为实有，如此，则所谓"一体"者亦无确定之意义，或虽承认其为实有，亦系毫无价值之实有，如此，则在"一体"之后面，亦可转出一我慢之心。不仅狂禅之弊由此而出，且"无心外之理"之

"心"，独往独来，常易不感觉须受客观之任何限定，遂与政治上独裁者之精神易相含混，于是良知之教，或者可假借为恣睢好恶，以为违法乱纪之资。加之，因不承认有心外之理而不受客观限定之"良知"，若不曾真正经过一番"百死千难"工夫，人且将混同于原始生命力之冲动；此种冲动之浑沌性，且将冒渎而假充为阳明之无善无恶。此在阳明本身，固不能负此咎，但在以义利之辨为总枢纽的象山，承认心与天地共此一理，则上焉者固可满心而发，次焉者亦可因对客观之制约感而不致中风狂走，其流弊自无王学之大。且因阳明认为无心外之理、无心外之事，故彼虽紧承心学的践履精神而言"须在事上磨"（《传习录》上），但"事"、"物"在阳明的思想中，只认为是"意之所在"，于是他所谓"在事上磨"者，依然是从心意的本源上用力者多，在客观对象上用力之意甚少。这与象山的"及物工夫"，实有天渊之别。如：

> 郑朝朔问，至善亦须有从事物上求者。……且如事亲，如何而为温清之节，如何而为奉养之谊，须求个是当，方是至善，所以有学问思辨之功。先生曰，若只是温清之节、奉养之谊，可一日二日讲之而尽，用得甚学问思辨？惟于温清时，也只要此心纯乎天理之极……此则非有学问思辨之功，将不免于毫厘千里之谬。（《传习录》上）

此在象山，固然须先有个孝养之心，但如何去温清奉养，以完成孝养之心，正须下一番工力，决不如阳明看得如此轻松。阳明家庭环境远非象山可比，故对一事一物之安排，自无象山缔造经营之亲切感；然推之国家、社会，则在事物上所须要之学问思辨者实将更感到其重要。象山在此点上之精神贯注，决非阳明可比，这在前面已略有叙述，可资比较。又：

> 澄常问象山在人情事变上做工夫之说。先生曰……事变亦只在人情里，其要只在致中和，致中和只有谨独。（同上）

象山承认理贯穿于心之内外，故立其大本以后，正其端绪以后，还须向外用力；其所谓"人情事变上做工夫"，分明是指向外用力而言的。全谢山《城南书院记》以为槐堂论学之宗旨，以发明本心为入门，而非其全力。正献（袁燮，陆的学生）有言曰："学贵自得，心明则本立，是其入门也。入门以后，正须向外用力。"在心外之理，亦即在心内之理，故向外用力，亦即为尽吾心之理之量。但阳明谓"无心外之理"，则自然减轻向外用力之意义，于是将象山向外用力的意思，一转而全为向内的。阳明或者于此等处觉象山为粗，实则此种"粗"，乃儒、释大防之所在。阳明常谓圣人与二氏之别，只在秒忽之间，远非象山界划严明者可比（见后）。象山直承孟子，受禅之影响轻。阳明则由禅转手而来之迹宛然具在。彼系豪杰之士，固亦不以自讳。他的学生黄绾说："予昔年与海内一二君子讲习，有以致知为至极其良知，格物为格其非心者。……以身心意知物，合为一物，而通为良知条理。格、致、诚、正、修合为一事，而通为致良知工夫。……又令看《六祖坛经》，会其本来无物，不思善，不思恶，见本来面目……以为合于良知之致极……予始未之信，既而信之，又久而验之，方知空虚之弊，误人非细。"（《明道编》页一）

以上仅就王学之究极点以论陆、王的异同。但阳明既从心上转回儒家，则其对人伦之绾带密切，与夫知善知恶、为善去恶的一大段工夫，与象山同其血脉精髓者正复不少。若更谨慎地说，此处所涉及的王学，也和前面所涉及的朱学一样，或仅为其一面或一端。若即以此为概括了他们的全体，则我将感到自己内心的惶恐。尤其是中国的学问，其观念常互相牵连，例如阳明提出"知行合一"之说，当时即与一般行为之"行"的观念相牵连。所以顺着一条理论的线直追下去，总不能无遗漏之感。"曹溪一滴"，惟赖好学深思者之能识味而已。

九、象山与佛老

宋代理学，受老的影响小，受佛的影响大。所以象山叙当时的情形说："浮图、老氏之教，遂与儒学鼎列于天下；天下奔走而归向者，盖在彼而不在此也。愚民以祸福归向之者则佛老等。以其道而收罗天下英杰者，则又不在老而在于佛。"（《象山全集》卷二四《策问》）周濂溪太极图出于道家，然道家以此图表炼丹之术，周子则以此图表宇宙生成之过程，由此以安设仁义之根据，故与道家原意并无关涉。太极图第一句"无极而太极"之"无极"二字，虽出于《老子》，但朱子对此的解释是"无形而有理"（据《宋史·周传》，朱子此一解释，与周原意并不相合，那是另一问题）。老氏之意，"无极"只是"无形"，经"无形而有理"的这一转语，其精神便完全由老氏转过来了。濂溪在此图说上谓"圣人定之以中正仁义而主静"，"静"与道家有关，但中正仁义则与道家无关。不过老氏"和光同尘"以"全身保命"之术，则在专制政体之下，很影响了士大夫之实际生活态度。象山对此说得非常清楚："周历之季，人私其身，士私其学，横议蜂起，老氏以善成其私，长雄于百家，窃其遗意者犹皆逞于天下……大学不传，古道榛塞，其来已久，随世而就功名者，渊源又类出于老氏。"（《全集》卷十九《荆国王文公祠堂记》）所以象山与老氏最为缘远。老氏言"无"，象山最恶言"无"。他说："老氏以无为天地之始……惟其所蔽在此，故其流为任术数，为无忌惮。此理乃宇宙之所固有，岂可言无。若以为无，则君不君、臣不臣、父不父、子不子矣。"（《与朱元晦辩太极图说第二书》）这里也可以了解象山较之出入于"二氏"甚久，因而也承认仙家所说之虚无的阳明，在思想中实少此一因素，因之也少此一纠结。

宋代的所谓"佛"，即是佛教中的禅宗。禅宗把由印度所搬进来的大小经论一脚踢开，专在自己的心性上立脚，这实在是由印度文化回归向中国文化的产品。但它毕竟是承认印度的传承，保持宗教的形式。由此作再转进一步的工作的，始于唐代的韩愈、李翱。韩愈特提出《孟子》、《大学》，李翱特提出《中庸》，因为这三部书都言心、言性，可以和禅宗所倡导的"明心见性"的风潮相抵抗。所以李翱曾说："性命之书虽存，学者不能明，故皆入于庄、列、老、释。不知者以为夫子之徒，不足穷性命之道。……"由此可知站在中国文化的立场，并不能否认禅宗之言心、言性；且欲与禅宗争一日之长短，亦必自心性下手。既须自心性下手，则问题的对象相同，而禅宗对此问题经数百年之穷探力践，其所得之成果，亦必无法加以抹杀。所以宋代理学，可谓是受了禅宗的启发，几无一人与禅无关，无一人不受禅之影响，这在前面已经提到。但这种关涉影响，也决无害于他们从禅宗中跳了出来，以树立新的儒学。站在文化思想发展史的立场来看，人类某一真精神，一经显露，即非给继起之文化以影响不可。所谓影响，乃指与新因素之相互关系而言。既有新因素，则继起者自非故物。所以说宋儒是"阳儒阴释"，这是不通之论。

禅宗所给予宋学之影响，第一为涵养"工夫"。在中国过去亦稍有此意，如孟子之"养气"、荀子之"治气养心之术"，但将其明确化而形成学问之基础，这分明是由印度瑜伽，经过禅宗数百年之实践而来。其次，《孟子》言心、言性，《大学》言心，《中庸》言性，此一心性之学，为章句之学所遮断者几及千年。若承认人同此心，而禅宗所明之心并非虚诳，则在此心的原有位置上，自然与儒家有其默契会同之点。程伊川曾说，佛只有敬以直内，但缺少义以方外，此即承认在心上之默契会同点。伊川是想在心与性之间分一层次，以与禅之心、性合一者相区别，所以他说"性即理"，由此一区别而开辟出向外穷理致知的一条路。但如前所述，要由这一条路来启发道德主体之心，便特别感到迂回曲折，此即象山之所谓"艰难其途径"；因之，伊川有时也说"心即理"。而他的学生，依然常在儒、佛之间徘徊。伊川归自涪州，见学者多从佛学，叹曰："惟有杨（龟山）、谢（上蔡）二君长进。"后来黄东发对此事说："呜呼！亦岂料……他日之从佛能动人者，正今日之杨、谢耶。"（《黄氏日抄》卷三十三）由此可见要从禅宗完全转出来的艰苦。但程学决非禅学，因为他承认一客观之理，所以他便于"持敬"之外接上"致知"，"持敬"与"致知"结合在一起，则其归宿决为儒而非释。朱子十六岁时，会"谈一个昭昭灵灵的禅"。十九岁成进士的文章，便系缀撷与某一禅僧的谈话而成。二十四岁见李延平，延平告以"理未尝不一，此与异端（佛、老）所同，所难者在分殊耳"。由此渐渐转出，一生由"分殊"处致

中国思想史论集

力，辟佛远过于伊川，他比伊川将心与性分得更明显。他说佛以作用为性；盖他常以知觉言心，又以情属于心，而知觉与情，只是心的作用，不是理；理才是永恒不变的；因此，他常把心说成一个流转之心，极少说心体，但他并不是不承认有"体"，在他是认为"体"在性而不在心。若全不承认有一个永恒立极之"体"，则中国的文化精神便一齐垮掉，岂可因"神无方面易无体"之言，遂认中国学问中不能承认有"体"，且"神"与"易"即是"体"。但其内容自与西方的本体论不同，即中国一定在心上或性上说"体"。朱子爱以"虚灵明觉"说"心"，"虚灵明觉"四字，正是禅宗所常用的。他又认为禅宗之"观心"是以心观心，是有二心，这也非常勉强。由周、程一脉相承的"验喜怒哀乐未发的气象"，验与被验，到底是一是二？其实，禅在朱子一生的心目中，所占的分量很重，所以辟之特力。他有许多话不敢彻底地说，因为怕"近禅"。他对于人读《中庸》、《孟子》皆存戒心，觉得《孟子》把道德说破了，不如《论语》之不说破。熊十力先生常谓，宋儒如不辟佛，则其成就将更大，此真卓识卓见。

象山在当时，不仅朱门说他是禅（但《太极图说》辩论之前，朱子很少说象山是禅），当时的人大概有此印象的不少。如"先生言吴君玉自负明敏，至槐堂处五日，每举书句为问，随其所问，解释其疑。……再三叹云，天下皆说先生是禅学，独某见得先生是圣学"（《语录》）。槐堂讲学是早年的事。又"读第二剳论道（轮对共有五剳子），上曰，自秦汉而下，无人主知道；甚有自负之意，其说甚多说禅。答，臣不敢奉诏。臣之道不如此，生聚教训处便是道"（同上）。按孝宗对禅，皈依颇笃，大约他误以象山为同调。象山自称曾看过"《楞严》、《圆觉》、《维摩》等经"，而他的《语录》中，"仰首攀南斗，翻身倚北辰。举头天外望，无我这般人"的一首诗，实系唐智通禅师"举手攀南斗，回身倚北辰。出头天外见，谁是我般人"之诗，由此可以推想他是看了这一类语录而平时喜欢读此诗的。但这在当时是极寻常的事。他的家庭自其父亲起，可说与佛的因缘最少。从他的全集看，从禅宗有意张大门户，因而叙述许多与禅有关的士大夫的著作，如《居士分灯录》、《佛法金汤编》、《续灯存稿》这一类的书看，他与禅宗的关涉，较之宋代其他大儒，可以说是少而又少。陈北溪《答赵季仁书》曰"象山本得自光老（道光号佛照）"；凡儒者与禅僧来往，为儒籍所不载者，上类禅籍皆载之，或称过其实，以相标榜，独无象山出自光老之记载。通观北溪议论，殆系诬诳之辞。象山集中有《赠僧允怀》，是赞叹他建藏修桥，精诚勤苦，希望士大夫能以此精神治家、治国。其《赠疏山益侍》者，乃因疏山益侍者"出纸求余言甚力"，他只记一路所观察的天文现象，不涉及宗门一语。对于其兄复斋鹅湖之会的诗"古圣相传只此心"之句，觉得"微有未安"。这较之朱子《诵佛经》诗"了此无为法，身心同晏如"者，似更为谨慎。闻陈正己与刘淳叟有疏山之行，与书责之曰："虽儒者好辟佛氏，绝不与交谈，亦未为全是。……第不知其与栖栖乞怜其门者，其优劣又何如耶？"在象山文集中皆以义利之辨为中心，几无一禅语。朱子谓其轮对劄子"未曾拨着向上一路"，彼殊不以有"向上一路"为然。他曾讥劄子"不属有无，不落方体，迥出常情，超出方外"等语，"莫是曾学禅宗所得如此"（《与朱元晦》）。其《语录》乃集七人所录而成，傅子云（季鲁）所录者，与文集之精神最相吻合。以包显道所记者多禅语，詹阜民所记者亦颇有禅之意味。刘后村谓包氏好谈禅，其所记不能谓之假托，殆亦记其性之所近。盖如前所述，在心、性上立脚，任何人固不能与禅全无关涉。惟在根源处稍有轻重之殊，在流衍上遂有渺隔山河之感，此乃学者所当明察。

然当时多说他是禅学，大约有下述几个原因：第一，他认为"心即理"，在心上落脚，不认心与性有何分别，此似与禅之"明心见性"相同。朱元晦谓："上蔡云，佛所谓性，正圣人所谓心。佛所谓心，正圣人所谓意。心只是该得这理；佛氏元不曾认得这理一节，便认知觉运动做性。"盖禅宗亦心性不别。第二，他教人要先由辨志以立其大本，不主张由语言文字及形式入手，此与禅宗之"不立文字，直指人心"相似。第三，要由辨志以先立其大本，则教导人须先从辨心术下手，即所谓"识病"。心病是由于被利欲、意见等所裹胁遮断而来，要治心病，便须把裹胁着心的利欲意见打掉，即所谓"剥落"。要剥落，不免须要些与禅宗擎拳竖拂相类的"手势"。他说："与朋友切磋，贵乎中的，不贵泛说，亦须有手势。"（《语录》）如《语录》中记"临川一学者，初见问每日如何观书，学者曰，守规矩。忽呵之曰，陋说……"一段，即其一例。学者挟其利欲意见之私而来，教者首以"手势"将所挟者打掉，所以象山说"这里是刀锯鼎镬的学问"（同上）。此与禅宗"闻涂毒鼓，丧身失命"的教人方法相似。第四，象山是豪杰之士，平生不好作儒、释之辨（《与王顺伯书》二"儒、释之辨，某平时亦少所与论者"），他看到当时"之攻异端者，但以其名攻之，初不知自家……在他下面，如何得他服你？须是先理会了我底是，得有以使之服方可"（《语录》）。傅子云谓："世排异端，惟名是泥；而吾先生，即同辨异。"（《祭文》）由此可知，象山对于与禅之同者，即承认其同；而不拘于名迹之辨。他在象山讲学，即自称其所居为"方丈"而不避嫌。第五，他常说孔子之所谓"攻乎异端"的"异端"，并非指的佛、老。他认为"若此理不明，私有头绪，即是异端，何只佛、老"（《象山全集》卷十五《与陶赞仲》二）。这无异于骂朱子乃及其他不由辨志入手之人为异端，此不仅引起当时之反感，且无形中容易被人误会这是袒护佛老。

不过，象山在其根本的立脚点断然与禅不同，故其精神即与禅全异。所以他虽承认有与禅相同之点，但决不像王顺伯等样，作三教调和之论。他说："诸子百家，说得世人之病好。只是他立处未是。佛老亦然。"（《语录》）说得病好，则治病之方亦多可取，尤其是象山之所谓病是利欲、意见、私智，有如禅之所谓"贪嗔痴三毒"，必将这些东西剥落尽净。但站在什么立场说这些是病，站在什么立场要治这些病，此即所谓"立处"。象山儒、释之辨，是从这"立处"下手，所以他说：

> 某尝以义利二字判儒释，又曰公私，其实即义利也。儒者以人生天地间，灵于万物，贵于万物，与天地并为三极。天有天道，地有地道，人有人道。……人有五官，官有五事，于是有是非得失，于是有教有学。其教之所从立者如此，故曰义曰公。释氏以人生天地间，有死生，有轮回，有烦恼，以为甚苦，而求所以免之。其有得道明悟者，则知本无生死……故其言曰生死事大。……其教之所从立者如此，故曰利曰私。惟义惟公，故经世。惟利惟私，故出世。儒者虽至于无声无臭、无方无体，皆主于经世。释氏虽尽未来际普渡之，皆主于出世。（《象山全集》卷十一《与王顺伯》）

儒者之"无声无臭、无方无体"，当与佛之境界同。但不可以此之同，便如王顺伯之流，谓儒、佛同。他与傅圣谟书谓"大抵学者自当论志，不必辨论所到"，"志"是"立处"，"所到"即是到达的境界。由此我们可以了解义利之辨，实贯穿于象山思想之一切。由义利之辨向内探索进去，其所显出者必为道德之心。此道德之心，较朱子"虚灵明觉"之心，为更是儒家的。熊十力先生曾说："程、朱犹近于佛，陆、王反合于儒，此前儒所不审耳。"（《十力语要》卷二《与周开庆》）当是从这种地方立论的（但陆、王的区别，熊先生似亦未详论）。由义利之辨，向外发展出来，其所成就应为"举而措之天下之民，谓之事业"（象山常引用此《易传》语）。所以孟子的民本思想，中绝者千余年，仅象山能完全担当。象山内外兼管，恰到好处。其学生惟傅子云最能了解他。杨慈湖辈则向内的倾向比较重；然象山门卜，无流入狂放一途者，此正可证明象山系真正代表儒家基本精神，故其思想之流弊为最少。

十、象山的政治思想

前言 [1]

余近草《象山学述》一文，此乃其最后一节。全文长三万余字，乃先将此节发表。今人雷同剿说，辄斥宋儒谈心性为空疏，甚者谓应负赵宋亡国之责。此节内容，晓然明白，无可争辩，容

---

[1] 编者注：本前言系作者为此节所写。《象山学述》之"象山的政治思想"一节写成之后，作者先将此节在一九五四年八月一日《民主评论》第五卷第十五期发表，题为"陆象山的政治思想"。作者在文前写了这段文字。《象山学述》收入《中国思想史论集》时，此段文字未予收入，现由编者补入《全集》，并拟名"前言"。

易与今人之言作一比较。读者诚能由此而深思古人言心言性之故，则针对已死之人心，或能稍有裨补。余不学无术，年来辄忘其蹇陋，奋笔不能自休，盖激发于当今之情势者特多，出于为古人辩冤之意义盖寡。由古今中外之历史观之，愚妄之夫，虽可乘时窃势，偶在某一空间中站一位置，但一经镶入于时间大流之内，则纷纷者殆无不与草木同朽；而流芳遗臭，千古必有定论；一时之是非，固无增损于古人之价值。不如此，则人类对真善美圣之追求，将皆属徒然；而人类自身，亦仅面临一不可测度之深渊，只能成就"无物不然，无物不可"之混沌态度；果尔，亦何所用其是非得失之辨。至于曲古人之说以成己意，为学者良心所不许，余平生常以此为大戒。然千载而上之古人之用心，竟有当于千载以下之人情风习，此亦可见古人之不死，而余之为此陈饭土羹、无所发明之文，亦未尝无以自解也。

一九五四年六月廿五日作者志于台中市

象山义利之辨，即为民为己之辨。他说："大抵今时士大夫议论，先看他所主。有主民而议论者，有主身而议论者。邪正君子小人，于此可以决矣。"（《象山全集》卷七《与陈倅》）这是义利之辨的最明白的解释。所以他的学术思想，是以对国家、人民直接负责为出发点。因此，他对于政治，当然是采取积极的态度。敕局的删定官是一个闲官，他前后在那里四年，深感无事可做。《与尤延之书》谓："吾今终日区区，岂不愿少自效。……职事间又无可修举。睹见弊病，又皆须自上面理会下来方得。在此但望轮对可以稍展胸臆，对班尚在后年，郁郁度日而已。"亲朋劝他应当早退，他说："往时面对，粗陈大义，明主不以为非。思欲再望清光，少自竭尽。"（《年谱》）及距第二次轮对五日，当政的怕他讲直话受不了，便调为将作监丞，旋又调主管台州崇道观，遂归，在象山讲学。《与朱子渊书》谓："宽恩俾祠，归伏田亩。……舞雩咏归，不敢多逊。然此心之灵，此理之明，周嫠之忧，益所不能忘也。"由此可知其忧时之切。

民主政治的精神基础，是人格的尊严，人格的尊严，系来自人性的自觉；人性自觉是儒家学说的中心，至孟子而特为深透，故孟子有"民为贵，社稷次之，君为轻"的主张，为我国民主思想之先导。但孟子生于七雄并立之世，知识分子所受的政治压力较轻，浮出"民贵君轻"之思想亦较易。自秦完成专制的大一统后，汉人为适应此专制一统的要求，创为"三纲"之说，掺杂到儒家思想中去，于是"君为臣纲"的政治的"纲"，捆绑着每一知识分子的精神，此后只有爱民的思想，再无一人敢有"民贵君轻"的想法；而《孟子》在千年之间，亦实同湮没。韩愈受禅宗谈心性的刺激，重新提出《孟子》，直至宋儒而《孟子》与《论语》并列。象山则更以上承千五百年孟子之传自任，倡导"心即理"的学说。象山认为理是人与天地之所同有，人能信得自己的"心即理"，即可信得自己能与"天地相似"；这是人格的高度完成，也是人格尊严的高度表现。象山常常以诱导人自觉其人格之尊严为教人之方法。《语录》上此类的话最多，如说"学者须是宏毅，小家相底人得人憎。小者他起你亦起，他看你亦看"；"此是大丈夫事，么么小家相者，不足以承当"；"大世界不享，却要占小蹊小径子；大人不做，却要为小儿态，可惜"；"上是天，下是地，人居其间，须是做得人，方不枉了"；"要当轩昂奋发，莫恁地沉埋在卑陋凡下处"；"自得，自成，自道，不倚师友载籍"等皆是。真正有了人格尊严的自觉，而此自

象山学述

觉所凭依的内容是"心即理"，则由此而转到政治问题上去，自然只见每一"生命单位"，同为顶天立地的存在，而不能容许一二专制之夫，恣肆于群生之上，自然一切皆以理为依归，而不能承认由专制政治所培养出来的精神枷锁。于是象山政治思想的第一义，是在发挥孟子"民贵君轻"之说，以重正君臣的"职分"。并发挥合理的精神，以扫荡千余年来作为政治精神枷锁的所谓"名分"。这不仅在当时是一大革命，即在独裁自喜、宦妾争妍的今日世界中，依然要使良心尚未全黑的人，惭愧汗下。

他首先认定政治组织，一切是为了人民。"天生民而立之君，使司牧之，张官置吏，所以为民也。民为大，社稷次之，君为轻。民为邦本，得乎丘民为天子，此大义正理也"（《象山全集》卷五《与徐子宜》二）。政治上的罪恶，主要是来自为人君的头脑发昏，以为天下是他的家当，他是覆压于群生之上的最伟大之人，这便完全失掉了人君所以存在的立场；所以他说："后世人主不知学，人欲横流，安知大位非人君所可得而私。"（《语录》）"自周衰以来，人主之职分不明。……孟子曰，民为贵，社稷次之，君为轻，此却知人主职分。"（同上）人主失掉了职分，他觉得干脆应当把它去掉。中国之所谓"革命"，就是指去掉这种"不知人主职分"的独夫而言，决不是指由这种独夫来革人民社会的命。所以《语录》上记载着一段很有趣的故事："松（严松，他的学生）尝问梭山云，孟子说诸侯以王道……后世疑孟子教诸侯篡夺之罪。梭山云，民为贵，社稷次之，君为轻。先生再三称叹曰，家兄平日无此议论。良久又曰，旷古以来，无此议论。松曰，伯夷不见此理。先生亦云。松又云，武王见得此理。先生又曰，伏羲以来，皆见此理。"由他们兄弟师弟之间的这种私下议论，可以窥见在他们胸中所蕴藏的政治见解是什么。所以他说："汤放桀，武王伐纣，即民为贵，社稷次之，君为轻之义。孔子作《春秋》之言亦如此。"（同上）"成汤放桀于南巢，惟有惭德……此是汤之过也。"（同上）以革命的手段来去掉专制独裁之夫，以达到"民为贵"的目的，在他认为是天经地义，所以觉得汤不应当有"惭德"。

中国历史中为暴君污吏张目的，乃是所谓上下"名分"之说。觉得是非不在理而在上下的"名分"，以下对上的服从，代替客观是非的标准。象山对这种为虎作伥的"名分"，真是深恶痛恨：

> 来示所谓犯名分之语，甚未当理！名分之说，自先儒尚未能穷究，某素欲著论以明之。流及近世，为弊益甚。至有郡守贪墨庸缪，为厉民之事，县令以义理争之，郡守辄以犯名分劾令。朝廷肉食者不能明辨其事，令竟以罪去，此何理也？理之所在，匹夫不可犯也！犯理之人，虽穷富极贵，世莫能难，当受《春秋》之诛矣！当此道不明不行之时，群小席势以从事，亦何尝不假诸道理以为说。顾不知彼之所言道理者，皆非道理也。（《象山全集》卷十二《与刘伯协》二）

"穷富极贵"当然指的是人君。所谓"席势以从事"，是指黑了良心的人，以各种方法造成劫持之势，使人民搭上了强盗船以后，莫可如何，然后来一套符咒，使大家承认他是黑心寨的寨主。此种符咒，在过去是"名分"，在近代是极权主义式的所谓"革命"。铲尽古今中外人之所以异于禽兽的一切堤防，以成就一己权利之私，殆无不借口于"名分"或"革命"。象山却认为去掉专制独夫，才是真正儒家的"正名"之义。他说：

> 惟器与名，不可以假人，只当说繁缨非诸侯所当用，不可以此与人。左氏也说差却名了，是非孔子之言。如孟子谓闻诛一夫纣矣，乃是正名。孔子于蒯瞶辄之事，乃是正名。至于温公谓名者何？诸侯卿大夫是也，则失之矣。（《语录》）

象山认为政治的器与名，任何人都可以取得，只要合于"民为贵"之理。笼统说一句"不可以假人"，将以成就后来独夫专制之私，所以象山觉得这不是孔子的话。

象山对于人君的职分，已经予以明白的规定。对于在专制之下，陷于卑微苟贱的人臣，他也要求能够堂堂正正地站了起来，像一个人臣的样子。他再三说设官是为了民而不是为了君，所以官吏是人民的仆人，而不是人君的仆人。官吏是要听人民的话，把人民的话转达给人君，而不是要听人君的话，拿着人君的话去吓唬人民。因此，在象山心目中的君与臣，只不过是分工合作的关系，大家站在自己的岗位上，堂堂正正地各做各的事，更无所谓"圣德如天，皇恩浩荡"、"天王圣明，臣罪当诛"的那一套。宋代以王安石变法为中心的党争，因为程伊川是站在司马光的那一边，所以在伊川学统中，王安石一直是居于被诅咒的地位。象山作《荆国王文公祠堂记》，自谓断定了当代一大疑案。他的伸张王安石，约有三端：第一，是因为士大夫"随世而就功名"，阴柔圆滑，只成就一己之私，孟子"言必称尧、舜"（即是平天下之意）的士人对国家、社会的责任感久已湮没，独王氏有致君尧、舜的大抱负、大责任心，这是公，是义。第二，他虽认为王氏变法有

　　　　　　　　　　　中国思想史论集

点本末倒置（见后），但他根本是肯定法总是要变的。第三，他赞叹王氏在专制政治之下，独能知君臣的大义。在上述记文中说："裕陵（神宗）之得公（安石），问唐太宗何如主？公对曰，陛下当以尧、舜为法。裕陵曰，卿可谓责难于君。然朕自视眇然，卿宜悉意辅朕。君臣议论，未尝不以尧、舜相期。及至委之以政，则曰，有以助朕，勿惜尽言。又曰，须督责朕使大有为。……秦汉而下，南面之君，亦尝有知斯义者乎？后之好议论者之闻斯言也，亦尝隐之于心，以揆斯志乎？曾鲁公曰，圣知如此（言神宗对安石之知遇），安石杀身以报，亦其宜也。公（安石）曰，君臣相与，各欲致其义耳。为君则欲自尽君道，为臣则欲自尽臣道，非相为赐也。秦汉而下，当涂之士，亦尝有知斯义者乎？后之好议论者之闻斯言也，亦尝隐之于心，以揆斯志乎？"这是说明君臣之间，不应该有"知遇之感"的这类卑鄙的观念。

这几年常常有关心我的朋友向我说："你的意见是对的，但最好是不公开发表，只向私人写信。"又常听到人说："某公近来的局量很好，有意见只要当面向他说，而不向外发表，他还可以听得下去。"目前中国的政治，大体是进步到这种阶段。但在八百年以前的象山的看法则是：

三代盛时，言论行事，洞然无彼此之间。至其叔末德衰，然后有"尔有嘉谋嘉猷，入告尔后于内，尔乃顺之于外曰，斯谋斯猷，惟我后之德"。前辈之论，以为成王卒为中才之主，以流言疑周公，难以言智。自此而降，周德不竞矣。入告出顺之言（在人君面前讲点直话，在外面则一味恭维，谓之"入告出顺"），德不竞之验也。后世儒者之

论，不足以著大公，昭至信，适足以附人之私，增人陷溺耳。（《象山全集》卷十七《与致政兄》）

象山认为谈政治问题，不是谈人家的家事；谈政治问题的人，不是为了当人家的家奴；所以应该堂堂正正地公开地谈。"人告出顺"，使人君装腔作势，极其量，也不过是专制时代的"中材之主"；而实际则只会以人臣的卑屈，养成人主狂悖之私，求为中主而不可得。人君的独裁专制，也是人臣阿谀逢迎促成的，所以象山说这是"增人陷溺"。而当时朱元晦的奏劄曾抄写给象山看，象山的奏劄也抄写给朱元晦看，可见他们对政治的意见是实行公开的。假定他们生于今日，一定站在十字街头，将其政治意见求证于国人，而决不会仅采取窃窃私语的方式。他们之所以如此，除了认定政治非一人一家之事，应与天下共之的基本观点以外，还有他们一致都主张，每一个人都应该是堂堂正正的人，做了官依然是人，做了官而变为鬼鬼祟祟的"不是人"，这在理论上是说不通的。至于"入"（在人君面前）则更加倍地恭顺，出外则偷偷发点牢骚，这在朱、陆的心目中更不成其为人了。

其次，他对于君道，可归纳为下列几点：

第一，他和孟子一样，主张先格君心之非。"君心未格，则一郡黜，一郡登；一弊去，一弊兴。如循环然，何可穷也。"（《象山全集》卷十《与李成之》）君心在过去是政治的总发动机。发动机坏了，当然一切谈不上。所以朱元晦在政治上也第一主张人君应正心诚意。

第二，人君要能知人，而知人的要点则在于人君有知识。他说："人之知识，若登梯然，进一级，则所见愈广。上者能兼下之所见，下者必不能如上之所见。"（同上卷十八《轮对劄子三》）他以桓公之用管仲、汉高祖之用韩信、孙权之用陆逊、刘备之用诸葛亮，为知人的实例（同上）。因为从古今中外的历史看，在侍从之臣中打圈子，这是最没有出息的事，决无知人之可言。上述四例，都是用仇、用疏的例子。能用仇、用疏，才算得能知人。何以敢用仇用疏？因为有知识，看得通，看得透，所以能有胸襟气魄。假定人君自己的知识有了问题，如象山所说的，"若犹屈凤翼于鸡鹜之群，日与琐琐者共事，信其俗耳庸目，以是非古今，臧否人物，则非臣之所敢知也"（同上）。"后世人君，亦未尝不欲辨君子小人，然卒以君子为小人、以小人为君子者，寸寸而度、铢铢而称之过也。"（《与致政兄》）庸耳俗目，只知看仪表、听小话，要这种人能知人，好像教一位刚学画的学生来主持美术展览，选出的东西当然不问可知。"寸寸而度、铢铢而称"，大概指的是注重仪表整洁、口齿伶俐之类的知人术。

第三，人君只要动机好（把不可告人之隐的"非"格掉），不可多管事。"今天下米盐靡密之务，往往皆上累宸听。……荀卿曰，主好要（要领），则百事详。主好详，则百事荒。臣观今日之事，有宜责之令者，令则曰我不得自行其事；有宜责之守者，守亦曰我不得自行其事。推而上之，莫不皆然。文移回复，互相牵制。其说曰所以防私，而行私者亦借是以藏奸伏匿，使人不可致诘，惟尽忠竭力之人，欲举其职，则苦于隔绝而不得以遂志。……臣谓必深惩此失，然后能遂求道（大经大法）之志，致知人之明。陛下虽垂拱无为，而百事详矣"（《轮对劄子五》）。这里所说的，即是今人闹不清楚的"分层负责制"。

变法，是宋代政治上的一大公案。象山对此的态度是：应先定大的趋向，再一步一步地来改变法度。所谓定趋向，有如今日到底是走民主的路？或走极权的路？这是应当先决定，而且可立刻决定于念虑之间的。趋向定后，才可在此趋向之下去变法。他说："天下之事，有可立至者，有当驯至者。……定趋向，立规模，不待悠久，此则所谓可立至者。至如救宿弊之风俗，正久堕之法度，虽大舜、周公复生，亦不能一旦尽其意。惟其趋向既定，规模既立，徐图渐治，磨以岁月，乃可望其丕变。……凡事不合天理、不当人心者，必害天下……（言弊法之应变）然或智不烛理，量不容物，一旦不胜其忿，骤为变更，其祸败往往甚于前。日后之惩之者，乃谓无变更之理，真所谓因噎废食者也。"（《轮对劄子四》）他在这里批评了王安石，也批判了反对王安石的一般人。又他在上述《祠堂记》中，批评王安石说："勉其君以法尧舜，是也。谓事当以为法，此岂足以法尧、舜者乎？"他这里有两种意思，第一是当法古人之心，而不必法古人之法；第二是"人者政之本也，身者人之本也，心者身之本也。不造其本而从事其末，则末不可得而治矣"（同上）。王安石主要的失败，在于他所用非人。照象山的意思，还是心理建设第一。这在人民没有控制政治力量的社会，负政治责任者的动机（心）当然是决定的因素。学尽古今中外的制度，以成就一己之私，不仅制度的本身因此失灵，并且每一制度皆变质而成为有毒的因素，这是铁的事实。民主制度是人民控制统治者的制度，此种制度之建立，即所以控制统治者的动机，所以自私的统治者对于这种制度，总是逃避畏惧，决不敢真正地将其建立起来。因此，民主制度是本而不是末。在民主制度未建立起来以前的所谓制度，其作用都决定于统治者的心的黑和白，都可适用象山所提出的论点。

象山对于当时政治的具体主张，本来他预定在第二次轮对时进一步地提出，可惜他终于未得到此一机会。现在就其《全集》中，大概可以归纳为两点：一是复仇，一是整顿当时的吏治。

象山少时闻长上道靖康间事（徽、钦被金人捉走的事），乃剪去指爪学弓马。在敕局的闲曹时，特讲究武略，访求智勇之士，与之商榷，益知武事利病、形势要害。将家子李云因得他的教诲，才没有去打劫起事，后来为国家在军事上出力。在荆州时，也特别奖励这一方面的人才（以上皆见《行状》、《年谱》）。他在国学时，主要是讲《春秋》。现在从他所遗留的不完全的讲义看，一是讲明"君者所以为民"之义，更主要的是讲明圣人贵中国、贱夷狄的道理。《语录》上有一段说："午间一人问虏（金）使善两国讲和。先生因赞叹不用兵，全得几多生灵是好。然吾人皆士人，曾读《春秋》，知中国、夷狄之辨。二圣（徽宗、钦宗）之仇，岂可不复？所欲有甚于生，所恶有甚于死。今吾人高居无事，优游以食，亦为可耻。乃怀安，非怀义也。"他深叹千年间对华夷之辨不明："子云（扬雄）之《太玄》，错乱蓍卦，乖逆阴阳，所谓君不君、臣不臣、父不父、子不子。由汉以来，胡虏强盛，以至于今，尚未反正，而世之儒者犹依《玄》以言《易》，至可叹也。"（《象山全集》卷十五《与吴斗南》）他想为《易》与《春秋》重作传注，因早卒未果，其目的，便是想借此以正君臣的职分与华夷之辨。他《轮对第一剳子》首论复仇，这与朱元晦上孝宗封事的精神完全一致。他在《第一剳子》中说："版图未归，仇耻未复，生聚教训之实，可为寒心。执事者方雍雍于于，以文书期会之隙，与造请乞怜之人，俯仰酬酢而不倦。道雨旸时若，有咏颂太平之意，臣窃惑之。"

宋代重内轻外，吏治废弛。最严重的就是地方政治的实权，都操在胥吏（当时亦称"吏人"或"公人"）手上，把一切朝廷的政令都隔断了，人民一任胥吏与豪民之蹂躏，即良吏亦无可如何。象山说："公人世界，其来久矣，而尤炽于今日。公人之所以得志，本在官人不才。十数年来，公人之化大行，官人皆受其陶冶，沉涵浸渍，靡然一律。"（同上卷五《与徐子宜》二）所以象山对于吏治，第一是要去胥吏之害。但胥吏何以得势，因为案卷（簿书）在他们手上，一切的情形只有他们知道，而做官吏的反不知道，并且想方法使官吏不知道。"官人常欲知事实，吏人常不欲官人之知事实"（同上卷八《与赵推》）。象山欲去胥吏之害，首在于官吏能知事实，所以他说："弊之难去者，多在簿书名数之间，此奸贪寝食出没之处，而吾人之所疏者。比尝考究此等，颇得其方。盖事节甚多，难以泛考，要须于一事精熟，得其要领，则其他却有缘通类举之理。"（同上卷五《与赵子直》）又说："大抵不知节目名数之详，鲜有不为其所欺者。……世儒耻及簿书，独不思伯禹作贡成赋，周公制国用，孔子会计当，《洪范》八政首食货，孟子言王政亦先制民产、正经界，果皆可耻乎？"又说："簿书整齐明白，吏无所容奸，则奸民惧而奸事理，良民下户畏事之人，不复被扰矣。"（同上）

象山之所谓"须于一事精熟"，主要系财赋问题，其次是狱讼问题。他说："为守宰者固不可以托催科政拙之言，而置赋税之事，一切不理。《易》曰，理财正辞（正狱讼之辞），禁民为非，曰义。必指簿书期会为非吾所当务，此乃腐儒鄙生不闻大道，妄为缪悠之说，以自盖其无能者之言也。今簿书不理，为长吏者难于稽考，吏胥与奸民为市，使长吏无窥其踪迹，此所当深思精考，核其本末，求其要领，乃所谓理财正辞，禁民为非者也。"（同上）又说："《贲》象亦曰，君子以明庶政，无敢折狱。贲乃山下有火，火为

　　　　　　　　　　　　　　中国思想史论集

至明，然犹言无敢折狱，此事正是学者用工处。"（同上卷八《与赵推》）他在有几封书札中，与人谈田赋等问题，莫不原原本本，将其利弊之所在与其所由来，说得委曲尽致（如《与张春卿》论输纳，《与宋漕》论金溪轮纳，《与苏宰》论括民屯户等）。可知他实在是对自己所说的下过一番工夫。

其次，为了整顿这些奸吏，他反对当时以弛废包庇为宽仁的风气。他主张为政要论是非，不应在宽严上去论长短。对于猾吏奸民，他是主张依理严办的。朱元晦在南康时，也是痛抑猾吏，力排弛废，当时许多人批评他失之于严。象山独为其抱不平，称"元晦在南康，大节甚伟"。他对于当时吏治的实况说："县邑之间，贪饕矫虔之吏，方且用吾君禁非惩恶之具，以逞私济欲，置民图圄，械系鞭箠之间，残其支体，竭其膏血，头会箕敛（收赋税时的克扣方法），捶骨沥髓，与奸胥猾徒厌饫饱哰其上。……上之人或浸淫闻其髣髴，欲加究治，则又有庸鄙浅陋、明不烛理、志不守正之人，为之缓颊，敷陈仁爱宽厚有体之说，以杜吾穷治之意。百里之宰，真承宣抚字之地，乃复转而为豺狼蝎蠹之区，日以益甚，不可驱除，岂不痛哉。"（同上卷五《与辛幼安》）他又曾与梅守书，详论猾吏豪家之害，及为治贵能去恶扬善之义。《左传》"去恶务尽"的话，是他所常引用的。但他与今日之论宽严者相反，他是严于官吏而宽于人民，并不是主张严于人民而宽于官吏。这一点是应当弄清楚的。

此外，他对于社会的问题也很重视。梭山居家之法，在随赀产之多寡，制用度之丰俭，而常使其稍有余，这与朱元晦社仓的用意正合。所以他在敕局看到朱对社仓的建议，"与同官咨叹者累日"（同上卷一《与赵监》）。他在这封信里特提到"道外无事，事外无道"。这类有益于民生之"事",在他看来,即是身心性命。他与陈教授两书,都是讨论社仓应兼置平籴仓的问题。在一个农业社会里,财、狱、食三大问题解决了,吏治的问题也就解决了。

大概象山对当时政治上疲滞玩愒、一无作为的情形,非常愤慨。本他一贯的要知道轻重本末,而不以形迹去绳墨人的观点,所以在事功方面对人的尺度,比朱元晦要放宽得多。朱元晦不喜欢讲事功的陈同甫,他对陈同甫的文章却很欣赏,很想和他见面(见吕伯恭《与陈同甫书》)。我在前面已经说过"事"在象山面前的分量比朱元晦面前的分量重。朱说"古来无不晓事的圣贤","晓"的意思是了解,所以元晦一生上下求索的是在求了解,即是所谓"即物穷理"。象山则站在身心家国天下的这种"实事"的立场,要求其能"有用"。了解的东西,不一定是有用的东西,所以他的重点不放在朱元晦求了解的态度上。朱子对邵尧夫很倾倒,因为尧夫有一套知识的构造(《皇极经世》)摆在那里,不管在现在看来,其知识是否是真的。象山则干脆说:"尧夫只是个闲道人,圣人之道有用,无用便非圣人之道。"(《语录》)他常与枢密使王谦仲语及"孟子辟土地、充府库一段,因云,方今正在求此辈而不可得,谦仲为之色变"。因为孟子说这种人是"民贼",当时的人不管孟子说话的对象是什么,也随着认为是"民贼"。所以谦仲一听到象山称赞这种人,连脸也吓变了。但在南宋,正需要这种事功上有用之人。他又议"柳子厚棒土揭木,而致之庙堂之上,蒙以绂冕,翼之徒隶,而趋走其左右,岂有补万世之劳苦哉?圣人之道,无益于世,凡以此也。谦仲默然"。科举制度下所养成的士人,口称圣贤,但都是绝无灵魂而徒有躯壳的木偶,根本无所谓"无益于世"的观念,所以谦仲听了说不出话来。"先生常云,当时诸公见上下相安，内外无事，便为太平气象。独郑溥之有一语极好，而今只要为（向）虏人借路登泰山（封禅颂功德）云耳"（以上皆见《年谱》）。他死的前一月，告诉他的姐姐（女兄）说："先教授兄（复斋）有志天下，竟不得施。"盖亦以自道。槐堂学案中诸人，居官皆有以自立，决非偶然。

象山在淳熙十六年（五十一岁）时，奉知荆门军之诏，到绍熙二年（五十三岁）七月四日才赴任，九月三日到荆门，绍熙三年（五十四岁）十二月十四日便死去了，在郡凡十六月。他以讲学的态度来做官，延见僚属如朋友，每日同官禀事，辩争利害于前，他默听其是非，加以赞叹，以养其殉公之意。这在今日即是所谓民主风度，民主作风。教民如子弟，虽贱隶走卒，亦谕以义理。下情尽达无壅，郡境之内，官吏之贪廉、民俗之习尚，忠良材武，与猾吏强暴，皆得丁无事之日（上皆见《行状》）。他在荆门的建树具体可述者略如下：

（一）整理簿书："向来郡中公案，只容收军资库……元无成规，殆为虚说（疑'说'为'设'字之讹）。近方令诸案就军资库，各检寻本案文字，收附架阁库，存亡登诸其籍，庶有稽考。"（《全集》卷十七《与张监》）

（二）新筑城："荆门素无城壁，先生以为此自古战争之场，今为次边……而仓廪府库之地，麋鹿可至，累议欲修子城，惮重费不敢轻举。先生召集义勇，优给佣值，躬自劝督……才费缗银三万（初设计预计须二十万）。初，习俗偷惰，人以执役为耻，吏惟好衣闲视。至是此风一变，督役官吏布衣，杂役夫佐力。"（见《年谱》）

（三）整理财税：荆州连岁困于迎送，藏库空竭，调度倚办商税，手续烦苛，而门吏取贿，商多由僻途，收入日减。象山罢去各种烦苛手续，并减少税率，逃税之风既绝，税收增倍。酒课亦如之。荆门原来用铜钱，后因近边改用铁钱，但输纳还是要用铜钱，人民受无谓的麻烦和损失，象山请仍旧收纳铁钱（以上见《行状》）。

（四）整理武备：湖北诸郡军士多逃徙，视官府如传舍，缓急无可使。象山乃信捕获之赏，重奔窜之刑。又数阅射，中者受赏，役之加佣值，无饥寒之忧，相与悉心弓矢，逸者绝少。他日兵官按阅，独荆门整习，他郡所无。郡民平日亦可参与按射，中亦同赏（同上）。

（五）重视治安：“保伍之制，州县以非急务，多不检核，盗贼匿藏其间，近边尤以为患，象山始至即修烟火保伍，盗贼之多少赖其力。近忽有劫盗九人……迟明为烟火队所捕。……义勇之外，烟火队今亦可恃。”（《象山全集》卷十七《与邓文范》）

此外兴学校、劝耕稼、置医院官等，皆简易有效。“政教并流，士民化服”（《朱元晦来书》）。时相周必大谓：“荆门之政，可以验躬行之效。”

象山的作为，是从“本心”的发用流露出来。本心是道德之心，由本心流露出来的作为，亦即是道德自身的建构。此与普通之功利主义，有其本质上之分别。并且因平时本心之“信得及”，可以破除由善恶对立观念而来之心理的艰苦性，及由此艰苦性所发生之对于行为之拘束力。因此，象山之心学，一面为个人、国家、社会之融合点，一面为人对国家、社会事业负责之一种生命力的解放，使人真能感到“满心而发，充塞宇宙”之生命力量的伟大。然在专制政治下之社会，人对“事”之建构，常受客观上之极大限制，而缺乏个人之主动性。于是此被解放之生命力，常不能向外尽量伸展，而只得由回光返照，在其本心之原有位置，建设一精神之王国，以安顿溶解自己之生命力量；至此而心学与禅宗之境界，自然有一会合之点，而象山学术之事业精神，亦常隐而不见，以走向杨慈湖一路，此亦为客观情势之所不得已。然此并无害于道德主体性之自我完成，亦即无害于人格之圆满实现。于是宗门古德，以及心学大师，虽一若无用于世，而其圆满之人格，固为人类之巨灵慧日，照彻于利欲攘夺之阴霾世界，以显露其本心，以恢复和平之生活；则向外事业之成就，实仅为心学之一面。近代实存主义，立于人的实存之上，或走向社会，或走向上帝，但亦可走向人类野性之解放。禅宗堕落下来，亦常流于狂禅。但以义利之辨为总枢纽的心学，则只会走向上帝，或走向社会，决不能有野性之解放与狂禅之流弊。在象山个人，则走向社会之意味较多。陆学之所以最足以表现中国文化之基本精神而有其独立之地位者在此。

《中庸》的地位问题
——谨就正于钱宾四先生

　　《民主评论》六卷十六期，刊有钱先生《中庸新义》（以后省称
《新义》）一文，谓《中庸》、《易传》系"汇通老、庄、孔、孟"。
但我读后发现钱先生乃以《庄子》的一部分思想，来解释全部《中
庸》；在此一解释中，《中庸》与孔、孟，并无关涉，私心颇为诧异。
适先生来书问我对此文的意见，遂坦率陈述期期以为不可之意。函
札往复，至三至四。因深感钱先生在《新义》中所提出的问题，关
系于我国思想史者甚大，爰就另一角度再提出我的看法，以就正于
钱先生，并希关心此一问题者的指教。

　　　　　　　　　　　　一九五六年二月十五日于东海大学宿舍

　　　　一

　　钱先生在答复我的书信中，认为他以《庄子》解释《中庸》，
是他的一新发现；而在答复黄彰健先生《读钱宾四先生〈中庸新
义〉》的《〈中庸新义〉申释》一文（俱见《民主评论》七卷一期）
中，亦谓"《中庸》本书，据鄙见窥测，本是汇通庄子以立说"。
最近我读钱先生所著的《庄子纂笺》，始知钱先生的见解，有下面

　　　　　　　　　　　　　　　　　中国思想史论集

一段的来源。《庄子·齐物论》："惟达者知通为一，为是不用而寓诸'庸'。庸也者用也，用也者通也，通也者得也，适得而几矣。"

钱先生在此段下加以按语曰："穆按，《中庸》之书本此。"我常觉得古人用字不甚严格，其表达思想之方式亦不够组织；所以在许多地方，只能根据某一人、某一书中前后互相关联的话，以确定一个字或一句话的意义。此在读"谬悠之说，荒唐之言，无端崖之辞"（《天下》篇）的《庄子》，更须如此。因此，古今治庄者虽无虑数百十家，而今人对于庄书的校刊训诂，颇多补前人所未及；然真能得庄生之旨者，仍无过于郭象。因为他所处的时代，正是庄学的时代；而他用的方法，是融会贯通的方法。即如"庸"字的通释为"用"、为"常"；然上引《齐物论》之"庸"字，只有郭象以"自用"作解释，始能与上下文相连贯而较合于庄子的本意。此外率多附益猜度之谈，而此种附益猜度，又多出于一种不很成熟的预定结果，章太炎氏之《齐物论释》即其一例。因此，庄子此处"庸"字之直接意义，与"中庸"之"庸"字，实大有出入〔现按：此处之"庸"字应作"功"字解，即"功效"之意。一九五九年十月补志〕。

按"中庸"一词之"庸"字，三见于《尚书·尧典》，此虽为"庸"字之最早出现，但在思想上与《中庸》似无关联。至于"中庸"一词之"中"字，则始于尧之命舜，即所谓"允执其中"（《论语》）。《中庸》谓舜"用其中于民"，当即本此。"庸"之通释为"用"，则舜之"用中"即为中庸，故刘宝楠《论语正义》谓"中庸之义，自尧、舜发之"（《正义》卷二十三"尧曰章"）。此说纵有推演太过之弊，然"中"为儒家思想中之重要观念，此在先秦儒家典籍中屡见不一见，乃无可争辩之事实。而《中庸》一书里面，"中"之观念，实重于"庸"之观念，此乃通读全书而即可发见者。由上所述，可见仅由《齐物论》中之"庸"字而推论《中庸》思想之来源，何若由儒家典籍中的许多"中"字以推论其思想之来源，岂不更有根据？

且《庄子·齐物论》中有"庸"字、有"中"字，但《庄子》全书中，决无连"中庸"为一词者。有之，自《论语》始。《论语》上说："子曰，中庸之为德也，其至矣乎。民鲜久矣。"（《雍也》）

若不能证明《论语》此文之晚出于《庄子》，又不能证明《论语》之"中庸"一词与《庄子》之"庸"字涵义相同，则仅从文献上之关联上说，《中庸》一书之出于《论语》，实已昭然若揭。况《中庸》上之"子曰，中庸其至矣乎，民鲜能久矣"，分明即《论语》此文之转用。且《中庸》中言"中和"，而《周官·大司乐》即以"中和祗庸孝友"为六德。而郑康成即以"中和之为用"释中庸。又《礼记·丧服四制》篇谓："此丧之所以三年，贤者不得过，不肖者不得不及，此丧之中庸也。"这分明是"中庸"的观念在儒家典籍中的实际应用。由此可知，"中庸"一词乃儒家故物，固不必取《庄子》中不易捉摸之单辞只义以为《中庸》一书出处之证。

且不仅"中庸"一辞，明见于《论语》，全书中与《论语》上词气相同相合者所在多有，兹略举如下：

（一）

《论语》："子曰，生而知之者上也。学而知之者次也。困而学之，又其次也。困而不学，民斯为下矣。"（《季氏》）

中国思想史论集

《中庸》："或生而知之，或学而知之，或困而知之。及其知之一也。"

（二）

《论语》："子夏曰，博学而笃志，切问而近思，仁在其中矣。"（《子张》）

《中庸》："博学之，审问之，慎思之，明辨之，笃行之。"

（三）

《论语》："子曰，温故而知新，可以为师矣。"（《为政》）

《中庸》："温故而知新，敦厚以崇礼。"

（四）

《论语》："子曰，邦有道，危言危行；邦无道，危行言孙。"（《宪问》）

《中庸》："国有道，其言足以兴；国无道，其默足以容。"

（五）

《论语》："子曰，夏礼吾能言之，杞不足征也；殷礼吾能言之，宋不足征也。文献不足故也。足，则吾能征之矣。"（《八佾》）又："子曰，周监于二代，郁郁乎文哉，吾从周。"（同上）

《中庸》："子曰，吾说夏礼，杞不足征也。吾学殷礼，有宋存焉。吾学周礼，今用之，吾从周。"

（六）

《论语》："子曰，非礼勿视，非礼勿听，非礼勿言，非礼勿动。"（《颜渊》）

《中庸》："非礼勿动，所以修身也。"

（七）

《论语》："子曰，内省不疚，夫何忧何惧。"（《颜渊》）

《中庸》："故君子内省不疚，无恶于志。"

　　至《孟子·离娄》篇中与《中庸》几乎完全相同的一章，在黄彰健先生文中已经提到，此不再及。在《论语》中，分明有"中庸"的名词，分明有这么多相同的词句，若钱先生认为尚不足以证明二者的关系，却以《庄子》中的一个"庸"字而即断定"中庸"出于《庄子》，这是不合于考据推论的常识的。总之，就文字的格调词气上说，《中庸》、《易传》显系与《论语》、《孟子》为同一类型；而《庄子》之格调词气，完全属于另一类型，完全属于另一系统；此乃一经比较而即可明了断定之事。吾人研究思想史，应从一个人、一部书的全部思想结构、文字结构，以推论其渊源流变，断不可截头去尾，从中执著一二字以下断语。《庄子》一书中，其词气如偶有与《论》、《孟》相似者，则其所表达之思想必属于儒家而不属于道家，如《齐物论》之"春秋经世，先王之志"及《天下》篇"大道将为天下裂"一段，都说的是儒家的话。因此，有人说《庄子》出于田子方，即是出于儒家，虽未必可靠，但其受了儒家的影响，且儒家及孔子在其心目中的分量甚重，乃不容疑之事。但其基本精神，乃出于道家而非儒家；而儒家与道家在思想所到达之某一点上，固有其若干相同之处；然其思想之根基及其向上努力之途辙，二者断然不可混淆。此在与钱先生之往还书札中已稍有论列，此处不赘。

二

自《史记》、《汉书》以迄汉代各经师，皆以《中庸》出于子思；清儒对其篇章考订加详，亦略无异说。惟叶酉、袁枚、俞樾诸氏，因《中庸》中有"车同轨，书同文"及"载华岳而不重"等词句，遂以为系秦统一天下以后之作品，近人多信其说。钱先生既以"中庸"出于《庄子》，则在年代上自亦必后于《庄子》。关于《中庸》之年代问题，陈槃庵先生在其《〈大学〉〈中庸〉今释》的"叙说"，及《中庸辨疑》（《民主评论》五卷二四期）中，曾反复申论，以证《中庸》与《大学》皆出于孔门，决非出于秦汉之手，其立论多确凿可据。我现在再从思想之发展上，以证明《中庸》乃《论语》与《孟子》之间的作品。庄子既约略与孟子同时，即断然是庄子以前的作品。

首先我应指出，先秦古籍经秦氏博士之传承整理，因而杂入传承整理者当时的思想与资料，乃极合于情理之事实，此不独《中庸》为然。且《礼记》中各篇皆由纂辑而成，在纂辑的时候，大概会采用以类相从的方法。因此，每篇之中，总有某种问题或某种思想，以形成一篇的中心，但这和出于一人之手的著作不同，里面的材料，在性质与时间先后上，皆有掺杂出入。《中庸》"愚而好自用，贱而好自专，生今之世，反（复）古之道，如此者灾必逮夫身"一段，分明是法家责备儒家的话。又谈舜、周公大孝的两节，也与上下文无关。"载华岳而不重"的一段话，可能是秦博士整理时加进去的。仅凭一两句话来断定其时代或内容，这都是不了解此种文献的特性。应当抓住全篇思想的脉络以发现其中心点之所在，来作批评衡断的根据。兹从《中庸》思想发展之脉络上，列举数端，以衡断其主要部分成立之时代。

第一，君臣、父子、夫妇、兄弟、朋友的五伦，在《论语》皆已提出，但并未将其组织在一起，使其具备一完整的形式。将五者组织在一起，始于《中庸》与《孟子》，这便可以看出由《论语》到《中庸》、《孟子》的发展之迹。但《中庸》之五伦系以君臣为首，而《孟子》之五伦系以父子为首。在《中庸》，无形中是君臣重于父子；在《孟子》，则意识地，父子重于君臣。此种轻重之分，实含有社会背景及政治思想之重大演进。《论语》孔子答齐景公之问谓"君君、臣臣、父父、子子"，系将君臣列于父子之上；而"出则事公卿，入则事父兄"（《子罕》），亦系将政治关系置于家庭关系之前，此皆反映在孔子的时代，现实政治所加于个人之影响，实大于孟子的时代。《中庸》之以君臣为首的五伦，这说明它在形式上比《论语》前进了一步，而在社会之背景及思想之内容上，与《孟子》尚隔一间。《孟子》将君臣一伦，列于父子一伦之下，实系继承《中庸》之进一步的发展。

第二，仁、义、礼、知、信之德目，在《论语》中亦皆已分别提出，但未将五者组成为平列之一组。《论语》一书，常仁、知对称，仁、知在《论语》中乃平列之两个概念，其余则多属次一级之概念。又《论语·宪问》章"子曰，君子道者三，我无能焉。仁者不忧，知者不惑，勇者不惧"；此处将知、仁、勇三者并称，在全书中亦常称及勇之重要。《中庸》一书，既经常仁、知并称，与《论语》相同；而以知、仁、勇为三达德，尤与《论语》相符合。至《孟子》则发展而为仁义礼知之四端，至董仲舒则发展而为仁义礼知信之五常，遂成为儒家之定格。《孟子》以后，儒家无复继承《论语》而将知、仁、勇平列，且甚少以勇为一重要德目者，则《中庸》为直承《论语》之思想，在《孟子》之前，岂非昭然若揭。

第三，《论语》言仁，主要为就个人之自觉向上处说；至《孟子》，则多以爱人言仁，此后直至二程为止，皆继承此义而未改（自二程起，其言仁始更向内转进一层去讲）。《中庸》之"修道以仁"及"力行近乎仁"，其涵义特与《论语》为近，即此亦可证明其直承《论语》而早于《孟子》。

第四，《论语》"性相近也"之"性"，仍系泛泛之词，与子贡所谓"夫子之言性与天道，不可得而闻"之"性"，二者自别。我觉得"性与天道"，乃承"五十而知天命"之"天命"而来。孔子之"好古敏求"、"信而好古"，系在外在经验界中的追求；至五十而知天命，乃进一步对于外在的经验，赋予以内在而先天的根源与根据。此"天命"既非传统之"死生有命，富贵在天"的"天命"，亦非如朱元晦所谓赋予物的"事物所以当然之故"，而指的系道德的、先天的、内在的性质（此点请参阅拙文《有关中国思想史中一个基题的考察》，见《学术与政治之间》）。此一性质，至《中庸》始进一步指出为"天命之谓性"，将《论语》中实际上已连在一起但形式上尚未连在一起的"性"与"天道"，切实连在一起，此系思想上的一发展。"天命之谓性"，其性自然是善的；但《中庸》尚未将此善字点出，《中庸》中之所谓"善"，仍是外在的意义重；至《孟子》乃点出"性善"，使天命之性，有进一步的明显而具体的表达，此系继承《中庸》之又一发展。

第五，《论语》重言忠信，忠信发展而为《中庸》之"诚"，前人多已言之。《论语》言"默识"、言"内省"，此系向内的沉潜；至《中庸》而言"慎独"，则内在之主体性更为明显；至《孟子》则更进一步言"求放心"、"存心"、"养性"、"养气",较《中庸》之"慎独"表现得更为具体而明白。其一步落实一步的发展之迹,宛然可见,则《中庸》为在《孟子》以前,亦即在《庄子》之前,应当可以断定。

且《中庸》与《易传》之血缘为最近,钱先生亦将二者并称。因此,《易传》亦当在《庄子》之前。钱先生的《庄子纂笺》,在《天下》篇的篇目下所引诸家之说,皆以此为《庄子》自序,我亦深以为然。《天下》篇有"《易》以道阴阳"之语;然卦辞、爻辞无一字道及"阴阳"者,至《易传》则始道"阴阳"。《易》原为卜筮之书,由《易传》而赋予一新的意义与价值,因而成为儒家之经典。庄生此言,当即指《易传》而言。若非《易传》在庄子之前,则《天下》篇何由能作此简括之叙述?

我谓《中庸》与《易传》皆出于庄子之前,此乃汉人之通说,亦即儒家有关其自身思想传承之通说,我仅将此通说重新予以肯定而已。《中庸》出于《庄子》之前既可断定,则"中庸"出于《庄子》之说亦不攻自破。

三

《中庸》一书,在儒家思想系统中所以占一重要地位,就我所了解,当不出于下列数端,都发生着承先启后的作用。

首先,儒家思想以道德为中心;而《中庸》指出了道德的内在而超越的性格,因而确立了道德的基础。"率性之谓道",此"道"即系后面所说的五伦的"达道",这与老、庄之所谓"道"绝不相同。且在语言的顺序上,道家之道在天之上,而《中庸》

之道则在性之下，性又在天命之下，虽然在实质上三者是一而非二。五伦系外在的人与人的关系。但此人伦关系之所以形成，亦即人道之所以成立，据《中庸》的说法，乃根源于每一人内在之性，而非仅依靠来自外在的条件。若如经验主义者，以道德为来自外在的条件，则道德将决定于条件，而不决定于人的意志，人对道德便缺乏了主宰性，严格地说，无主宰性，即无所谓道德不道德。同时，外在的条件，总有其伸缩与转移性，与人身总有或多或少之距离。因此，人对于道德，没有必然的关系，道德即在人的身上生不稳根。《中庸》说"率性之谓道"，乃指出道即系每人的内在的性，有是人，必有是性，有是性，必有是道。所以下面接着说"道也者，不可须臾离也，可离非道也"，以见人不能自外于性，即不能自外于道，而道乃真正在人身上生了根。故必由道德的内在性，而后始可言道之"不可须臾离"，而后人对道德乃有真正之保证。

然若仅指出道德之内在性，固可显见道与各个人之必然关系，但并不能显见人与人，及人与物之共同关系。人我及人物之共同关系不显，则性仅能成为孤明自照，或仅成为一生理之存在，而道德之普遍性不能成立，于是所谓道德之必然性，亦成为无意义的东西。所以《中庸》在"率性之谓道"的上面，要追溯出一个"天命之谓性"。天的本身即是普遍的具体化，因此，由天所命之性，也是人我及人物所共有，而成为具体的普遍。作为道德根源之性，既系内在于每一个人的生命之中，而有其主宰性、有其必然性，同时又超越于个人生命之上，而有其共同性、有其普遍性。人性因为具备这两重性格，才可以作道德的根源。从纯生理的观点去认定性，性便不能超越出来以成就人类生活的共同规范，若性仅系孤明自照，依然不能发生对人物的真切责任感，其结果还是一样。顺着此一路推演下去，只能看到一个四面不通风的个体，但是人实际是要生活于群体之中的，而这种四面不通风的个体，总不能形成一个相资相保的群体。道德必在群体中显见，不能形成群体，遂极至于不承认道德存在的权利，这便是今日的纯经验的个人主义所发生的问题。从纯超越的观点去认定道，道便不能内在于每一个人生命之中以成就个体的价值；顺着此一路推演下去，常要求无限地牺牲个体以成就群体或某一较高的价值，结果，群体和某种较高的价值，皆成为脱离现实生活的抽象而空洞的名词；再由少数人掌握住此类名词以君临恣睢于万人之上。中世纪的宗教固然是如此，而今日则将更为独裁专制的政治所假借。人类历史，一直是在上面两极的对立搏斗之中，互相激荡，互相起伏，看不出一条根本解决的道路。从纯文化理念的观点来说，中国内在而超越的道德性的文化，将个体价值与群体要求融合在一起，实际为人类提供了此一道路。在此一内在而超越的文化中，一个人的生理与理性合为一体；流到外面的作用上去，个体与群体同时得到和谐。《中庸》之所谓"中和"，即指的是这种内在与超越合一的"性"，及由此"性"所发生的成己、成物的和谐作用。内在所以"成己"，超越所以"成物"。内在与超越非二物，即成己与成物非二事，则二者自然得到谐和。由此而言"致中和，天地位焉，万物育焉"，乃有其真实的内容与其确实的条贯，而不是浮言泛语。这是中国文化的核心，这是《中庸》承先启后的第一贡献。就我目前所了解的庄子来说，他当下承认了各个的个体，因之也承认了聚各个个体而成的群体。但他的承认，并不是承认个体的价值，最大限度，只是以无价值为价值。同时，在个体与个体之间，不是发自德性之互相涵融，而只是出于一种无可奈何的相安之感。所以在他心中的个体，都是冷冰冰的、孤零零的个体，而他内心的深处，对此孤零的个体，实不胜其悲凉凄怆之情；于是他不能在个体之自身去"道通为一"，而只好在个体之上去求一个"有未始有始也者，有未始有夫未始有始也者"的"无"的、"无无"的、"无无无"的境界，去"道通为一"；而以"有以未始有物者"为知之"至矣尽矣"；面对现实，则只好"知止其所不知"。这是以不解决问题为解决问题的想法。此种想法，未尝不可使精神上暂时得到一点轻松，但现实并不因此种精神上的轻松而便不发生问题；于是《齐物论》在人生中所发生的影响，一面是个体的恣睢自喜，一面是个体由现实中的退避。两者都是互相因缘的。这与《中庸》由内在而超越以成己、成物的德性，在精神上完全是两回事。

于此，还应补充说明一点的，"天命之谓性"的"天"，不是泛泛地指在人头顶上的天，而系由向内沉潜淘汰所显现出的一种不为外界所转移、影响的内在的道德主宰。因此，这里的所谓"天命"，只是解脱一切生理束缚，一直沉潜到底时所显出的不知其然而然的一颗不容自已之心。此时之心，因其解脱了一切生理的、后天的束缚，而只感觉其为一先天的存在，亦即系突破了后天各种樊篱的一种普遍的存在，《中庸》便以传统的"天"的名称称之。并且这不仅是一种存在，而且必然是片刻不停地发生作用的存在，《中庸》便以传统的"天命"的名称称之。此是由一个人"慎独"的"独"所转出来的，其境界极于"无声无臭"，《中庸》即以此语为其全文的收束。"无声无臭"者，不为后天一切所干扰之谓，这便很有形而上学的意味，但实与西方一般由知性的思辨所推衍上去的形而上学不同。借 Wilhelm Dilthey（1833—1911）的话说，这是"基于心的生命构造而来的内的倾向所生出来的"。Dilthey 在其《精神科学序论》中说："形而上学（思辨的）即使死亡，但人类精神的形而上学的倾向（Metaphysischer Eng）不会绝灭。知性纵然禁止，但心情总会要求。"Dilthey 所认定的心，依然不过是"感情与冲动之束"，即是生理之心；他还未能从生理之心中透出德性之心。所以他说这种话，只能显出西方知性的文化中由某一欠缺所发生出的要求，只有一负面的意义，而没有从另一面来肯定人生的价值，亦即缺乏正面的意义。我不过借此以指出《中庸》系由另一途径以显出另一性格的形而上学；这种形而上学与科学所走的路不同，并不会觉到科学的威胁因而须有所避忌。其实，钱先生在其《中国思想史》中已经说过"道家观念重于虚，虚而后能合天。儒家则反身内求，天即在人之中，即性是命，即就人文本位充实而圆满之，便已达天德，便已顺天命"，这很说得恰到好处。而《新义》中由对"诚"所下的解释，却把"天"和"天命"一起都说向外面去了。

四

其次，《论语》主要是就"下学而上达"的"下学"方面立教，故最为切实。而《中庸》则提出道德的最高境界与标准，指出人类可由其德性之成就，以与其所居住之宇宙相调和，并进而有所致力。《论语》中虽屡提到圣人，但对圣人未作明显的叙述；《中庸》则对圣人之所以为圣人，叙述得相当的详尽。同时，《论语》对"修己以安人，修己以安百姓"这一类的问题，谈得不少；

《中庸》承继了这一方面的思想而进一步加以系统化。但《论语》几乎没有谈到人与天的关系。而人类文化发展到某一阶段，对于其所居住的宇宙，由原始性的猜疑畏惧，常进而要求与之有一种调和的关系，或对之有一种责任感，而希望将其归纳于自己生活范畴之内。人类可以从宗教这一条路来满足此种要求，可以从艺术这条路来满足此种要求，可以从科学这一条路来满足此种要求，而儒家则系从道德这一条路来满足此一要求。《中庸》一书，在这一点上有了充分的发挥。《中庸》以圣人为最高道德的标准，认为由圣人"峻极于天"之道，与天地同功，因而尽其对天地万物的责任，以得到人与天地万物的和谐。而其确切可靠的天路历程，乃在于圣人之"能尽其性"，即是能圆满实现其内在而超越的道德主体。如前所述，此主体因其有超越的、先天的一面，所以在能将其圆满实现的这一境界上，自己的性，与人之性及与物之性，系合而为一；因此，尽己之性，同时即系尽了人之性与物之性。己之性与人之性及物之性的总和，即是天地化育之实，因而尽性即是"赞天地之化育"，"与天地参"。这是性的高明、精微的一面，即所谓"达天德"。在另一方面，"率性之谓道"，而《中庸》之所谓"道"，即指五伦的人道而言，此即所谓"天下之达道五"。性由五伦的人道而见，于是"尽伦"即所以尽性。每人皆在人伦的关系中生活，每人在人伦生活中，总会或多或少尽了一份义务，所以说"夫妇之愚，可以与知焉"。这即是所谓"极高明而道中庸，致广大而尽精微"。由尽伦、尽性而上达天德，在此一分限上始可说"天人合一"，始可说"鱼跃鸢飞"。而此一分限，在《中庸》只能归之于尽性、尽伦的圣人。只一"尽"字，便含有多少切实的工夫在里面。抹杀这种切实的工夫，则在"无一法可得"

的禅宗，尚要斥为"自然外道"，何况站在《中庸》"修道之谓教"的立场。譬之一个伟大的艺术家，当他说某一自然风景是伟大的艺术作品的时候，实际是他自己的艺术精神正在向某一自然发生构造的作用。因艺术精神的高下或内容有所不同，他们在自然中所认取的艺术性亦因而不同；因之，在同一自然背景之下所产生的作品亦因之不同。此即可证明艺术家的观照，有其主观的构造性。艺术家由观照而对于自然的契合，这是艺术上的"天人合一"；假定没有其真实的艺术精神以作其内容，则这类的话，只是不负责任的废话。庄子以观照的态度来齐是非、一生死，也要假定"圣人"、"至人"、"真人"、"神人"等才能够如此。人格的平等，与人格价值的等级性，这是不可混淆，而又不可分离的两个概念。只要承认价值观念，便必须承认价值之等差观念。必如此而后始有精神之向上可言，有人道之可言，有文化之可言。《中庸》中之"小人"、"夫妇之愚"、"君子"、"圣人"，分位分明；而"君子"与"小人"对举者凡四，单称"君子"者凡二十七；此与《论语》之以"君子"为现实努力向上之目标者正同，其意义不可随意抹杀。至于程伊川所谓"圣人之道，必降而自卑，不如此则人不亲"，这是出自圣人向社会接引之仁心，不可因此而即以众人视圣人。又如由价值的最高成就，即由尽性尽伦而物我一体，在德性之主体方面，将客观之等差性完全消解，此时乃显现一真正一切平等之境界，即《中庸》所说的"万物并育而不相害，道并行而不相悖"的境界，亦即程伊川所谓"将这身放在万物中一例看，大小大（多么）快活"的境界，但这须经过精神上的一大转进，假借禅宗的话来说，这是"悟"后的"山河大地"。万不宜因此而抹杀道德价值、人格价值的最高标准，因而杜绝了人类向上之机。钱先生因为不承认道德中的修养工夫，于是便否定由道德成就而来的人格上的等差，这岂特与《中庸》是南辕北辙，与庄子的真意也距离得很远。

五

尤其重要的是，《中庸》提出了道德价值、人格价值的最高标准，以为人道立极，使人生成为一上达的、无限向上的人生；同时，更为走向此最高标准而提供了一条大路。所以在"率性之谓道"的下面，必须接上"修道之谓教"。无此一"修"字，一切便都会落空。《中庸》之所谓"道"既是人道，则所谓"修道"便不是如钱先生所说的，对于一般存在的承认，而是切着人自身的生活。儒家的理想，本不离开现实生活；但决不如钱先生那样，仅因为现实生活为一存在而即承认其都是合理，而即承认其为符合于天命之性。所以《大学》是以修身为本，《中庸》也是以修身为本；《中庸》说"修身以道"，而"率性之谓道"，是修身即系复性。不承认现实生活中有与道不合，即与性不合的，则无所谓修道，即无所谓复性。复性于现实生活之中，使现实生活符合于天命之性，此即《中庸》之所谓"诚"，亦谓之"纯"。诚与纯，是说人经过修与复的工夫以后，即经过"择善而固执"的工夫以后，能真正实现其内在而超越之性，而不杂以后起的人欲之私的状态。因此，深一层地说，诚即是性。凡《大学》、《中庸》、《易传》、《孟子》之言诚，皆就人之内心而言。《中庸》首先出现"诚"字是"顺乎亲有道，反诸身不诚，不顺乎亲矣"。此与钱先生以"诚皆属天"，而"天"又为外在之天，恰恰是相反。钱先生或者是因对《中庸》"诚者天之道也"一语的解释，与我所了解的不同，故有此说法。就我的了解，"诚者天之道也"，是就人完全实现了其天命之性而言，所以接着说"诚者不勉而中，不思而得，从容中道，圣人也"。此处的"天之道"，实等于"天之命"，当时"天道"与"天命"二词常常互用。由此可知"诚者天之道"，与孟子"尧、舜，性之也"同义，即孔子"七十而从心所欲不逾矩"的境界。先秦儒家若就天地而言诚，亦系由人身之诚而推扩言之。且所谓天地之诚，乃指天地所以能生物之精神而言，而非就生物之结果而言。《中庸》说"天地之道，可一言而尽也，其为物不二，故其生物不测"，"不二"即是诚。钱先生以"群星真实有此群星，地球真实有此地球"言诚，此不仅与所引朱熹注"诚者真实无妄之谓"的意思不合，且与《大学》、《中庸》、《易传》、《孟子》之言诚皆不合。以原意解之，地球之所以有此地球乃由于诚。盖当时除老、庄对自然之存在，已稍露有虚幻之感外，一般对自然界皆未发生真实或不真实之问题。在中国发生此一问题，乃出于老、庄盛行及佛教入中国之后，而开始有晋代之《崇有论》，以至宋儒之强调"体用不二"。至钱先生以"喜怒哀乐，亦真有此喜怒哀乐"，此同于"鱼虫鸟兽，真实有此鱼虫鸟兽"，将人格中的质的问题化为物质界的量的问题，以希由此而证成其"能实有其好恶谓之仁"之说，此种"化质归量"之说法，不仅根本否定了《中庸》的道德意义，且当时亦无此科学思想以为之先导，当甚难成立。

《中庸》假定圣人是生而即诚的，其余的人，则系由一套工夫（修）所积累的成果。《中庸》所提出的工夫，可以说是由内外兼顾，而内外合一，即"尊德性"与"道问学"的兼顾与合一。向内的工夫是由"戒慎乎其所不睹，恐惧乎其所不闻"的"慎独"，

　　　　　　　　　　　　　　　　　　　　　中国思想史论集

朱子以"人所不知而己所独知之地"释"独",与《中庸》后面所说的"君子之所不可及者,其惟人之所不见乎"正合。程、朱之"敬以直内",即由此而来。以后王阳明之所谓"无声无臭独知时,此是乾坤万有基",也是由此而出。但钱先生以"存在与表现"解释诚,于是把"不睹"、"不闻"也解释到外面去了。

向外的工夫是由"明善"而"择善固执"。《中庸》说:"不明乎善,不诚乎身矣。"因有对立于善的恶,而始须要去明善、择善。明善即是义利之辨。义与利、天理与人欲,固然都是存在,但儒家不认为在人类生活的范畴之内,可以说凡存在皆合理,而必须把它辨别清楚,以免"认贼作父"。不承认有天理、人欲之辨,即无进德修业之工夫可言。凡属道德精神的文化,不论以任何辞句,必须表现此二者之对立,因之,对于人之"情",不能不下一番工夫以克服此对立。此在儒家为尤甚。何晏与王弼,以老、庄思想释《论语》与《周易》;然对于此种大坊所在,仍未敢突破。何晏《论语集解》解释"不迁怒"谓:"凡人任情,喜怒违理。颜渊任道,怒不过分。"彼固不像钱先生样,以喜怒哀乐皆因其为存在而即认其当理。王弼释《乾·文言》"利贞者性情也"谓:"不性其情,何能久行其正。……利而正者,必性情也。"彼固不认为情即是性,而要求以情合于性。又释《无妄》之卦辞曰:"威刚方正,私欲不行,何可以妄。使有妄之道灭,无妄之道成,非大亨利贞而何?"

彼固以去私欲释"无妄",而私欲乃一感情之存在。《易传》谓"庸言之信,庸行之谨,闲邪存其诚","闲邪"乃所以存诚,而"闲邪"之正面即是"明善"。既须闲邪明善,即不能像钱先生样,承认"凡存在而表现的"即是诚,即是善。因为自然之存在,无善恶可言，对自然而言善恶，亦系以人为中心以形成一种人为之尺度。故善恶之问题，乃人自身之问题，不必与自然相涉。因人身有恶，故必须明善。明善乃所以择善。择善而固执，即存天理而去人欲，即内外合一之桥梁。"尊德性"与"道问学"，在此等处合拢。此乃《中庸》全书中心点之所在。我现在把这一段完全抄在下面：

> 在下位，不获乎上，民不可得而治矣。获乎上有道，不信乎朋友，不获乎上矣。信乎朋友有道，不顺乎亲，不信乎朋友矣。顺乎亲有道，反诸身不诚，不顺乎亲矣。诚身有道，不明乎善，不诚乎身矣。诚者天之道也，诚之者人之道也。诚者不勉而中，不思而得，从容中道，圣人也。诚之者，择善而固执之者也。博学之，审问之，慎思之，明辨之，笃行之。有弗学，学之弗能弗措也；有弗辨，辨之弗明弗措也。有弗行，行之弗笃弗措也。人一能之己百之，人十能之己千之。果能此道矣，虽愚必明，虽柔必强。

因明善、择善而固执，可使人之喜怒哀乐之情合乎天命之性，此之谓"自明诚"，亦即系由工夫以达本体。天命之性在内作主，自然使人之喜怒哀乐之情发而皆中节，此之谓"自诚明"，亦即系"即本体，即工夫"。由承认现实与理想之距离，并由现实中追求理想，使理想实现于现实之中，卒之，将理想与现实打成一片，这是《中庸》思想的中心，亦即儒家全部思想之中心。由孔、孟而程、朱、陆、王，在此中心之外围，虽各有其时代及个人之特性，不必完全相同，但无一不由此一中心点贯通下来，以形成一大义

中国思想史论集

理的系统。而《中庸》在其间正尽了承先启后之责。在这种极为明显的地方，承认便全承认，推翻便全推翻，安排不了什么偷天换日的技巧。而推翻了这一中心点，便推翻了全部的儒家思想。

这里还需稍稍一提的，钱先生在《新义》中亦觉其对诚的解释，有"如西方哲学家所谓凡存在者莫不合理"，似觉不安，如是"述中和义以补上篇之未备"。但就我看，钱先生之所谓"中和"，亦与《中庸》不合。第一，钱先生之言中和，也与其言诚一样，都是外在的，而不是内发的；把《中庸》之以人为中心而推向宇宙的，说成以宇宙为中心，而以自然来比附于人，使《中庸》全书之精神脉络不明。第二，钱先生说："然若再深言之，则当其在求中和之途程中，凡其一切变化亦是一存在、一表现，则亦无一而非中和。"这依然是"凡存在即中和"，与"凡存在即诚"并无区别。

钱先生因把人自身的问题，附属于外在的自然上去解释，于是只能在外在的关系上来讲中和。所以说："故人心如天平，喜怒哀乐，犹如天平一边之砝码。外物来感，如在天平一头悬上重量，则此另一头即须增上砝码，以求双方之平衡而得安定。若使人心喜怒哀乐之发，常能如外物之来感以获平，则此心常在一恰好状态下，即此心常得天理。换言之，则此心常保天性之本然……宋儒则谓是其人能见性见理。见性见理，则见此中和而已。"

钱先生在这里似乎忽略了一个问题，天平秤物，不是一头加物，一头加砝码，使两边平衡，即可了事；而是天平上有一种"定盘星"，要由此定盘星以知道物的轻重。人的感情，不是使这边半斤的喜，与那边八两的怒保持平衡，即是中和；而是在喜怒之上有一理（或性）的存在，以节制此喜怒，使其中于节、合乎理，乃谓之中和。是由性来主宰情，由天理主宰喜怒，而后使此心能常在恰好状态。不是此心常在恰好状态而即可谓之"得天理"。例如，一个小偷偷到他想偷的东西，此时之欢喜，与正偷时之惊恐，取得一平衡，此是心的一恰好状态。或者偷到手后，发生悔恨，乃又暗暗送返原主，心中如释重负，此又是心的一恰好状态。站在钱先生的观点说，两者皆是中和；但站在《中庸》和宋儒的立场看，则恐怕只能承认后者。因为后者是有个理或性在那里作主宰。总之，钱先生此文，因将人附属于自然上去说，自然本身无所谓理性、道德、善恶、人格高下等，故反投在人的身上，也不承认有理性、道德、善恶、人格高下等，而只承认一"感情冲动的自然调节"，于是主张"不远禽兽以为道"。但不仅在禽兽中找不出《中庸》之所谓五达道、三达德的自觉，故人道必自人禽之辨开始；即在《庄子·齐物论》中亦找不出对五达德的正面而积极的肯定，甚至根本没有提到。钱先生的此一思想，可以在现代庸俗的唯物主义、自然主义中寻找其根据，可以在《庄子》思想的下半截中寻找其根据，但绝难在儒家中寻找其根据。钱先生以此来说明自己的思想，这可以增加思想的多彩性，但以此来加在古人身上，作思想史的说明，则几无一而不引起混乱。

一九五六年三月一日《民主评论》七卷五期

有关思想史的若干问题

——读钱宾四先生《老子书晚出补证》
及《庄老通辨自序》书后

　　我读钱先生的《老子书晚出补证》(《民主评论》八卷九期，收入《庄老通辨》，以后简称"《补证》")及《庄老通辨自序》(以后简称"《自序》")后，颇少契合。然觉前辈先生每于其学成名立后，常喜自抒胸臆，不落恒蹊，横说竖说，皆无所谓，不必多所异同。及读严君灵峰《读庄老通辨序书后》，谓以钱先生在学术上之地位，其言论之影响于后学者甚大，不觉怦然心动。又自去岁十二月迄今，与毛子水先生有关于义理与考据的商讨，钱先生的《自序》分明受了此一商讨的影响，而其基本观点，与毛先生大约相同。爰草此文，略申鄙见，以就正于钱先生。

一、考据、训诂与义理之真

　　钱先生在《自序》中，为主系标示治学的规模途径。此途径是要"通汉、宋之囿，而义理、考据一以贯之"。真正地说，朱元晦虽未标考据之名，但其特别重视读书，及其读书方法与注释古典之谨严精密，实已开清代考据学之先河，这一点，章学诚已有论定。若把朱元晦"穷理莫先于读书"的"读书"，也解释为广义的考据，则他的一生倒真是要"考据义理，一以贯之"的。朱元晦"一以贯之"的方法是"穷理（主要是读书）以致其知，反躬以践其实"。而作为"致知"与"践实"的共同精神的是"居敬"，作为"致知"与"践实"间的桥梁的是"以身体之"。朱元晦在这里所遇的矛盾，我在《象山学述》的"朱陆异同"中已有所论述。钱先生"一以贯之"的方法却是继承清人"以考据通义理"的老话，而将考据的范围加以扩大，以打破"宋儒重义理，清儒重考据"之"各有所偏"。所以说："若果舍却训诂、考据，又何从而求义理之真乎？"（《自序》）又说："欲明古书义理，仍必从事于对古书本身作一番训诂、考据工夫。此即在宋儒亦何莫不然？如程、朱改定《大学》，阳明主遵古本，此即一种有关考据之争辩也。朱、王两家训释格物致知互异，此即一种有关训诂之争辩也。居今日而欲治宋儒之义理，亦何尝不当于宋儒书先下一番训释、考据之工夫乎？……象山又言曰，不识一字，我亦将堂堂地做一个人，然固不谓不识一字亦能读古人书，所以从书得心，因以知古人之义理所在也。"（同上）

　　按钱先生这一段话，和毛子水先生《论考据和义理》的观点相同，所以我在《两难》一文中和毛先生所讨论的，在这里可以完全适用，本不需要多作补充。若再简单地复说一遍，则钱先生所说的"治宋儒之义理"及"欲明古书义理"，实际是指治思想史的工作而言。这种治思想史的工作，当然要根据有关的文献，凡是关涉到文献而须要训诂、考据的，当然要通过训诂、考据；但并非每一思想史的文献都须要作训诂、考据的工作。并且这种工作，对治思想史而言，也只是起码的初步工作，因为仅有这步工作，并不能作出思想史。进一步的工作，便非清人"考据"一词所能概括［关于这，我在《两难》一文中曾作简要的说明，在本文后面还要特别提到。读者如欲对此点多所了解，更可参阅文德邦（Wilhelm Windelband）的《一般哲学史》（*Lehrbuch der Gesch chte der Philosphie*）的"绪论"第二节。文德邦在哲学史上的成就，是世界哲学界所公认的］。至于钱先生所说的"宋儒偏重义理"，则并非如钱先生所意指的思想史的工作，而是探求道德的根源，及使道德如何能在一个人的身上实现，以完成一个人的人格的学问。此种学问固然要读书，读书固然要讲训诂；但书之对于义理，只居于启发襄助的次要地位，它不是义理的（道德的）直接的根源所在。为了得到启发而读书，其所需要的训诂程度，谓其有考据之初步含义固可，但不可说这就是考据之学。因为钱先生"寝馈宋明理学，前后已逾三十载"，而"得力最深者莫如宋明学"（钱先生所著《宋明理学概述·自序》。此书出版于一九五三年），所以钱先生在所著的《宋明理学概述》中，也大体能把握到这一点。如讲到程明道时，钱先生说："他的学问，完全由自己实生活里亲身体验来，并不从书本上、文字言说上建基础……"（《宋明理学概述》页五二）"因此，他讲学，不像以前人，不脱书卷气……他则直从人生讲人生，自然更见亲切、更真实。"（同上）

　　钱先生解释程明道"圣人千言万语，只是欲人将已放之心，约之使反复入身来，自能寻向上去，下学而上达也"的话谓："须知这一条，并不是在讲《孟子》书里的'收放心'，也不是在讲《论语》里的'下学而上达'，更不是真个要把圣人千言万语，牵搭上《孟子》书里'收放心'三字。他只是率直地在讲他的真生活、真经验。"（同上，页五三）又说："一切文字言说理论，也都是安排。他叫人离开这许多安排，求心之自得。"（同上，页五六）"他并不注重在探索与研寻，只注重在存养。存养此心，便可体贴出天理……"（同上）"六经古训，孔、孟嘉言，在他看，只如泥土肥料般，重要的是我此心。肥料只栽培，生长是我心。"（同上，页五九）"总之，他种种话，永远从心上指点你。"（同上）

钱先生更引了程伊川一段极重要的话："闻见之知，非德性之知。物交物，则知之，非内也，今之所谓博物多能者是也。德性之知，不假见闻。"（同上，页六六）

钱先生对上面的话加以解释说："不假闻见，便要内心自己觉悟。"（同上）又说："德性之知，只在知得义理。义理即吾性分以内事。"（同上，页六七）

钱先生更总括地说："其实，程门教人又何尝如熹（朱元晦）般先要人泛观博览？直从杨时、罗从彦到李侗，哪一个不是在默坐澄心？"（同上，页二九）

至于钱先生在《自序》中引用陆象山不识一字的两句话，以证明象山也要由考据以通义理，这大概是因为我在答毛子水先生的文章中曾引象山这两句话，所以钱先生特为其下一转语。象山之学，就现存文献来看，是要先由义利之辨，以立其大本，即是先树立道德的根源，再在此根源主宰之下去读书，这分明与"由训诂以通义理"的程序恰恰相反。他对于"学者溺于文义知见"，深恶痛绝。所以钱先生在所著的《宋明理学概述》中引用象山兄弟赴鹅湖之会的前夕所作的两首诗，以见陆氏为学的趋向，是大体不错的。九龄的诗是"留情传注翻榛塞，著意精微转陆沉"；象山的和作是"易简工夫终久大，支离事业竟浮沉"。这种分际已够明白。钱先生在《自序》中提到阳明对朱元晦的《大学》古本之争，及朱、王两家对训释"格物致知"之辩，认为这都是考据训诂范围以内之事，以作由考据以通义理之证。不错，上述两事都牵涉到文献上的问题，但这只是居于附带而不足轻重的地位。此两问题的发生，主要是来自两家思想上的不同。先有思想上的不同，才发生对文献解释上的歧异；决非由文献上的歧异，才发生思想上的不同。所以王阳明答徐爱"亲民新民"之问是"说亲民，便是兼教养义。说新民，便觉偏了"（《传习录》上）。若仅从文献的训诂、考据上去了解他们的争辩，决接触不到他们之间的真正问题之所在。从钱先生举的这单从治思想史的立场来说，这种轻重主从之间，似不应随意加以抹杀。否则一个对于训释工作最为谨严的朱元晦，何以对《大学》古本的尊重，反不如主张"心即理也"的王阳明？

钱先生在《宋明理学概述》大著中对义理之学的陈述，相当亲切。以之与《自序》中的态度来作比较，不啻前后两人。个人因学问的进步，随着便有态度的转变，而态度的转变更引起对客观事物评价的变更，这是常有的事。但客观事物的本身，并不应因评价的变更而变更，除非在资料上有新的发现。譬如钱先生在写《宋明理学概述》时，假定是赞成义理之学；到了写《自序》时已经不赞成，这是可以理解的。但义理之学的自身，是由两千多年的文化历史所规定而成为一客观的存在。何谓义理之学？义理之学的根源是在书本上，还是在人的心性上、生活上？如何能把握此根源而使其在自己身上实现？是否要由考据以通义理？考据学的源流甚长，但正式成为一个学问部门，则不能不归之于清代。清人的考据较宋、明人为精，是否清人讲的义理即比宋、明人为精？在考据学未成立以前，是否即无义理之学？这些都应在文化、历史的客观存在中找答案。钱先生的《宋明理学概述》，对于此一工作也做了一部分。但当钱先生写这篇《自序》时，既将义理之学的自身及后人对义理之学作思想史的研究，混而不分；复擎着清代考据家反宋、明学的口号（考据家一面谓"训诂明而后义理明"，一面又斥宋、明儒的训诂为空疏，于是宋、明儒所讲的义理，当然赶不上他们所讲的义理。所以这是反宋、明学的口号），而自谓超出于汉、宋门户之争以外，这是不公平的。时移世易，谁也张不了汉、宋的门户，所以今日无所谓汉、宋之争，所争的乃是中国假使有文化，则中国文化的精神到底是什么的问题。

二、老庄先后问题的简单考察

钱先生在《自序》中，根据自己治学的方法而坚主"先秦道家，当始于庄周"，遂断定"老子，乃承于庄、惠、公孙之说而又变"，所以我对老、庄先后的问题，在针对钱先生的论证作商讨以前，先述一点自己的感想。历史上常有不俟新材料出现，即只能作大体的推断，而不能作精密断定的问题，我们便只有甘心于大体的推断，而不必故求精密，以免流于穿凿附会，愈求愈远。我想，有关老子的问题，正是这种例证之一。大凡研究某一问题，首先应决定何者是对该问题的最基本的材料。自来研究《老子》的人，多以《史记·老子传》为出发点，而忽视《庄子·天下》篇。实则《老子传》多受《庄子》一书的影响，而老、庄的关系又是如此密切，则《庄子·天下》篇谈及老子的材料，实较《老子传》更为重要。《庄子》一书中的人名、故事，虽多属寓言，很难作考据的根据，但出现在《天下》篇中的材料则无可怀疑。庄子与惠施之关系最深，不仅其书中多承用名家之命题而加以反驳，且直接与惠施相论难者亦不少。尤可注意的，《庄子·内篇》七篇中，《逍遥游》及《德充符》两篇皆以庄子与惠施之论难作收束，而《天下》篇亦以批评惠施作收束。即此一端而论，则许多人主张此篇乃出自庄子本人，除因为其文章的风格意境与内七篇完全相同以外，此点亦可加强其理由。所以我相信这是庄子的自序。钱先生在所著《庄子纂笺》之《天下》篇标题下所引的四家注释，也都以为这是庄子的自序或后序。即退一步讲，此篇若不出于庄子本人之手，亦必出于亲承庄子教说的门人之手；因为把这篇文章和《外篇》、《杂篇》中几篇可疑的文章相比，其朴茂与浅薄之分极易明白，决非几经转手后所能写成的。此篇对于当时学术一般的叙述，及对各个学派的批评，深刻平允，这正合于《史记·庄子传》"其学无所不窥"之言；而其中言及老聃一段，与现存《老子》一书之思想，皆大体符合。其引老聃"知雄守雌"数语，则有现存《老子》可为佐证；其中"建之以常无有"一语，我怀疑即指《老子》第一章"故常无欲以观其妙，常有欲以观其徼"二语的约化（照司马光、王安石、苏辙等的读法，以"常无"、"常有"为读），因此二语乃《老子》全书之纲宗。所谓"建之以常无有"，即系说建立"常有"的态度、建立"常无"的态度，由此两种态度以窥探宇宙的奥秘，即"观其妙"、"观其徼"。由此可知现存《老子》一书中的思想，系来自《庄子·天下》篇中所称之老聃，是可断言的。钱先生谓老子的思想"系承庄、惠、公孙之说而又变"；但查钱先生《诸子生卒年世先后一览表》，列公孙龙于前二八四至前二五七之间，下距韩非之死仅二十四年（非死于前二三三），韩非著书在入秦之前，而老子成书又在公孙之后，则依钱先生的考证，老子成书之时代当与韩非著书之时代相近。此不惟无以解释韩非书中何以已有《解老》、《喻老》，且依钱先生《一览表》，在老子成书之前的《荀子·天论》篇已谓"老子有见于诎，无见于信"，《解蔽》篇谓"庄子蔽于天而不知人"，不仅老、庄分举，两人思想之特点各自分明；而荀子乃批评到较他晚出之老子，岂非异事？尤其是《庄子》的《天下》篇，纵使非出于庄子之手，则此文产生之时代究在老子之前，抑在老子之后？若在老子之前，则此篇中何以有关于老子思想的明确叙述？若在钱先生所考定之老子年代之后，而老子又是庄周思想的继承者，则不仅此篇的风格与意境，与产生此篇的时代不合，且庄子分明是此篇中的主体；则写这篇文章的人，对庄子而言，为什么要称老子为"古之博大真人"，而将其安放在庄子前面？冯友兰没有看懂"古之博大真人"这句话的"古"字，遂以老聃为传说中人物；殊不知这句话与《左传·昭公十四年》"仲尼曰，叔向古之遗直也"，及《左传·昭公二十年》"及子产卒，仲尼闻之，出涕曰，古之遗爱也"的话，完全相同，只是对于前辈的称赞之辞。《论语》"古之狂也直"的"古"，也只能解释为从前的，决没有历史上"古代"的严格意义。由"古之博大真人"这句话，可得两点结论：一是老聃乃写《天下》篇这篇文章之人的前辈，一是《天下》篇是站在庄子的立场来写的。若庄子为道家的始祖，则这种对前辈的称呼，应加在庄子身上而不应加在老子身上。且就思想发展的一般趋向而论，老子虽主张清静无为，但仍以如何解决政治问题为其思想中的主要环节之一。庄子则把政治一脚踢开，直从人生、社会上求取精神的大解放，这分明是由老子以消极方法解决政治问题的更进一步的发展。而此种发展，是与当时贵族政治逐渐崩溃的社会背景相适应的。且老子在思想上最大的贡献，在于提出"无"的观念，这是中外研究老子的人所共同承认的。"无"的观念，才是使老子之所以成为老子的特色。有老子"无"的观念，才能发展为庄子"无无"、"无无无"的观念（见《齐物论》）。不仅如此，《庄子》上许多观点，都是老子思想的向前发展。例如老子说："天长地久。天地所以能长久者，以其不自生，故能长生。是以圣人后其身而身先，外其身而身存。"在这里，老子有"长生"的要求，有"先后"、"内外"的区别，因而希望身能"先"、能"存"，不过他所用的乃退后一步，以不竞争达到目的之方法，与一般世人不同。在目的之本身上，与一般世人并无不同。但庄子则说"莫寿于殇子"，是他并不重视长生；又说"天地与我并生"，是他并不认时间上有先后；又说"万物与我为一"，是他并不认人我间有所谓"内外"。此种思想发展之简式应为：

世人"先其身"→老子"后其身"→庄子则泯除时间上之先后（天地与我并生），因而当下得到安顿。

世人"内其身"→老子"外其身"→庄子则泯除内外（万物与我为一），因而当下得到和谐。

又如：

世人无常→老子得常→庄子则泯除常与无常而主张物化，因而当下得到解脱（《诗·大雅·文王》"天命靡常"，是无常乃传统之观念）。

像这种思想发展的轨迹，我觉得很难颠倒的。

然则现存之《老子》一书，也是成于《庄子》之前吗？我觉得这不能笼统地说。

一般人谈到先秦古典，很容易用后人的情形去推想。后人存心著一部书，把它印刷出来；印刷多了，有版本不同，于是后来的人加以校刊。先秦在孟、庄时代以前，恐无存心自著一书之事。《论语》记有曾子死时的情形，记有子夏、子张门人问学的情形，则《论语》是经过三传才编纂成书的。由齐《论》、鲁《论》、古《论》之分，可知编纂者亦非一人一地。在《论语》的编纂过程中，我们可以推想有的是把孔子所说的话，由门人当时记下的；有的则或系经口耳相传后才把它记下；并且在鲁《论》、齐《论》未编成定本以前，可能先有若干互相传习的几多种的雏形《论语》。即鲁《论》、齐《论》编成定本以后，还有未收入于《论语》之中的记录；或者口耳相传，一直传到更后才记录出来的，有如《论语》以外，《易传》、《礼记》中所援引的孔子的话。《论语》之所以能更代表孔子的思想，恐怕是因为当时直接记下的材料为多，所以语句非常简单而圆满。中间有一小部分文字较繁，风格亦感到与全书不相称，这恐怕是经过相当时间口耳传承以后才记录下来的。使用的字语及文章的风格，随时代而渐变，这在社会变革急激时更甚。由后来追记或编纂的东西，便容易渗入追记者或编纂者个人及其所处的时代的因素。例如在《礼记·祭义》孔子答宰我问中，有"明命鬼神以为黔首则"的话，《正义》："案《史记》云，秦命民曰黔首。此记作在周末秦初，故称黔首。此孔子言，非当秦世。以为黔首，录记之人在后变改之耳。"且在口耳相传中，同一个思想或故事，也会有其自身的发展。这只看《论语》"子在川上"一章便可明了。《论语》："子在川上曰，逝者如斯夫，不舍昼夜。"及到《孟子》的时候，此一故事在徐子的口中，只说到孔子"水哉水哉"的空洞赞词，而问孔子"何取于水"。在孟子的答语中补出《论语》所记的"不舍昼夜"，却将"逝者如斯夫"改成"原泉混混"；下面再加上"盈科而后进，放乎四海，有本者亦如是"的解释。到了《荀子》的《宥坐》篇，便成为"孔子观于东流之水"的一百三十五字的故事，而谓孔子之所以喜欢观水，乃因水"似德"、"似义"、"似道"、"似勇"、"似法"、"似正"、"似察"、"似善化"、"似志"。这类情形在先秦典籍中很多。因此，代表某人思想的著作，并非即是某人自著的书。同时，成书的年代，亦并非即是书中内容成立的年代。根据由某书若干词句的时代性，以推断某书成立的年代，固不失为一种考据的方法〔按此种方法，我现在看来，也大有问题，此处不及详。补志〕。但若因此而断定其思想成立的年代，则不能不特别谨慎。且即使系自著之书，若在当时之影响较小，传播不广，则此书所保存的真面目亦愈多；若影响较大，传播较广，则因当时无印书之事，辗转记诵抄录，常不免渗入传承者个人与时代的因素。准此，我对老子其人其书，试作如下的推断：

（一）孔子与老子关涉的有无，可暂置不论。《庄子》中所述孔、老的关系，分明多出于庄子对儒者的调侃态度，不足为据。而后来一切孔、老关系的记载，皆自此出。如《天运》篇谓"孔子行年五十有一而不闻道，乃南之沛见老聃"，这分明是针对《论语》"五十而知天命"来加以调侃的。若认为孔、老果有关涉，则对《礼记·曾子问》中的材料，便不能不加以尊重。但在《曾子问》中所表现的老子的性格，与《老子》一书截然不同。且从思想上说，道家思想，只有作为系对儒家思想之反动，而始能作完全之了解。《老子》一书的思想，若不在孔子之后，则我们很难了解此种思想所据以成立的反面的根据。

（二）老子的思想，也和其他的思想一样，并非是突然出现的，必有其相当早的文化传统及社会背景。所以在现存的《老子》一书中，可以发现若干儒、道两家共同引用的成语，如"以德报怨"及"有若无"之类，并不足怪。但道家之所以成为一家的思想，则必待"无"的观念之出现。"虚静"、"柔弱"等观念，皆由"无"之观念演变而出。而正面提出此观念者，即《庄子·天下》篇中的老聃，此老聃正是庄子的前辈。此一推断与《荀子·天论》之"老子有见于诎，无见于信"，《韩非子·内储说下》之"其说在老子之失鱼也"，《吕氏春秋·不二》篇之"老耽贵柔"（"耽"即"聃"，《困学纪闻》十引此正作"老聃"），及《史记·老子传》之主文皆相合。其人必在孔、墨之后，但在庄子之前，庄子正继承此一思想而发展。否则对《天下》篇的材料及《庄子》一书的思想内容，便无法加以解释。

（三）老聃的思想，必有若干口语传授，或由他自己及其亲承门人已作有若干记录，所以书中的韵语，正是为了便于口传而来。传授渐广，记录者将非一地一人，最后始由一人加以编纂，而成为定本，大体有如现行本之形成。此编纂成定本时间，应在《庄子》之后，在传承编纂过程中，思想、文章风格及词汇各方面，必受有各传承者及编纂者个人及其时代的影响。不如此假定，则对现行《老子》中文体上的歧异（有有韵，或无韵）、重复，及用词与风格上之不一致，无法加以解释。

梁任公认定《天下》篇是庄子的自序，但又怀疑《老子》一

中国思想史论集

书成于战国之末，此一矛盾只有作如上的推断，才能得到自然的解决。而这种推断，是与先秦的时代背景，及先秦直接谈到老子思想的可靠资料相合的。在此推断中，当然还有若干不能解决的问题；但我觉得与其为了勉强求得解决而流于穿凿附会，不如暂以此种程度的推断为满足。在此推断之外，当然还能容许各种不同的见解；但其中，有如胡适之先生认为《老子》成书在《论语》之前，钱先生以为老子思想在庄子之后，及冯友兰以李耳、老聃为二人而将著书属于李耳等三说，最难置信。

三、《易传》、《大学》、《中庸》与老庄的关系

钱先生在治思想史中，提出了考据的新方法。其方法可概括为两点：第一点是注意各家新字与新语之使用，如说：

> 先秦诸子著书，必有其书所特创专用之新字与新语，此正为一家思想独特精神所寄。以近代语说之，此即某一家思想所特用之专门术语也。惟为中国文字体制所限，故其所用字语，亦若惯常习见，然此一家之使用此字此语，则实别有其特殊之涵义，不得以惯常字义说之也。（《自序》）

第二点是由各家新字、新语，以探求一书及各书之思想线索：

> 探求一书之思想线索，必先有一已知之线索存在，然后可以为推。……就其确然已知者曰孔、墨、孟、庄、惠、公孙、荀、韩、吕，综此诸家，会通而观，思想线索，亦

既秩然不可乱。今就此诸家为基准，而比定老子思想之出世年代，细辨其必在某家之后，必在某家之前。此一方法，即是一种新的考据方法也。（同上）

钱先生用他新的考据方法，要达到两个目的：第一个目的是要证明先秦道家，以庄子为始祖，而老子则在庄、惠、公孙之后；第二个目的，则是要证明《易传》、《大学》、《中庸》的思想皆出于老、庄，且其思想不属于儒家系谱，而系属于老、庄的系谱。我现在暂只商讨第二点。

钱先生曾因《庄子·齐物论》中有"为是不用而寓诸庸"的一个"庸"字，而断定"《中庸》之书自此出"。关于这，我曾写过一篇《〈中庸〉的地位问题》一文加以商讨。钱先生在《补证》中更充分使用此一方法，把《庄子》、《中庸》、《大学》、《易传》等共同使用的字语，而一律归结到出于庄子或老子。我在作逐条商讨之前，就钱先生此一方法，想先提出一般性的两点疑问。

第一，老、庄所用的字语，都是几经发展演变而来，无一字语具有"语源"的资格。因此，用钱先生同样的方法，把钱先生所得的结论完全倒转过来；即是把钱先生说《中庸》、《大学》等来自庄、老的字语，而倒转来说老、庄所用的是来自《中庸》、《大学》，我认为没有什么不可以的地方。因为都可以找出不确切的理由以作为其思想线索。

第二，钱先生分明说各家"所用字语，亦若惯常习见；然此一家之使用此字此语，则实别有其特殊之涵义"（《自序》）；并以"孔、孟好言'正'，庄周心中亦有'正'，惟非儒家孔、孟之所谓'正'耳"（《补证》）。此种看法是很对的。《中庸》、《大学》等所用字语，在各书中皆自有其解释，以形成其"特殊之涵义"，假定《中庸》、《大学》所用之字语，真是沿自老、庄，亦只能由此以推断各书成立时代之先后，并不能由此以断定各书的思想线索。有如《论语》言"正"在先，庄子言"正"在后，并不能因此而认为庄子思想的线索来自《论语》。乃钱先生将《中庸》、《大学》自身对字语所作之解释，一概摒弃不顾，而必欲以老、庄的思想线索去加以解释；这好像钱先生自己戴了一顶草帽子，走到街上去，凡看见带草帽子的人便都以为是姓钱一样。即使我们在一家商店里买了一顶帽子，但我们并不会因此而与某一商店有血缘的关系。钱先生所用的这种会通综合的方法，正有似乎孔颖达批评熊安注经的话："熊则违背本经，多引外义。犹之楚而北行，马虽疾而去愈远矣。又欲释经文，唯聚难义，犹治丝而棼之，手虽繁而丝益乱也。"（《礼记正义》序）孔氏说的第二点也非常重要。我们不可轻易把立论的根据，放在自己也不能明确把握得住的地方。

兹就钱先生所认为《学》、《庸》与老、庄的关系，分条作简单的讨论，并尽量避免使用可以引起钱先生争辩的材料。例如《礼记》、《易传》、《周礼》等。因为万一引用，钱先生便立刻可以下结论说，这也都是从庄、老来的。

中

钱先生不仅因《庄子·齐物论》有一"庸"字而断定《中庸》从《庄子》来，并且因《庄子》、《老子》中有"中"字，更进而断定《中庸》是"全从老、庄来"。虽然《庄子》、《老子》中的"中"字到底作何解释，钱先生自己也尚无确诂，可是钱先生从自己尚无确诂的立足点，居然能作出十分肯定的推论：

孔、孟言"中"字，亦率指其在外有迹象可睹者。……
至庄周曰"枢始得其环中，以应无穷"，此"环中""中"
字，亦有形象可指。然已作一抽象的专门名词矣。又曰"托
不得已以养中"，此"中"字乃以代"心"字，亦可谓是代
"气"字。乃与《论》、《孟》用"中"字之义远异。《老子》
曰"多言数穷，不如守中"，此"中"字何指，或指"环中"
之"中"，或指"养中"之"中"，要之，语承庄周。庄周
以前，则不见此"中"字之用法也。至《中庸》之书乃曰
"喜怒哀乐之未发，谓之中，发而皆中节，谓之和。中也
者天下之大本也，和也者天下之达道也。致中和，天地位
焉，万物育焉"。"中和"两字乃占如此重要之地位。学者
若熟诵《论》、《孟》、《老》、《庄》，便知《中庸》此一节用
语全承老、庄来，不从孔、孟来。《论》、《孟》言心，必言
孝弟……却不言中和，亦不特别重提喜怒哀乐。特别重提
喜怒哀乐以言心，其事亦始庄周。《中庸》言"未发"、"已
发"，亦承庄周，所谓"其发若机栝"、"喜怒哀乐，虑叹变
热，姚佚启态。乐出虚，蒸成菌"是也。其谓"中节谓和"
者，亦指心气之和，与《论》、《孟》所言"和"字大不
同。《老子》曰"天地之间，其犹橐籥乎，虚而不屈，动而
愈出"。《中庸》乃承其意以言"中"、"和"也。故曰"中"
为天下之大本，"和"为天下之达道。又曰"致中和，则天
地位，万物育"。若非深通老庄，则《中庸》此一节语，终
将索解无从。故知《中庸》之为书，尤当晚出于《老子》。
此由于拈出其书中所用字语，而推阐申述其观点沿袭之线
索。此一方法，即可证成书中思想之先后，必如此而不可

綦也。至《周礼》"大司乐"有"中和祗庸孝友"之六德，此亦即足征《周礼》之为晚出矣。(《补证》，下引者皆同)

谨按：老子思想，在战国之末以迄西汉初年，为天下最有势力的显学，而儒道分途，自战国时起，即从来没有淆乱过。若《中庸》系继承《庄子》及更晚出的《老子》，系属于道家系统，而非祖述儒家思想，则此书应当为庄子或老子的后学所著。《老子》书中不曾提到孔子，但老子的后学著作中，都不断地提到孔子。庄子不断地提到孔子，却多出于讥笑调侃的态度。不论钱先生如何安排，总不能说《中庸》在时间上应出于汉武尊孔之后。老、庄的学徒，既未受到尊孔的欺压，则秉承其先师思想线索以著书立说，究因何嫌何疑，而一字不提到其先师的老子、庄子？却称"子曰"者十七，述孔子答问者二，称"仲尼曰"者一，明称仲尼的思想渊源而赞叹之如天地日月者一。故古人有谓《中庸》系"赞圣之书"，此"圣"即指仲尼。老、庄的门徒何以要盗窃师说，写在孔子的名下，来干这种"非其鬼而祭之"的乱宗勾当？也许有人说，《中庸》所引的孔子的话，并非真出于孔子；但即使是如此，作者何以不简捷地抬出老、庄，或什么人也不抬？更何以不像庄子赞叹关老之为博大真人，而偏要赞叹仲尼？若不讲考据则已，既讲考据，岂能采用"明察秋毫之末，而不见舆薪"的态度，对于这种贯通全书的铁般的材料，熟视无睹？

在《论》、《孟》以前的儒家典籍中，有许多"中"字、"和"字，在《论》、《孟》中有许多"中"字、"和"字，在数量上都要压倒老、庄，但钱先生认为这些"字语"与《中庸》无关，特引《庄子》的"环中"、"养中"，《老子》的"守中"，以作《中庸》

"中"字的思想线索。从前有人怀疑《论语》及其以前的"中"字，均指外在的关系而言。而《中庸》的"中"字，则是内在的性质，因此，认为《中庸》中之"中和"一章，系《乐记》的错简。钱先生所引的"环中"，"亦有形象可指"，所以在这一点上，应与《论》、《孟》上的"中"字性质无异（当然在思想的基底上，是完全不同的）。钱先生说"环中"之"中"，"已作一抽象的专门名词"，但《论》、《孟》的"中"字，一样是抽象的专门名词。若仅就"中"字而论，在这一点上，不能说出《庄子》与《论》、《孟》的不同。钱先生说"养中"的"中"字"乃以代'心'字，亦可谓是代'气'字"，意即谓此"中"字已内在化，而《中庸》"未发之中"也是内在化的，所以觉得是来自《庄子》。但是，第一，在《庄子》一书中，既可由"环中"的外在之"中"以演进而为"养中"的内在之"中"，则《论语》及其以前典籍上所说的外在之"中"，何以不能顺其自家思想线索而演进为《中庸》的内在之"中"？不想定有内在之"中"、内在之"和"，则无由发见并承认在外在关系中的"中"与"和"。不过，就思想一般的发展情形说，人总是先在外面经验界中发现有所谓"中"与"和"，再反省而证验人之所以能承认外在的"中"与"和"，正因为有内在的"中"与"和"，因而自觉到自己的"中和"精神状态。第二，"养中"见于《庄子·人间世》。在《人间世》一篇中，心与气并不相同，如说"无听之以耳，而听之以心。无听之以心，而听之以气"。"养中"的"中"，在一篇之中，不能同时代"心"字，又代"气"字。第三，"养中"这一段话，主要是假托叶公子高将使于齐，向仲尼请教使臣之道而起；仲尼认为使臣"传两喜两怒之言"，必多"溢美"、"溢恶"而受祸，并且认为"以礼饮酒者始乎治，常卒乎乱。……始乎谅，常卒乎鄙。其作始也简，其将毕也必巨。……故忿设无由，巧言偏辞"。意思是说，一个人在开始即使是很小心谨慎，但结果还是容易过节、过度，以见当使臣的不易，亦即处人间世的不易。最后乃提出"乘物以游心，托不得已以养中"，来表示处人间世的理想态度。"乘物以游心"，乃是因物付物，即《齐物论》之所谓"物化"。"托不得已以养中"的"中"，我怀疑是对上面的"溢"、"鄙"、"巨"、"巧"、"偏"等的"不中"状态而言；即是对于这些"不中"的状态而用"不得已"的态度以保养不溢、不鄙、不巨、不巧、不偏的"中"。"不得已"是形容顺乎自然而决不稍用私智私巧的态度。因此，这个"中"字，恐怕也不代"心"字，也不代"气"字，而只是表示传统的事物恰到好处的关系状态。"养中"，即是保持事物恰到好处的关系状态。至老子"守中"之"中"，钱先生并无确解，因此，没有作为推论根据的资格。其实，老子这个"中"字与"冲"字通，只能做"虚"字解，才可以适合全章的意思。总共老、庄的三个"中"字，发现不出与《中庸》的"中"字，有何思想线索。《中庸》的"中"字，它自己解释得清清楚楚，即是"喜怒哀乐之未发，谓之中"，此一"中"字的定义，对老、庄的三个"中"字都用不上。至钱先生谓《论》、《孟》不特别重提喜怒哀乐，亦不确。《论语》，孔子以"不迁怒"为颜子的好学；称赞《关雎》"乐而不淫，哀而不伤"；他自述"乐在其中"，称赞"回也不改其乐"，又谓"好之者不如乐之者"。其重喜怒哀乐之"得其当"，可谓至矣。《庄子·齐物论》"其发若机栝"一段，只是描写人生百态，虚幻不常，从文字与文意上，我看不出半毫可以关涉到《中庸》所说的"喜怒哀乐之未发，谓之中"的地方。至《中庸》"中和"的先行思想线索，可略举以三：

（一）《左传·成公十三年》刘子谓"民受天地之中以生"，则是人之本身即是中。"天地之中"表现为气之和，"人之中"自应表现为感情之均衡状态。（二）《论语》之所谓"狂"、"狷"、"中行"，都是从人的气质上说的。"中行"是感情最能保持均衡的人（这是最粗浅的解释）。由此种中行的气质向内推进一步，即自然会承认内在之"中"与外发之"和"。（三）孔子既如此重视喜怒哀乐之得当，则其进一步的发展，即应明确找出喜怒哀乐得当的根源及其得当的明确状态。综合三者而形成《中庸》"中和"之说，似乎是很自然的。至钱先生谓《中庸》"中节"之"和"，系"指心气之和"，亦不当。心气，是在人身之内的。《中庸》此句分明对上句"未发"而言"已发"；既曰"已发"，当然是向外而发，如何又可指内在的心气？这个"和"字，《中庸》自己解释得很清楚，即是"发而皆中节"。"中节"即是合乎礼。"节"是礼的具体内容，故礼与节常联词。所以和是喜怒哀乐之发于外而皆合于礼之谓。因此，《中庸》特重视礼。这与老、庄的和，恐怕很难找出思想线索。

　　钱先生又引《老子》"天地之间，其犹橐籥乎"的一段话以为《中庸》乃承其意以言中和"，尤所未喻。老子那段话，意在说明天地的无穷作用，乃由虚而来，故以"橐籥"作比喻。写《中庸》的人，怎样能承其意而言人自身感情已发未发之中和呢？不错，古代思想，常常由天说到人。但《老子》这一章由天说到人是"多言数穷，不如守中（虚）"，"守"者保持之义。《中庸》此章的结论是要人能"致中和"，"致"是向外推扩。"守"之与"致"，根本有消极与积极之不同。"橐籥"是比喻天地的虚的作用，而《中庸》则认为天地的作用是与虚相反的"诚"，故曰"诚者天之道也"。钱先生谓，若《中庸》的中和不从老子这几句话来，则《中

中国思想史论集

庸》的"大本"、"达道"、"天地位"、"万物育"便无法解释。依我的浅见，若从《老子》这几句话来，便真不知如何解释。《中庸》是以人为立说的基点。既以人为立说的基点，则人的一切已发者，皆来自人的未发。"中"是未发，所以说"中"是"大本"。发而合于礼（中节），则人与人的人伦关系无不谐和，无不通顺，故曰"达道"，犹《论语》"虽蛮貊之邦行矣"之意。天高地卑，本无所谓不位，但感情颠倒之人，天地亦随其感情之颠倒而颠倒，于是在此人精神中之天地乃至于不位。春生夏长，万物本无所谓不育，但感情乖戾之人，万物亦因其感情之乖戾而受到摧折，于是此人力量所及之万物亦可常归于不育。所以《中庸》特别提出，只要人能推扩其"感情之正"的中和，则人所看到的天地皆得其位（即万物各得其所之意），所接触到的万物皆得其养（即仁民而爱物，尽物之性之意）。这种顺着儒家思想所作的解释，似可稍供参考。

育（化）

钱先生引《老子》"道生之，德畜之，长之育之……"的话而下断语说：

> 今按《中庸》曰"万物育焉"，又曰"赞天地之化育"，又曰"洋洋乎发育万物"，又曰"万物并育而不相害"……此亦见《中庸》之兼承庄周老子。盖言"化"则本之庄周，言"育"则兼承老子也。……《易·系辞传》"天地之大德曰生"，此亦本老子。……

我们首先应了解，天地（自然）与人的关系，这是在周初已经成为一个非常关心的问题，也可以说是有了文化便有这个问题，所以它是儒、道两家的共同课题。但儒家是站在人的立场去看自然，要由尽己之性以尽物之性，要推扩自己的德性去成就自然。所以《中庸》要说"致中和"，要由人自身向自然上去推；要说"赞天地之化育"，要人以其德性去赞助天地的作用。至于"洋洋乎发育万物"，"万物并育而不相害"，这都是赞叹孔子由尽己之性以尽物之性的极致。因此，我们可以说，儒家精神是"道德的人文主义"，以别于西方的"智能的人文主义"。道家则是站在自然的立场来看人生，而要"绝仁弃义"、"绝圣弃智"，把人生消纳于自然之中，把人生变成自然。凡《中庸》中所强调的仁、义、礼、智、信等等，都不是自然，都妨碍了人的自然化，道家都要一律加以反对。老子认为"万物将自化，化而欲作，吾将镇之以无名之朴"；他认为"为者害之"。所以对于天地之化育，站在道家的立场，安放不上一个"赞"字。但道家对于自然，不是采取观察以了解其法则的态度，乃是采取观照而当下与以无分别的承认的态度，这是一种艺术的态度。所以我想称道家为"艺术的自然主义"，以别于西方十九世纪以来的"科学的自然主义"。这是两家思想的大脉络，是两家思想的大分水岭。把握到这一点来读两家的书，即可随处发现两家在同一问题、同一字语之下，其精神面貌，皆厘然不可相乱。等如夏天大家同戴草帽子，但一注意到草帽子底下的人，便决不会因帽子之同，而混同了其人之异。随便再举一个例吧，谈到"化"，庄子最主要的念观是"物化"，即人应随物而化。这是以物为主的态度。儒家言"化"，如孟子"有如时雨化之者"，这是指人对人的教化之功；又"君子所过者化"，这是指人的成就德性之效。又如儒家道家，同样说"道"，但儒家重在人道，而道家重在天道。同样谈天道，但儒家的道，在形式上是在天的下面；《易传》如"立天之道，曰阴与阳"，道是属于天的；《中庸》"天命之谓性，率性之谓道"，此道乃人道，与《老》、《庄》中所说的道的性质更不相同，因此在形式上的层次为更低一层。后来董仲舒说"道之大原出于天"，即儒家的道，从形式上说，是在天之下的明证。老子之所谓道，在形式上则是在天的上面，所以说"人法地，地法天，天法道"，又说"公乃王，王乃天，天乃道"。因此，老子只能说"道生之"而不能说"天生之"，因为天不是最后的根源。《易传》则说"天地之大德曰生"，以"生"为天地之大德，因为天地即是最后的根源。又如《易传》、《中庸》与《老子》，同样谈到宇宙精神；但从《易传》、《中庸》中所看到的宇宙精神是刚健正大，所以《乾·文言》说："大哉乾元，刚健中正，纯粹精也。"《恒卦·彖传》谓"天地之道，恒久而不已也"，《大壮卦》之《彖传》谓"正大而天地之情可见"，《乾卦·象传》"天行健，君子以自强不息"。《中庸》则谓"至诚无息"，正与《易传》相应。在此种宇宙观之下，人是要"有为"，是应当积极的。而《老》、《庄》则正与儒家的《易》、《庸》思想相反，以"虚静柔弱"来说明宇宙，而以道为"无"、为"虚"。人面对这种宇宙观，是要求"无为"，因而是消极的（本项系采用前东京帝大教授高田真治《天之思想》一文的观点，见《支那思想研究》页一二二至一二三）。凡此思想大线索之所在，只要平情静气，一读两者的书，便立即可以承认的。两家所同用的字语，皆各以其文句表现此种思想线索，并在此种线索之下而各表现相同的字语之不同涵义。这是不可用单词只语来轻相比附的。即以字语来说，孟子所用"化"字的分量，并不轻于庄子。孟、庄同时，何以见言"化"则本之庄周而不可本之孟子？《诗·生民》"载生载育"，《谷风》"既生既育"，《蓼莪》"长我育我"，在老、庄以前以外，有这么多"育"字，则《中庸》言"育"，并无须兼承老子。老子说"道生之"，这是在天的上面；又说"德畜之"，道与德是分作两层。而《易传》谓"天地之大德曰生"，生不来自道而来自天地；生即是天地之德，而不另说"德畜之"。老氏说此种话的用意，是表明由"无"向"有"的宇宙发展过程；而《易传》说此种话的用意，则是要以此来显天地之仁体，而老子却正是以"天地为不仁"的。

明

钱先生谓：

> 古之言"明"指视，故《论语》曰"视思明"，又"子张问明，子曰，浸润之谮，肤受之愬，不行焉，可谓明也已矣"，是明为远视。……凡《论》、《孟》言"明"字率如是。至《庄子》书而"明"字之使用义乃大不相同。《庄子》曰"莫若以明"，又曰"为是不用而寓诸庸，此之谓以明"。盖孔孟儒家尚言知，庄子鄙薄知……故转而言明。盖知由学思而得，明由天授而来。……《中庸》亦重明，故曰"不明乎善，不诚乎身矣"……故《中庸》之言"明"，显承老、庄而来……

按《论》、《孟》言"明"，并非皆指视觉而言。孔子答子张问"明"之言，亦非可释为"远视"。盖"浸润之谮、肤受之愬"，决难诉之于视觉。朱元晦以"心之明"释之,这是不错的。但庄子的所谓"明",确与一般的用法绝异。一般的所谓"明",总有把对象辨别清楚,以分出是非善恶的意思在里面;这在庄子,只能算是"滑疑之耀",圣人"应图而去之"(圣人之所图也)。所以他之所谓"明",乃是泯是非、忘彼我的态度。《中庸》之所谓"明",分明是指的"明善",辨明何者是善,以使此善能实有之于身的意思。"明善"即是"择善而固执之"的"择善"。庄子的"明"是不分辨,而《中庸》的"明"则正是要分辨,二者之间乃处于正反对的地位。《大学》自释其"明明德"的"明"字来源说:"《康诰》曰,克明德,《太甲》曰,顾諟天之明命,《帝典》曰,克明峻德,皆自明也。"这是"明"字传统的思想线索,《大学》即已自述其"明"字的来源,《中庸》亦自无"显承庄、老"之必要。何况《庄子》的"明"字是名词,而《中庸》"明善"的"明"则是动词。至钱先生因《庄子》有"劳神明为一"的话,而认《易·系传》屡言"神明之德",也是"袭取于老、庄",殊不知《庄子》之所谓"神明",有类于今日之所谓"精神";而《易传》之所谓"神明",乃系指鬼神而言。此乃传统的用法,如《左传·襄公十四年》"敬之如神明者"即是。《易传》是继承传统的用法,决非袭取老、庄。

止

钱先生因《庄子》有"知止其所不知,至矣",《老子》有"知止不殆"这些话,因而断定《大学》的"在止于至善",也是继承老、庄而来。按老、庄之所谓"止",是要人当下停下来,不向前进,故"知止"与"知足"同义。《大学》之所谓"止于至善",

是说明德、亲民，都要以至善为目标，要达到至善的地步方可以停止；反转来说，是不到至善即不能止的，这是鞭策人要作无限努力的意思。一是消极，一是积极。所以后面说"为人君，止于仁；为人臣，止于敬；为人子，止于孝；为人父，止于慈；与国人交，止于信"。这对于"止"的内容，他自己说得太清楚了。老、庄之所谓"止"，找得出这样人伦道德的积极内容吗？再就"止"与"知"的关系来说，庄子要"知止其所不知"，即是对于不知的东西，便不应当要求知道；而《大学》则是要"格物致知"。由"止于至善"以至"格物致知"，其本身自有其思想线索，断难在"知止其所不知"中去找"格物致知"的线索。且《大学》："《诗》云，'缗蛮黄鸟，止于丘隅'，子曰，于止，知其所止，可以人而不如鸟乎？"这分明已把"止"字的来源自己说出来了，何劳另在庄、老中去求来源呢？

曲

钱先生以老子有"曲则全，枉则直"的话，因而断定《中庸》的"其次致曲"，《易·系辞》的"曲成万物而不遗"，为承用老子。按老子之所谓"曲则全"，与"后其身则身先"同意，后来"委曲求全"的话，恐系由此而来。《中庸》"其次致曲"，乃对应上节"惟天下至诚，惟能尽其性"而言。盖至诚之圣人，能将天命之性，全体显发出来。贤者则不能当下将性之全体呈露，而只能先从局部（曲）努力。"致曲"是致力于局部。由局部努力的最后结果，也能与圣同功。此意在原文已甚明白。"曲成万物而不遗"之"曲"，我的意见，应作"曲折"解。其意是万物各有不同，应顺万物之不同而曲折以成之，无所遗漏。若不随万物之不同以为曲折，强物以从一固定标准，则不合此标准者必被遗漏，且万物将没有个性。三处所用的"曲"字，各有所当；《诗经》上已三用"曲"字，则不论从语源上、从思想线索上，都找不出《庸》、《易》的"曲"字是承用老子。

强

钱先生谓"孔孟儒义不言强，庄子亦不言强"，而《老子》有"自知者明……自胜者强"，及"见小曰明，守柔曰强"，遂断定《中庸》"果能此道矣，虽愚必明，虽柔必强"，"明强连文，显承老子"。按古"强"、"彊"通用，《诗·载芟》"侯彊侯以"，郑《笺》"彊，有余力也"，《国语·晋语》"申生甚好仁而强"，《孟子》"晋国，天下莫强焉"，《庄子·让王》"强力忍垢"，《盗跖》"强足以拒敌"。则"强"字自不必以老子为语源。一般的流行观念，以胜人为强、刚健为强，而老子却以自胜守柔为强。《中庸》则以孔子的"困而学之"的发愤向上为强。所以说："有弗学，学之弗能弗措也。……人一能之己百之，人十能之己千之。果能此道矣，虽愚必明，虽柔必强。"这完全是承孔子"发愤忘食"、"困而学之"的精神的具体表现。《老子》要人安于现状，《中庸》要人愤发向前，一消极，一积极，二者也是处于正相反的地位。况且老子思想，既是以儒家思想的反动而出现，则何以见得老子不是因为《中庸》主张积极的明与强，因而受其影响以主张消极的明与强呢？儒家的主张都是从正面说，老子则针对之而偏偏从反面说；必先有《中庸》之正面主张，而后有老子之反面主张。《中庸》出于子思，老子在庄子之前，正近承《中庸》思想，而因作针锋相对之主张，乃最自然之事。

至于钱先生以《中庸》所谓"南方之强"，乃"明为承老子，并已隐指老子而谓其为君子之道"，这从思想上来看，二者倒有近似之点。但《论语》上已有"或曰以德报怨"的话，正合乎《老子》的"报怨以德"；又"有若无，实若虚，犯而不校"，亦有合于老子的思想，因此，胡适之先生便可据以谓《老子》在《论语》之前。但实际，如我前面所说，老子的思想，也有他以前的线索；像"以德报怨"、"南方之强"，是因早有这种成语，为两家所同引用，两家不必有互相祖述的关系。且《中庸》此段话，并非以"南方之强"为归结，而是以"和而不流"、"中立而不倚"、"不变塞"、"至死不变"的"强哉矫"为归结。这便与"南方之强"，在性格上有显然的不同。

华

钱先生以庄周"好言华"，《老子》亦承庄周而言"华"，于是因《尚书·舜典》有"重华协于帝"之语，遂断定《舜典》之成书又晚出于老子"。但《尚书·武成》已有"华夏蛮貊"，《国语·鲁语》有"以德荣为国华"，此外，《诗经》用"华"字者凡十五，何以一定要承老、庄而始可用"华"字？由此一"华"字以断言《舜典》之"又晚出于老子"，采证未免过于薄弱。

宗

钱先生以《庄子》有《大宗师》，又有"命物之化而守其宗"等，谓"此'宗'字用法，亦为《老子》书袭用"，而断定"后世喜用此'宗'字，如曰宗主……曰宗教，求其语源，实始老、庄"。按《诗·公刘》"君之宗之"，《诗·凫鹥》"公尸来燕来宗"，《仪礼·士昏礼》"宗而父母之言"，《左传·隐公十一年》"周之宗盟"，《晋语》"礼之宗也"，《礼记·檀弓》"天下其孰能宗予"。作"主"解之"宗"，其来尚矣，何能以老、庄为语源乎？

正、贞

钱先生以"儒义尚正……庄周心中亦有正，惟非儒家孔、孟之所谓'正'耳"。此言甚谛。

钱先生又谓"《老子》书又以'贞'易'正'"而断定《礼记·文王世子》篇之"万国以贞"，此又"明承《老子》'侯王为天下贞'之语而来"。按言"贞"莫过于《易》，其卦辞中有"君子贞"、"贞大人"，"君子"、"大人"，皆指君侯而言；《文王世子》之言"贞"，何必承《老子》？

钱先生义以《易·系传下》有"天下之动，贞夫一者也"之言，而断定此"'一'字亦即《老子》书中'昔之得一'者之'一'，一即道也，亦即《中庸》所谓'道也者不可须臾离，可离非道也'"。按《易传》、《老子》之所谓"一"，固皆指道而言，但《易传》与《老子》之所谓"道"，在形式的层次上与性格上皆不相同，已如前说，则此一，正不必来自彼一。至《中庸》"不可须臾离"之"道"，它自己界定得很清楚，乃是"率性之谓道"的人道；落实了说，即"天下有达道者五"的"达道"。与《老子》之"一"，似乎邈若山河。

久、忒

钱先生以"《老子》曰'道乃久'，此义乃为《中庸》所袭。《中庸》之书曰'至诚无息，不息则久'……盖《中庸》之所谓

'至诚'，即老子之所谓'道'也……故《中庸》实承《老子》。按《老子》"道乃久"一章，乃说明人之体道的方法及其结果。老子之所谓"道"即是"无"，体道即是"体无"。"体无"之方法即是"致虚"、"守静"，虚与静，乃次于"无"而为人可把握得到之观念。由此方法，人可以体得到道；体得到道，道是可以久的。其所要达到的目的则在"没身不殆"，即保存自己，这是老子一贯的基本要求。老子之所谓"道"，即是无，即是虚，此与诚正相反。《中庸》由至诚所欲达到之目的，与老子"致虚"、"守静"所欲达到之目的，亦显然有积极、消极之不同。《中庸》说："诚者非自成己而已也，所以成物也。成己，仁也；成物，知也。"由成己以成物，既为老子精神之所无；而仁与知，亦皆为老子所不取。《中庸》"诚之"（未诚而欲达于诚）的工夫，是要"择善而固执之"，因此，便须"博学之，审问之，慎思之，明辨之，笃行之"，这与老子体道的"致虚极，守静笃"，因而主张"绝学"、"弃知"，真系天壤悬隔。因而《老子》之所谓"道"，与《中庸》之所谓"至诚"，自然也是天壤悬隔的，二者的内容既不相干，甚且相反。而"久"字又为金文、《诗》、《论语》、《左传》、《国语》等之常用字，则《中庸》为什么要从《老子》袭用一个"久"字呢？

又钱先生因《中庸》"其为物不贰"之"贰"，"清儒王引之、朱骏声皆考订其为'忒'字之讹。'其为物不忒'，即《老子》之'常德不忒'也。……则《中庸》此一'忒'字，亦正从《老子》来。"按"贰"是否系"忒"之讹，姑置不论。《诗·抑》"其仪不忒，正是四国"，《閟宫》"享祀不忒"，"忒"字之流行久矣，《中庸》即欲用一"忒"字，何必乞灵于《老子》？

以上就钱先生所举《大学》、《中庸》出于老庄之说，略加覆按，殆无一不使人深觉其可异。至《补证》与《自序》中由思想线索以论老子之后于庄、惠、公孙龙，及论老子之所以为老子，在于道名并重种种，当另文商讨。

四、治思想史的方法问题

钱先生在思想史上所得的结论，是来自他治思想史所用的新考据的方法。因此，我对治思想史的方法，想略陈述一点意见。古人的思想，保存在遗留的文献里面。要了解遗留的文献，如文献的本身有问题，当然须要下一番训诂、考据的工夫。在这一点上，不应有任何争论。但仅靠训诂、考据，并不就能把握得到古人的思想。在训诂、考据以后，还有许多重要工作。

我们所读的古人的书，积字成句，应由各字以通一句之义；积句成章，应由各句以通一章之义；积章成书，应由各章以通一书之义。这是由局部以积累到全体的工作。在这步工作中，用得上清人的所谓训诂、考据之学。但我们应知道，不通过局部，固然不能了解全体，但这种了解，只是起码的了解。要作进一步的了解，更须反转来，由全体来确定局部的意义；即是由一句而确定一字之义，由一章而确定一句之义，由一书而确定一章之义，由一家的思想而确定一书之义。这是由全体以衡定局部的工作，即赵岐所谓"深求其意以解其文"（《孟子题辞》）的工作，此系工作的第二步。此便非清人训诂、考据之学所能概括得了的工作。这两步工作转移的最大关键，是要由第一步的工作中归纳出若干可靠的概念，亦即赵岐之所谓"意"。这便要有一种抽象的能力。但清人没有自觉到这种能力，于是他们的归纳工作，只能得出文字本身的若干综合性的结论，而不能建立概念。因此便限制了他们由第一步走向第二步的发展。所以清人的训诂、考据之学，都只限于以实物（广义的）为对象的活动，字形、字音、版本上文字的异同，记载上事实的异同，这都是用眼睛可以看见的实物，清人所谓由群经以通一经，也只是群经间实物的参互比较；清人训诂、考据学的活动，没有超出这种范围。不仅他们不能超出，假定超出了，他们便会自觉到这已经不是训诂、考据之学。由此种实物范围以内的活动所得的材料，对于一部书、一个人的思想来说，好似把做房子的砖、瓦等材料，搬运到了现场。但这些材料还缺乏以一个图案为导引的安排，因此便不易确定这些材料的相互关系，因而不能确定每一材料的价值。因为各个材料的价值，是要在相互关系中予以确定的。所以仅有这步工作，并不能得出古人的思想。以实物活动为基础，以建立概念为桥梁，由此向前再进一步，乃是以"意"为对象的活动；用现在的术语说，乃是以概念为对象的思维活动。概念只能用各人的思想去接触，而不能用眼睛看见。概念的分析、推演，在没有这种训练的人，以为这是无形无影，因此是可左可右，任意摆布的。但是凡可成为一家之言的思想，必定有他的基本概念以作其出发点与归结点。此种基本概念，有的是来自实践，有的是来自观照，有的是来自解析。尽管其来源不同，性格不同，但只要他实有所得，便可经理智的反省而使其成一种概念。概念一经成立，则概念之本身必有其合理性、自律性。合理性、自律性之大小，乃衡断一家思想的重要准绳。在一部书中若发现不出此种基本概念，这便是未成家的杂抄。有基本概念而其合理性、自律性薄弱，则系说明此家思想的浅薄或未成熟。将某书某家的概念，由抽象的方法求得以后，再对其加以分析、推演，这是顺着某种概念的合理性、自律性去发展。愈是思想受有训练的人，愈感到这种合理性、自律性的精细、严密，其中不容许有任何主观的恣意。某种东西为此一概念之所有或可能有，某种东西为此一概念之所无，或不可能有，概念与概念之间，何者同中有异，何者异中有同，何者形异而实同，何者形似而实异？异同之间，细入毫厘，锱铢必较，其中有看不见的森严的铁律。在此种精密的概念衡断之下，于是对于含有许多解释的字语，才能断定它在此句、此章、此书、此家中，系表现许多解释中的某一解释，确乎而不可移。黄梨洲谓"讲学而无宗旨，即有嘉言，是无头绪之乱丝也。学者而不能得其人之宗旨，即读其书，亦犹张骞初至大夏，不能得月氏要领也"（《明儒学案·凡例》）。他这几句话，与我上面所说的意思完全相同。不过他是顺着中国学问的性格，不用概念，而用"宗旨"二字。此一阶段的工作，不仅为清人所不能了解，并为五四运动以来做考据工作的人所未能了解。钱大昕《经籍纂诂序》说"诂训者，义理之所由出，非别有义理，出乎诂训之外者也"，这几句话代表了乾嘉考据学家的总意见。但他就在这篇序中，谓《大雅·烝民》之诗"述仲山甫之德，本于古训是式，古训者诂训也"，以作义理出于诂训之证明。按郑《笺》谓："故训，先王之遗典也。式，法也。""古训是式"，即是以先王之遗典为法，文义甚顺。诂训则是解释遗典的东西，把这句话解成为"诂训之不忘"，认仲山甫也是在那里弄诂训，其牵强不通，真令人喷饭。他在同一序中引"欧阳永叔解'吉士诱之'为挑诱"，以作宋贤"师心自用"之证。按《召南·野有死麇》的诗"有女怀春，吉士诱之"，这"诱"字作"挑诱"解，有何不可？清人固蔽傲狠，他们的训诂，在许多地方较《五经正义》为开倒车，其原因便是这种好立门户的成见害了他们。他们在这方面有若干成就，也好像散兵游勇，中间总缺乏一个主帅。有的人也想将这些散兵游勇加以集合，以说明某一思想，如阮元的《释心》、《论语论仁论》、《孟子论仁论》、《性命古训》等，集合了许多经过了他们训诂考据过的字语，但有如没有纪律训练的乌合之众，真是幼稚得不堪一击。等而下之，有的穷年累月，疲精弊神，连一个可以值得考据的题目也找不出。人固然不可以胡思乱想，但更不可以不思不想。不思不想的结果，连考据也要被断送掉，这才是今日学术界可悲的现象。此其间有如王国维、陈寅恪、陈援庵、汤用彤诸氏，渐由考据走上思想史的道路；虽深浅不同，但这已真是凤毛麟角。所以我曾经说，此一步工作的性质，与清人所谓训诂、考据，有本质上的不同。但这种以概念为活动对象的工作，还应时时扣紧语文，反转来要受语文的约束，要受语文的考验，不可以语文去附会概念。因此，初步成立的概念，只能说是假设的性质，否则容易犯将古人的一句话、一个字，作尽量推演的毛病。凡是立足于很少的材料，作过多的推演的，结果会变成所说的不是古人的思想，而只是自己的思想。因此，由局部积累到全体（不可由局部看全体），由全体落实到局部，反复印证，这才是治思想史的可靠方法。但若仅仅停顿在这里，则所得的还只是由纸上得来的抽象的东西。古人的思想活动，乃是有血有肉的具体的存在。此种抽象的东西，与具体的存在，总有一种距离。因此，由古人之书，以发见其抽象的思想后，更要由此抽象的思想以见到在此思想后面活生生的人，看到此人精神成长的过程，看到此人性情所得的陶养，看到此人在纵的方面所得的传承，看到此人在横的方面所吸取的时代。一切思想，都是以问题为中心，没有问题的思想不是思想。古人是如何接触到他的问题？如何解决他所接触到的问题？他为解决问题，在人格与思想上作了何种努力？以及他通向所要达到的目标是经过何种过程？他对于解决问题的方法有何实效性、可能性？他所遇着的问题及他所提供的方法，在时间、空间的发展上，对研究者的人与时代，有无现实意义？我们都要真切地感受到。所以治思想史的人，先由文字实物的具体以走向思想的抽象，再由思想的抽象以走向人生、时代的具体。经过此种层层研究，然后其人、其书，将重新活跃于我们的心目之上，活跃于我们时代之中。我们不仅是在读古人的书，而是在与古人对话。孟子所谓"以意逆志"，庄生所谓"得鱼忘筌，得兔忘蹄，得意忘言"，此乃真是九原可作，而治思想史之能事毕矣。若是以读书为个人修养之资，则到此一境界，对前阶段的工作，真可"忘"而不顾。但若以治思想史为目的，则与前一阶段的工作，仍要时时互相推证，互相制约，可分而不可分，可忘而不可忘，乃不致发生支离或独断之弊。

由群经以通一经，由诸子以通一子，如钱先生所强调的会通的方法，当然也很重要。但这里必须有一个基本前提，即是欲以群书互相参校，必先就各书之本身作一切实之研究，必须顺各书之章、句、词，作由局部而全体、由全体而局部之研究，就本书求得本书之解释，就本书求得本书之结论。必通过此一阶段以后，在群书互相参校时，乃能使各书、各家的脉络分明，异同自显，不至有附会含混淆乱之弊。否则一开始即以甲书释乙书，或以乙书释甲书；在甲书中预找乙书的结论，或在乙书中预找甲书的结论，把几步路作一步走，我认为这是有莫大问题的。

我读钱先生这几年的著作，似乎钱先生抱有一个宏愿，即是要建立一个庄学的道统。钱先生认庄子为道家之祖，不仅老子由此出，《易传》、《中庸》、《大学》及有思想性之《小戴记》等，亦皆认为出自庄、老。宋明理学，若仅从文献上的根源说，则《中庸》、《大学》、《易传》，实为其不祧之宗，至此而亦成为老、庄思想的转手。生于庄子以前之孔子，在钱先生"能实有其好恶谓之仁"的新异解释之下，也变成为具体而微的庄子。此说如能成立，诚为研究中国思想史上的一大革命。但由钱先生新考据方法所得之结论，千百年后所不敢知，当前则是很难取信的。

一九五七年十一月十六日《人生》一六九期

一九五七年十二月二日《人生》一七〇期

一个历史故事的形成及其演进
——论孔子诛少正卯

　　香港《自由人》七三八期有孟戈先生《雷震安可杀》一文，是对高明先生在《自由青年》上《孔子与少正卯》大文的抗议。我没有看过《自由青年》，所以也不曾看到高先生的原文。据孟戈先生文中所转引，高先生主要的意思是觉得"我们自由中国的境内，也有一些闻人，以自由为标榜，以科学为号召，以民主为掩护，从事乱政的工作，我想孔子如生在现代，对于这些现代的少正卯，恐怕也不会轻轻放过而不予制裁的"。诛少正卯故事的虚构，早有许多人论证过。高先生是政治大学中文系主任，兼省立师范大学国文研究所的所长，若说他对此问题全无理解，那倒是很奇怪的。我根本不相信为我平日所钦佩的这位朋友——高先生，会真正要在"自由中国的境内"，来作教唆杀人的事。文人之笔，以感兴为多，常常是不应认真去推求的。我之所以写这篇文章，是因为在最近的刊物报纸上，有好几处提到此一故事，这当然有其时代的意义。所以把前人对此一故事的考证所未说到的，试作进一步的探索，决非针对高先生的大文而发，这点愿先向读者交代清楚。

一

孔子诛少正卯的故事，早在王若虚的《五经辨惑》、陆瑞家的
《诛少正卯辨》、阎若璩的《四书释义又续》、崔述的《洙泗考信
录》、梁玉绳的《史记志疑》等中加以辨正。综合他们的论据，可
以分为三点。第一是从思想上看，认为此事与孔子的整个思想不
相容。第二是从历史上看，认为在春秋时代，孔子不可能做出此
事。第三是从文献上看，此故事不见于《论》、《孟》、《春秋》三
传、《国语》、大小《戴记》等书。最早的见于《荀子·宥坐》篇
及《尹文子》。荀子已及战国末期，《尹文子》一书根本不可靠，
所以此故事，是晚出的东西。我现在除对他们的论证稍加补充外，
主要是想说明此一故事如何能假借孔子以出现，及此一故事系经
过如何之径路而演进，因而涉及记载此故事之几种文献的年代问
题。关于后面这一点，恐怕是一个大胆的尝试。

首先是少正卯的身份地位问题。高诱《淮南子·氾论训》注：
"少正，官；卯，其名也。"按《左传·襄公二十二年》"夏，晋人
征朝于郑，郑人使少正公孙侨对"注："少正，郑卿官也。"《正
义》："十九年传云，立子产为卿，知少正是郑之卿官名也。春秋
之时，官名变改，《周礼》无此名也。"按少正的官名，不仅为《周
礼》所无，且除《左传·襄公二十二年》此一记载外，亦为先秦
其他典籍所未见。在与鲁有关的文献中，更找不出有少正官名的
痕迹。所以《杜注》认为是"郑卿官"，意思是这只算郑国官制中
的特称，这是他的谨慎。假使鲁国也有此卿官的名称，则春秋尚
是"世卿"的时代，不仅孔子无权专杀，且在少正卯以前及其以
后，何以毫无此一世卿谱系的痕迹？所以捏造此一故事的人，已

中国思想史论集

经远离世卿时代，故在人名的本身，不觉留下了这样一个大漏洞。

其次是孔子诛少正卯时的官职。《荀子·宥坐》篇称"孔子为鲁摄相"，《尹文子·大道下》称"孔丘摄鲁相"，高诱《淮南子·氾论训》注称"孔子相鲁"，《说苑·指武》篇称"孔子为鲁司寇"，《白虎通·诛伐》篇引《韩诗内传》称"孔子为鲁司寇"，《后汉书·李膺传》"昔仲尼为鲁司寇"，《史记·孔子世家》称"定公十四年，孔子年五十六，由大司寇行摄相事（崔适以为应依《鲁世家》订为摄行者是）"，《孔子家语·始诛》第二称"孔子为鲁司寇摄行相事"。按孔子为鲁司寇，见于《左传·定公元年》及《孟子·告子》篇、《礼记·檀弓上》篇、《荀子·儒效》篇、《吕氏春秋·遇合》篇，这是可信的。但正如《公羊》定公十四年疏所说"鲁无司寇之卿"，这是以周朝的官制为根据。因此，孔子所做的司寇，应当是在司空之下的小司寇，其位为下大夫。先秦典籍，无一称孔子曾为司空的，在当时，司空才是卿位。所以《史记》"由中都宰为司空"，乃全无根据的说法。再"由司空为大司寇"，这是一路升官的口气，于是在司寇之上，便不能不加上一个"大"字，以见其为卿位的司寇，非复为下大夫的司寇。但先秦典籍中，无一称孔子为"大司寇"者，所以《吕氏春秋·遇合》篇称"仅至于鲁司寇"，"仅"者仅止于此，盖有所不足之意。若如《史记》所称之"大司寇"，或以鲁之司寇原即卿位，则《吕氏春秋》何以称之曰"仅"？春秋之卿，皆命自天子，大夫始命自诸侯，而《韩诗外传》八有"鲁侯命孔子为司寇"之辞，则其为下大夫之司寇，彰彰明甚。下大夫之司寇，不能擅杀卿位之少正，亦彰彰明甚。大司寇既出于后来的附会，则《史记》"由大司寇摄行相事"之进一步的升官，当知更出于附会。摄相乃代行相事之意。摄相既不可靠，则《史记》中的《秦纪》、吴齐晋楚魏世家及《伍子胥传》等所谓孔子"相鲁"，由代理而除真，更为后起的附会。按定公十年《左传》云"公会齐侯于祝其，实夹谷，孔丘相"，崔述谓此乃相礼之"相"，非相国之"相"，这是很对的。但摄相之"相"，当即依傍此事附会而来。《孟子·告子》篇"孔子为鲁司寇，不用，从而祭，燔肉不至，不税冕而行"，《礼记·檀弓上》篇"有子曰，昔者夫子失鲁司寇，将之荆，盖先之以子夏，又申之以冉有"。由此可知，孔子最后的官位止于司寇。由司寇而大司寇，由大司寇而摄相，由摄相而相鲁，孔子的官位，是后人层层地加上去的，愈到后来，加上去的官愈大。先了解这一点，对于解决记载诛少正卯各文献的时间先后问题，是一个帮助。

二

孔子在政治上是最反对用杀，乃至用刑的人。《论语》："季康子问曰，如杀无道以就有道，何如？孔子曰，子为政，焉用杀。……"又说："道之以政，齐之以刑，民免而无耻。道之以德，齐之以礼，有耻且格。"他在政治上最恨佞人、利口，认"利口"可以覆邦家，"佞人"可以使国家陷于危殆（"佞人殆"），但对利口亦止于"恶"（"恶利口之覆邦家者"），对佞人亦止于"远"（"远佞人"）。在他当时，尚无显著的学术思想之事，即有，尽其量，也不过止于"道不同，不相为谋"。他对当时"避地"、"避邑"、"避世"的逃避政治现实的隐士，无不寄予同情与尊敬。他对政治，只采取两种态度，有机会便积极地去改造它（"达则兼善天下"），没有机会便消极地保存自己（"穷则独善其身"），决没有非与现实政治共存亡不可的意思，所以尊重隐士的"消极的自由"。他的伦理思想，实际是以自由精神为基底的，这才能赋予以"中庸"的性格，使"道并行而不相悖"。到了孟子，思想异同之争特为激烈。他斥杨、墨为"禽兽"，斥陈仲子为"乱大伦"，这都未免措辞过当。但归根到底，他也只说"有能拒杨墨者，圣人之徒"，决不能说"有能杀杨、墨者，圣人之徒"。赵威后对于陈仲子深怪齐王"何为至今不杀乎"，而孟子则"于齐国之士，吾必以仲子为巨擘焉"。在儒家思想中，决找不出用杀来解决思想异同之争的因素。然则与儒家思想极端相反的诛少正卯的故事，何以能附会到孔子身上，这是现在应当追问的。

首先我以为儒家思想与专制政治的许多纠结，是和儒家思想的性格有关系。儒家思想是在封建制度下产生的，儒家思想特性之一，它不是以打倒现实，去改造现实，而是想攒入到现实之中，采用脱胎换骨的方法去改造现实。这用儒家自己的术语说，即是所谓"潜移默化"。因此，儒家是在封建制度的形式中，注入新的精神，以改造封建制度。譬如，礼乐本是封建上层社会的东西，但"人而不仁如礼何，人而不仁如乐何？""克己复礼为仁"，礼乐便在"仁"的新精神中脱胎换骨了。"君子"本是封建制度下的贵族之称，但在"人不知而不愠，不亦君子乎"的新精神中脱胎换骨了。就造字的原始形象来看，君臣本是尊卑悬绝的，但在"君使臣以礼，臣事君以忠"及"君君、臣臣"的新精神之中，也脱胎换骨了。此一思想性格的长处，是在不破坏既成的东西中去增加新的东西，不须要巨大的阵痛来作新生的代价，因而人类永远是在和平中前进。此一思想性格的短处，是在于若界划不清、把握不定，则拖泥带水，常于不知不觉之中，易被腐朽的东西所假借利用。加以儒家思想形成后，政治情势由封建向专制演进，在长期的专制气氛与利害关联之下，凡与专制不相容的成分，常得不到正当的解释、发挥。例如，儒家中的民主思想，有与专制容易混淆的部分，如父子之亲、君臣之义等，便易受到过分的宣扬渲染，以至于被专制的要求所渗透而发生变质。例如在先秦的儒家伦理思想中，绝对找不出片面义务性的三纲之说。三纲之说乃出自韩非子的"三顺"思想，经过长期专制下的酝酿，到东汉正式采入于作为儒家通论的《白虎通义》之中，而始戴上儒家的帽子。自此以后，本来与儒家思想，有本质上的区别的三纲之说，一变而成为儒家思想的骨干，这是儒家在专制政治的气压下，受到专制思想——法家思想渗透的显明例子。诛少正卯故事的来源，正与此相似。

法家是我国古代的极权主义。此一思想，首先在秦国取得长期实验的地盘，随秦国势力的扩大而法家遂成为百家争鸣的殿军，并凭借现实政治之力而居于思想的统治地位。韩非及由韩非所代表的著作，实已集法家之大成。他们不仅要把人的物质生活，完全归纳于政治严格控制之下，使其成为统治者的工具，并且要把人的精神生活，也纳入于政治严格控制之下，使人们的思想言论，只能成为统治者的应声虫，这便是他们以吏为师的真正意义。他们既对于避世的隐士，认为是脱离了政治控制的不轨之民，要加以杀戮；则对于怀抱异见，甚至以异见与统治者争是非的人，当然更觉得非杀不可。此一政策的彻底实现，即是秦政的焚书坑儒。在实行焚坑以前，他们已有意无意地造成许多此类的故事，以加强他们现实政策的根据。孔子在其生时已被人称为圣人，其思想在战国末期依然是"显学"；假定不把孔子扯在一起，他们依然感到支持现实政策的精神力量不够。于是在现存的《韩非子》一书中，发现他们已经把孔子披上了法家的衣服，并准备好诛少正卯故事的粉本。经过此一酝酿以后，孔子诛少正卯的故事，便出而成为同类故事中的中心故事了。

《韩非子·内储说上》：

> 鲁哀公问于仲尼曰，春秋之记曰，冬十二月霣霜，不杀菽，何为记此？仲尼对曰，此言可以杀而不杀也。夫宜杀而不杀，桃李冬实。天失道，草木犹犯干之，而况于人君乎？
>
> 殷之法，刑弃灰于街者，子贡以为重。问之仲尼。仲尼曰，知治之道也。……且夫重罚者人之所恶也，而无弃灰，人之所易也。使人行之所易而无离（读为罹）所恶，此治之道。
>
> 鲁人烧积泽，天北风，火南倚，恐烧国，哀公惧，自将众趣救火者，左右无人，尽逐兽而火不救，乃召问仲尼。仲尼曰，夫逐兽者乐而无罚，救火者苦而无赏，此火之所以无救也。……请徒行赏（《艺文类聚》"赏"作"罚"，是）。哀公曰，善。于是仲尼乃下令曰，不救火者比降北之罪，逐兽者比入禁之罪。令未下遍，而火已救矣。

按刑弃灰，正是商鞅治秦的故事，而重轻罪（轻罪加以重刑），也正是商鞅的政治思想。所以在同一篇内"公孙鞅之法也"一条下有"使人去其所易，无离其所难"两句话，恰是上面"使人行之所易，而无离所恶"两句话的转述。至于第三个故事，又是同篇中另一故事的转述：

越王问于大夫种曰，吾欲伐吴，可乎？对曰，可矣。……何不试焚宫室？于是遂焚宫室，人莫救之。乃下令曰，人之救火者死（如死于救火），比死敌之赏。救火而不死者，比胜敌之赏。不救火者，比降北之罪。

两个故事中，都有"不救火者比降北之罪"一句，而孔子所下的命令，与大夫种所下的命令，全无两样。由这三个故事看来，孔子已经变成法家的代言人，由此再进一步以接受法家所迫切需要的一个诛少正卯的故事，便不觉得唐突了。

诛少正卯的思想内容，可以说是《韩非子》之《内储说》、《外储说》里面思想的总结。如"似类之事，人主之所以失诛，而大臣之所以成私也"（《内储说下》），"论有迂深闳大，非用也。……言而拂难坚确，非功也"（《外储说左上》），"名外于法而誉加焉，则士劝名而不畜之于君"（同上），"人主多（重视）无用之辩，而少（轻）无易之言，此所以乱也"（同上），"夫称上古之传，诵辩而不悫，道先王仁义而不能正国者，此亦可以戏而不可以为治也"（同上），"夫好显岩穴之士而朝之，则战士怠于行陈（阵）。上尊学者，下士居朝，则农夫惰于田"（同上），"夫不处势以禁诛擅爱之臣（如田成氏），而必德厚以与天下，齐行以争名，是皆……舍车而下走者也"（《外储说右上》），"过其所爱曰侵，今鲁君有民而子擅爱之，是子侵也，不亦诬乎"（同上）。这些思想，准备了诛少正卯的内容，而太公望诛狂矞华士的故事，正是诛少正卯故事的蓝本：

太公望东封于齐，齐东海上有居士曰狂矞、华士……太公望至于营丘，使吏执而杀之，以为首诛。周公旦从鲁闻之，发急传而问之曰，夫二子，贤者也。今日飨国而杀贤者，何也？太公望曰……先王之所以使其臣民者，非爵禄则刑罚也。今四者不足以使之，则望当谁为君乎？"……今有马于此，如骥之状者，天下之至良也。然而驱之不前，却之不止，左之不左，右之不右，则臧获虽贱，不托其足。……已自谓以为世之贤士，而不为主用，行极贤，而不用于君……是以诛之。一曰……吾恐其乱法易教也，故以为首诛。(《外储说右上》)

这里特别值得注意的一点，诛少正卯的故事，《说苑》、《尹文子》称为"先诛"，《荀子·宥坐》篇称为"始诛"，《孔子家语》的篇名即为"始诛第二"。"始诛"两字，不是从这个故事中"故以为首诛"来的吗？商鞅、大夫种的故事可以套在孔子身上，则太公望的故事为什么不可以套在孔子身上？至于太公望的故事也是出于伪造，固不待论。

三

孔子诛少正卯的故事，经过法家思想、专制政治长期酝酿后，对其正式出现时期的合理推测，当在秦统一天下之后，或可视作为实行焚书坑儒所准备的谣言攻势之一。但此故事出现后，最初并无固定形式，是经过了一段长期演进的。

从前人以为此故事首先见于《荀子·宥坐》篇；我在写《荀子政治思想的解析》一文时，也以为是如此。现在就记录得较详细的四种文献——《荀子》、《尹文子》、《孔子家语》、《说苑》作一比较研究后，才发现此故事最先见于记录者为《淮南子·氾论训》之"孔子诛少正卯而鲁国之邪塞，子产诛邓析而郑国之奸禁"。就详细的记录看，则系依《说苑》→《尹文子》→《荀子·宥坐》篇→《孔子家语》的次序而演进的。《史记·孔子世家》有关孔子仕鲁的一段记录，其材料与《孔子家语》为同一来源，因之，在时间上是东汉时加入进去的，或者即出于王肃之手。大体上说，一个故事的演进，总是在先者较为疏阔，而后起者较为精密。兹将四书所记录的分录于下，以便比较。

《说苑·指武》篇：

孔子为鲁司寇，七日而诛少正卯于东观之下，门人闻之，趋而进，至者不言，其意皆一也。子贡后至，趋而进曰，夫少正卯者，鲁国之闻人矣，夫子始为政，何以先诛之？孔子曰，赐也，非尔所及也。夫王者之诛有五，而窃盗不与焉。一曰心辨而险，二曰言伪而辩，三曰行辟而坚，四曰志愚而博，五曰顺非而泽。此五者皆有辩知聪达之名，而非其真也。苟行以伪，则其智足以移众，强足以独立，此奸人之雄也，不可不诛。夫有五者之一则不免于诛，今少正卯兼之，是以先诛之也。昔者汤诛蠋沐，太公诛潘阯，管仲诛史附里，子产诛邓析，此五子未有不诛也。所谓诛之者，非为其昼则攻盗，暮则穿窬也，皆倾覆之徒也，此固君子之所疑，愚者之所惑也。《诗》云，忧心悄悄，愠于群小，此之谓矣。

按《说苑》系刘向"采传记百家所载行事之迹"而成。此故事首称"孔子为鲁司寇",则其时孔子的官位尚未进至"摄相",与《白虎通》所引《韩诗内传》相合;而"东观之下"的"东观"则系汉家宫室,故此故事之底本,当即出于西汉初年。韩婴为文帝博士,两书恐系出于同一底本。

《尹文子·大道下》:

> 孔丘摄鲁相七日,而诛少正卯。门人进问曰,夫少正卯,鲁之闻人也。夫子为政而先诛,得无失乎?孔子曰,居,吾语汝其故。人有恶者五,而窃盗奸私不与焉。一曰心达而险,二曰行僻而坚,三曰言伪而辩,四曰强记而博,五曰顺非而泽。此五者有一于人,则不免君子之诛,而少正卯兼有之。故居处足以聚徒成群,言谈足以饰邪荧众,强记足以反是独立,此小人之雄桀也,不可不诛也。是以汤诛尹谐,文王诛潘正,太公诛华士,管仲诛付里乙,子产诛邓析史付。此六子者,异世而同心,不可不诛也。《诗》曰,忧心悄悄,愠于群小。小人成群,斯足畏也。

按《尹文子》一书,所为道家法家之言,皆极浅薄,无复先秦道家、法家的意度,其为伪托,固不待论。但就他"君年长多螣,少子孙,疏宗疆,衰国也。……内无专宠,外无近习,支庶繁字,长幼不乱,昌国也"(《大道下》)这些话看来,这是西汉末年政治情势的反映,故其成书年代,当在《说苑》之后,哀平之世。其所记少正卯故事,孔子已由司寇进至摄鲁相,"东观之下"的显著错误已经删掉。《说苑》上的"志愚而博",实在有点欠通;

至此则修正为"强记而博"，语意便较顺畅，且以此为罪名，又与法家的传统观点相合。《说苑》上的"知足以移众，强足以独立"，改为"居处足以聚徒成群，言谈足以饰邪荧众，强记足以反是独立"，和上面的五大罪名更为贯串，文字亦更整饬有力。又加上一个"文王诛潘正"，使《说苑》中之"此五子者"成为"此六子者"，又加上"异世而同心"一句，并将《说苑》上和"而盗窃不与焉"一句重复的所谓"诛之者"一小段六句删掉，这都是文字上的进步。

《荀子·宥坐》篇：

> 孔子为鲁摄相，朝七日而诛少正卯。门人进问曰，夫少正卯，鲁之闻人也，夫子为政而始诛之，得无失乎？孔子曰，居，吾语女其故。人有恶者五，而盗窃不与焉。一曰心达而险，二曰行辟而坚，三曰言伪而辩，四曰记丑而博，五曰顺非而泽。此五者有一于人，则不得免于君子之诛，而少正卯兼有之。故居处足以聚徒成群，言谈足以饰邪营（荧）众，强足以反是独立，此小人之雄桀也，不可不诛也。是以汤诛尹谐，文王诛潘止，周公诛管叔，太公诛华士，管仲诛付里乙，子产诛邓析、史付。此七子者，皆异世同心，不可不诛也。《诗》曰，忧心悄悄，愠于群小。小人成群，斯足忧矣。

按荀卿本人著作，当止于《性恶》篇。其《君子》、《成相》、《赋》等三篇，是否出于荀卿本人之手，已甚可疑。《大略》篇杨倞谓其"弟子杂录荀卿之语，皆略举其要"。至《宥坐》篇以下五篇，杨倞谓："此以上皆荀卿及弟子所引记传杂事，故总推之于末。"考其内容，以两汉儒者所附入者为多，其定篇当不能早于东汉初年。《宥坐》篇所记"孔子观于东流之水"一条，也是《说苑·指武》篇"子贡问曰，君子见大水必观焉何也"一条的整理。此处所记的诛少正卯，与《尹文子》上所记者大体相同。《荀子·儒效》篇称"仲尼为司寇"，与先秦其他文献相合，而此处则称"为鲁摄相"，即可证明其非先秦之文献。且有三点确可证明系《说苑》与《尹文子》的进一步的综合整理。首先，《说苑》、《尹文子》皆称为"先诛"，《荀子·宥坐》篇称为"始诛"，"始"字较"先"字，于义为长，所以《家语》也称"始诛"，可见《家语》是紧承《荀子·宥坐》篇。其次，《说苑》之"志愚而博"，《尹文子》改为"强记而博"，已较为明白，故下文承此句说"强记足以反是独立"，意思是一贯的。但"强记而博"，站在法家的立场足以构成一个罪名，因为"强记"即《韩非子·内储说下》中所谓"称上古之传，诵辩而不悫，道先王仁义"等。可是站在儒家的立场，则"强记而博"并不能成为一个罪名，此故事既录入《荀子》一书，则将"强记而博"改为"记丑而博"，真是尽到了修改的技巧。已经想出了妙不可言的"记丑"两字后，最笨的人也不会回头去再用"强记"两字。所以用"记丑"两字代替"强记"两字，是此一故事演进的一大进步。不过，《尹文子》上承此语的"强记足以反是独立"，在语意上不能改为"记丑足以反是独立"，于是《宥坐》篇只好援用《说苑》上的"强足以独立"一语，而成为"强足以反是独立"。但《说苑》上的"知足以移众，强足以独立"，"知"、"强"都是单语名词，两句话是很对称的；《尹文子》的"居处足以……言谈足以……强记足以……"，"居处"、"言谈"、"强记"都是复语名词，三句话也是很对称的。《宥坐》篇则上两句用《尹文子》上的"居处"、"言谈"的复语名词，而第三句又用《说苑》上的"强"的单语名词，上下语气便显得不很调和，而其因修改"强记"为"记丑"所发生的上下文连串上的困难，及弥缝此困难而两相结合之迹，亦显而易见。至《宥坐》篇多出"周公诛管叔"，将《尹文子》之"此六子者"发展为"此七子者"，这是因为《说苑》在此故事之前二条有周公诛管蔡一事，因而添入的。由此可知，《宥坐》篇的此一故事，实由综合整理《说苑》与《尹文子》上的此一故事而来，可谓铁案如山了。

《孔子家语·始诛》第二：

> 孔子为鲁司寇，摄行相事，有喜色。仲由问曰，由闻君子祸至不惧，福至不喜，今夫子得位而喜，何也？孔子曰然，有是言也。不曰乐以贵下人乎？于是朝政七日而诛乱政大夫少正卯，戮之于两观之下，尸于朝三日。子贡进曰，夫少正卯，鲁之闻人也。今夫子为政而始诛之，或者为失乎？孔子曰，居，吾语汝以其故。天下有大恶者五，而窃盗不与焉。一曰心逆而险，二曰行僻而坚，三曰言伪而辩，四曰记丑而博，五曰顺非而泽。此五者有一于人，则不免君子之诛，而少正卯皆兼有之。其居处足以撮徒成党，其谈说足以饰褒（当系"衰"之误）荣（荧）众，其强御足以反是独立，此乃人之奸雄者也，不可以不除。夫殷汤诛尹谐，文王诛潘正，周公诛管蔡，太公诛华士，管仲诛付乙，子产诛史何。是此七子，皆异世而同诛者，以七子异

世而同恶，故不可赦也。《诗》云，忧心悄悄，愠于群小。
小人成群，斯足忧矣。

按《家语》乃王肃编集古录杂记，及自己有所增附而成。上
文很明显是抄自《荀子·宥坐》篇，但有几点值得注意的修改。
第一，把《说苑》的"为鲁司寇"、《尹文子》的"摄鲁相"和《荀
子》的"为鲁摄相"，合成为"为鲁司寇，摄行相事"，而中间添
出"仲由问曰"一小段，以作摄行相事之旁证。第二，把《说苑》
的"东观之下"改为"两观之下"，王肃并注为"阙名"，以符合
鲁制，并把《说苑》的子贡补入，这可使故事的本身将更显得具
体。第三，《说苑》的"心辨而险"，《尹文子》、《荀子·宥坐》篇
的"心达而险"，"辨"字、"达"字意义皆欠明白，故他改为"心
逆而险"，用此一"逆"字，意思便明显多了。第四，在《荀子》
的"强足以反是独立"的"强"字下面加一"御"字，使成为"强
御"的复语名词，以便与上面的"居处"、"谈说"复语名词相对
称。且每句加一"其"字的指谓词，使文气更易贯串。第五，把
《尹文子》、《荀子·宥坐》篇上的"成群"改为"成党"，又把《尹
文子》上的"雄桀"、《荀子》上的"桀雄"改为"奸雄"，盖前者
为西汉时之常用语，后者则为东汉末之常用语。第六，子产诛邓
析的故事，有《吕氏春秋》可据，故《说苑》等皆因之。但王肃
博学多通，知道杀邓析的并非子产，有《左传》可为铁证，所以
他便干脆去掉邓析而用"史何"，使其与尹谐、潘正、华士、付乙，
都成为历史上无可稽考的人物，对于故事本身的完整性，反为有
利。至《尹文子》及《荀子·宥坐》篇之"史付"，在《家语》中
则写成"史何"，或因形近而误，是不关重要的。

这中间，应当提到《礼记·王制》上"行伪而坚，言伪而辩，学非而博，顺非而泽，以疑众，杀"的这一段话。这段话分明是根据孔子诛少正卯故事中的思想，而说成为刑法上的原则的，所以也等于是此一故事的简约化、一般化〔按此应照"补志"订正。一九五九年十一月二十六日〕。按《王制》系由汉文帝命博士诸生所作，而它所根据的材料，则出自周亡之后，此皆有明文可据。清今文学家欲推翻此说，纯出于张大门户之私见。由秦及汉初，政治上实以法家及黄老为主流，而文帝命博士诸生作《王制》，殆亦欲以此作其政治设施上的参考。所以在此篇中，掺杂有法家思想，乃时势使然。关于此篇的刑法思想，自"司寇正刑明辟"到"故君子尽心焉"一段，和自"析言破律"到"凡执禁以齐众，不赦过"一段，一宽一严、一仁一酷，完全成为相反的对照；前者出于儒家，后者出于法家，其分际有如泾渭。孔子诛少正卯的故事，既已由法家酿成于秦统一之世，其内容已由秦见之于施行；焚书坑儒亦须有刑法思想之根据，则在"析言破律"一段中，采入诛少卯故事之内容以为刑法之原则，就《王制》成立的历史渊源及当时的形势说，也是很自然的。《王制》是奉诏的集体著作，他们把诛少正卯故事中的五项理由，去掉了"心辨而险"或"心达而险"一项，只采用四项，这正是他们精密的地方。因为不论"心辨而险"或"心达而险"，都是意义含糊，怎样也不能构成一项刑法原则的。

最后，便是《史记》的《孔子世家》的问题。司马迁以继承孔子作《春秋》自任，《史记》中对孔子的推崇，可谓到了极点。但他所作的《孔子世家》，芜杂疏陋，尤以孔子仕鲁一段，几乎每句话都成问题，这是什么原因呢？我认为这是因为《史记》成书后遭逢了两大厄运。一是因触犯政治上的忌讳而被删改乃至销毁，如景帝、武帝两本纪者是。二是《史记》公开后，十多人加以补续，所以在很长的时间内，《史记》尚未得勒成定本。现在《史记》中有许多司马迁死后的记事，乃是最容易看出的证明。孔子自董仲舒后，特别受到汉代儒生的尊崇，对于孔子的历史——《孔子世家》，当然会引起他们的重视。先秦的许多遗闻逸事，汉代儒生都在不断地加以辑录整理；同时，在典籍流通困难的时代，又容易发生新的古代传说。司马迁最重视孔子作《春秋》乃至删述六经，但汉代儒生对政治的兴趣特浓，所以特重视孔子在现实政治上的成就，于是孔子仕鲁一事，大大地被他们所夸张，以致形成许多鄙俚的故事，更进一步而一起加到《孔子世家》里面去了。按司马迁修《史记》，"贯穿经传"，其取材必有根据，且对诸子百家之说，必"取信于六艺"，所以刘向、扬雄皆"谓之实录"。"疑则传疑"，这是他说孔子修《春秋》的态度，也是他修《史记》的态度。《孔子世家》中的材料，凡在先秦典籍中可以找到来源的，这是司马迁的本文，否则多系汉代儒生所附入或篡改。孔子仕鲁一段，几无不与先秦典籍抵触乖迕，而独与《孔子家语》相契合，这既不是《史记》取材于《家语》，也非《家语》取材于《史记》，而系相同的假古董，在大约相同的时间里分别出现。又按《三国志·王肃传》载肃答魏帝"司马迁受刑之故，内怀隐切，著《史记》非贬孝武，令人切齿"之问，力为司马迁辩护，推崇《史记》备至，可知王肃与《史记》有密切的关系。则《孔子世家》中孔子仕鲁一段，或即王肃以增饰《家语》之笔，转而增饰《孔子世家》，亦未可知。此事虽无确证，但《史记》此段的材料，不能出现于司马迁以前而系与《家语》同一来源，乃至同一时代，却是可以断言的。

四

　　如上所述，孔子诛少正卯的故事，酝酿于战国末期的法家思想（以韩非为代表），成立于秦政焚书坑儒之世，盛传于两汉之间，一直到《孔子家语》而故事的演进才算完成；因把《家语》的同一材料窜入于《史记》的《孔子世家》而其影响乃更为扩大，这是与法家思想及专制政治有密切关联的故事。不过，一个故事的发生，固然有其思想与时代的背景，但对于同一故事的观点与解释，也会随着思想与时代为转移。《韩非子》中太公望杀华士的故事，及《吕氏春秋》中郑子产杀邓析的故事，在孔子诛少正卯的故事中是捏在一起，好像在性质上是完全相同的。但若详加考察，则《韩非子》中所杀的是隐士，而《吕氏春秋》中所杀的，若用现代词句表达，则是政府中玩弄司法、破坏司法客观性的败类。两个故事在性质上并不相同，乃因《韩非子》与《吕氏春秋》在思想上并不相同的缘故。同时，王肃在《家语》诛少正卯的"太公诛华士"句下注云："士之为人虚伪，亦聚党也。而韩非谓华士'耕而后食，凿井而饮'，信其如此，而太公诛之，岂所谓太公者哉。"此即说明在王肃的时代，不能承认韩非的杀隐士为合理，所以他不得不另换一个观点来另加解释。孔子诛少正卯的故事，虽然以法家思想及专制政治为其背景，但两汉儒生究竟是受过儒家思想的熏陶，并生于专而有制的时代，所以对此一故事的观点与应用，却与法家大有出入。例如高诱注《淮南子·汜论训》的这一条，说少正卯是"鲁之谄人"。《白虎通义》所引《韩诗内传》及王充《论衡》之《讲瑞》篇和《定贤》篇，则把少正卯说成是"佞人"。谄人、佞人，事同一体。并且王充在《定贤》篇的前面，对佞人有一段形容，也即等于下了一个定义：

> 夫顺阿之臣，佞幸之徒是也。准主而说，适时而行，无
> 廷逆之郄，则无斥退之患。或骨体娴丽，面色称媚，上不
> 憎而善生恩泽，洋溢过度……

可见汉人希望孔子杀的乃是这种人物，即是希望孔子由"远
佞人"进而"杀佞人"。还有一个与此有关的实际例子，《后汉
书·党锢传》中的李膺传载，"膺再迁，复拜司隶校尉。时张让
（当时最坏的宦官之一）弟朔为野王令，贪残无道，至乃杀孕妇。
闻膺厉威严，惧罪逃还京师，因匿兄让弟（第）舍，藏于合柱中。
膺知其状，率吏卒破柱取朔，付洛阳狱。受辞毕，即杀之。让诉冤
于帝，诏膺入殿，御亲临轩，诘以不先请，便加诛辟之意。膺对
曰……昔仲尼为鲁司寇，七日而诛少正卯。今臣到官，已积一旬，
私惧以稽留为愆。……帝无复言，顾谓让曰，此汝弟之罪，司隶
何愆，乃遣出之"。原来李膺心目中的少正卯，乃是宦官的亲戚爪
牙，难怪他要搬出孔子来杀掉。因此我想，假使孔子在天之灵，真
正肯应今人的请求，下到人间世来，接受汉人为他所流传的故事，
而大开杀戒，则他所要杀的，恐怕会使请求他的人大惊失望的。

一九五八年五月十五日《民生评论》九卷十期

按：我写这篇文章，是以思想的线索，作文献资料搜集时
的导引，而断定孔子诛少正卯的故事，是由法家转手而来的。
顷重读《管子》，乃知此一故事思想方面文献的来源，是出于《管

子·法禁》篇第十四。不仅此篇所举十七个"圣王之禁也",其内容与诛少正卯故事的内容大体相同,且此篇之"聚徒威群",洪颐煊谓"威群"当作"成群",则与《尹文子》、《荀子》之"聚徒成群"正合,而少正卯之罪名,分明抄自此篇之"行辟而坚,言诡(诡、伪古通)而辩,术非而博,顺恶而泽"四语。《说苑》上无"聚徒成群"一语,盖此语乃在《法禁》篇第十七个"圣王之禁也"的前面,为初编此故事者所忽略,正可证明此一故事在今日可以看到之详细记录中,以《说苑》为最早。而《王制》上与此有关的四句话,则当系直承此篇而来。必先有此篇之思想文献,然后再接上《韩非子》上所造型之孔子、太公等人物,此故事乃得以成立。《管子》此篇之内容与韩非子之思想最为吻合,而诛少正卯故事系出于法家,乃成铁案。

一九五九年十一月廿六日夜补志

孟子政治思想的基本结构及人治与法治问题

一、了解历史文化的态度

我在这里，想以孟子的政治思想作为儒家政治思想的一代表，略加分疏，以澄清若干误解。

在未谈到本问题以前，想先谈谈为得要了解历史上的某种思想，在态度上似乎有几点值得注意的地方。

第一，古人与人自身有关的思想，都是适应于他当时社会的某种要求，也受到当时社会各种条件的制约。社会环境是变的，我们只能先从某一思想家所处的社会环境中去了解他的思想，估计他的思想价值。一种成为知识系统的思想，对其以后的历史，总会发生某程度的影响。但此种影响，只是原则性的、启发性的，而不会是一个具体的蓝图，只是可能性的、被动性的（《论语》"非道弘人"）。因为只要是一个人，便应有其自主性，古人决不会从坟里钻出来牵着后人的鼻子走。拿今人的社会环境作评判古人思想的尺度，或者恨古人的思想，并不能作今人行动的蓝图，乃至把今人的一切罪恶，都归到古人身上，这只是表现自己的堕性、堕落。

第二，因为中国文化很早便重体认、重实用，而不重思辨，所以古人表达其思想时，常是片断的，针对某一具体事实而说的，缺乏由思辨而来的抽象性及构造形式。但只要是成了"家"的思想，在他各个片断的语言中，依然会有其内在的关联，含有逻辑的结构，否则便只能算是一个"杂家"。并且在他们针对某具体事实所陈述的语言中，有的没有普遍的意义，有的则在具体事物的后面，含有普遍的意义。因为正如卡西勒（E. Cassirer）在《原人》（*An Essay on Man*）中所说，思想的本身便是普遍性的，除非还没有上升到可以称为是一种思想。因此，对于中国古人思想的了解，便须要多费一番爬搜组织的工夫，须要在他全般相关的语言中来把握他的思想，并且也只有在全般相关的语言中，才易于确定某一句话的意义，万不可拈住一句两句话去随意作猜测。五四时代的人，谈到中国文化时，多半犯了这种毛病。

第三，古人的意思有对有不对，有的我们赞成，有的我们反对。但反对与仇恨、裁诬不同。反对是根据一种事实、理由，而不接受他，或进一步去批评他；仇恨则完全是由现实利害所引起的感情上的东西。若由仇恨而变成裁诬，那更是不正当的手段。试想，古来许多艰苦奋斗一生的思想家们，他的身体早在坟墓中腐朽，他遗留的著作也正是"烟墨无言"，他如何会得罪现代人而引起现代人的仇恨？因为在外赌钱赌输了而回到家来打家具、丢祖宗牌位，因为对现实不满而一箭射向坟墓中的人身上去，这都可以算作能避免直接抵抗的勇敢，但未必算得是有出息的勇敢。有不少的人，好像是曾经得过一部无字天书样，对于他完全不知道的东西大嚷大骂，有如街头玩江湖的人，觉得只要声音嚷得大，姿态出得怪，便不愁没有人围拢来看热闹。文化界中所以有这种现象，多半是由仇恨而来的发泄。其实，这不仅与古人无关，更与他所谈的问题也无关，而只会令人怀疑到这种人有无谈任何问题的资格？因为只有能保持清明平允之心的人才能谈问题。

我之所以说上这些闲话，是感到在古人中孟子的政治思想，是最不易引起误解的，但在今日也竟会引起不易使人想象得到的误解。我想，这种误解，大概不应归之于这些人们的学力，而应归之于这些人们的态度。

二、孟子政治思想的结构

近人萧公权氏所著的《中国政治思想史》中说："孟子之政治思想，遂成为针对虐政之永久抗议。"（原著页九〇）又说："专制时代忠君不二之论，诚非孟子所能许可。"（页九一）这都是很正确的结论。我现在除了顺着孟子政治思想的结构略述一个轮廓外，再就《孟子》中的人治与法治问题，稍补萧氏之所未及。

孟子在政治上谈"仁义"、谈"王道"的具体内容，只是要把政治从以统治者为出发点，以统治者为归结点的方向，彻底扭转过来，使其成为一切为人民而政治。这点在经过二千多年的我们现在，还不曾完全达到，甚至连观念上也不曾达到的扭转工作，在历史上是一件惊天动地的大事。他不仅把当时统治者的利益从属于人民利益之下，由人民的利益来作一切政治措施得失的衡断，并且把儒家所强调的"礼义"，也把它从属于人民现实生活之下，使礼义为人民的生活而存在，而不是使人民的生活为礼义而存在，所以他一再强调"无恒产者无恒心"（《梁惠王上》、《滕文公上》），及"此惟救死而恐不赡，奚暇治礼义哉"（《梁惠王上》）。任何好的主义、名词都是可以伪装利用的；只有人民的现实生活不能加以伪装利用，这才是各种政治思想的试金石。我过去几次指出先秦儒家是把修己治人的标准加以分开的，即是说明儒家在修己方面的严格的道德要求，决不许假借为期压人民的工具。这点是被过去的人所忽略，因而引起许多争论的思想史中的一大关键。

因为孟子坚持政治应以人民为出发点、为归结点，所以他明白确定政权的移转应由人民来决定。他提出"天与"（《万章上》）的观念来否定统治者把政权当作私产来处理的权利，而他之所谓"天与"，实际便是民与。所以当齐宣王伐燕胜利，想援传统的天命观念来作取燕的根据时（"不取必有天殃"），孟子干脆告诉他："取之而燕民悦，则取之……取之而燕民不悦，则勿取。"（《梁惠王下》）即是说，这应当是由民意来决定的事，与天命无关。正因为他认定政权应由人民来决定，所以他便在二千年以前，已经肯定了政治的革命权利（同上"闻诛一夫纣矣"）及人民对统治者的报复权利（同上"夫民，今而后得反之也"）或将人君加以更换的权利（同上"四境之内不治，则如之何"，"反覆之而不听，则易位"）。他是非常反对战争的，但汤之伐葛，他认为是"为匹夫匹妇复仇"，是王者之师。并且他还认为人民的力量，是政治上最大的力量，所以他说"民归之，由水之就下，沛然谁能御之"（《梁惠王上》），"保民而王，莫之能御也"（同上），"孰能御之"（同上）"七十者衣帛食肉，黎民不饥不寒，然而不王者，未之有也"（同上），"乐以天下，忧以天下，然而不王者，未之有也"（《梁惠王下》），"以德行仁者王，王不待大"（《公孙丑上》），"信能行此五者……则无敌于天下"（同上）。这都是表明人民有力量来决定政治。他这些话初听来不仅是当时的统治者认为迂阔，现在读《孟子》的人，恐亦多有同感。但把历史拉长了看，彻底翻动历史的，谁能说不是人民的力量呢？

过去，我也和许多人一样，以为孟子的"民贵"、"君轻"思想，只是民本思想，与民主的思想尚隔一间。用萧公权氏的话说："孟子贵民，不过由民享以达于民有。民治之原则与制度，皆为其所未闻。"（《中国政治思想史》页九一）现在看来，民治的制度实为孟子所未闻，但民治的原则，在《孟子》中已可看出其端绪。《梁惠王下》：

> 国君进贤，如不得已。……左右皆曰贤，未可也；诸大夫皆曰贤，未可也；国人皆曰贤，然后察之（察其贤之事实），见贤焉（见其有贤之事实），然后用之。左右皆曰不可，勿听；诸大夫皆曰不可，勿听；国人皆曰不可，然后察之，见不可焉，然后去之。左右皆曰可杀，勿听；诸大夫皆曰可杀，勿听；国人皆曰可杀，然后察之，见可杀焉，然后杀之，故曰，国人杀之也。

就全文看，这里省掉了"故曰国人用之也"、"故曰国人去之也"的两句话。这段话的意思，是说用人、去人、杀人之权，不应当由人君来决定，而应当由人民来决定。人民的好恶，决定政治的具体内容（《离娄上》"所欲与之聚之。所恶勿施尔也"，《大学》"民之所好好之，民之所恶恶之"），而对于用人、去人、杀人的政治权力，又主张保留在人民手上，这怎样没有透露出"民治的原则"呢？但人民如何有效来行使这种权力，则系制度问题，孟子的确没有想到。但由此一原则性的要求，便发展而为《礼记·礼运》大同章的"天下为公，选贤举能"的主张，这已向制度方面迈进了一大步。西汉初开始的"乡举里选"，即由此一思想的要求而来。但西汉的"乡举里选"，缺少了"天下为公"的大前提，所以只有缓和一点专制毒害的作用，而失掉向民主前进的意义。但我们不要忘记，西方以议会为中心的民主制度，是在几万人口的城邦国家中自然产生的。中世纪若干小的城市，也自然而然地采用了这种制度，都不是从思想家的理想中产生的。在近代以前，在西方的政治思想中，只认为民主制度是许多政治制度中之一种，并不曾把它当作最好的政治制度。把它当作理想的政治制度而加以追求，乃经过了一段国王专制以后的启蒙运动后期的事情。则在土地广大的农业社会基础上，二千年前不能产生健全的民治制度的思想，是可以理解的。

三、孟子不重法治吗？

孟子政治思想的结构，只能简略地说到此处为止，以后有机会再行补充。现在转到孟子政治思想乃至整个儒家思想的人治与法治的问题上面。一般人说儒家只重人治，不重法治，由此而加上儒家很多的罪名。但我觉得这完全是出于误解。任何时代，在政治中不能否定人的重要性，当二千年前，"天下为公"还是托之于理想，政治的权原，还是操在一个人君的手上，人君成为政治的总发动机时，只有人君能成为一种道德的存在；最低限度，只有人君能控制自己而遵守人生上、政治上的若干基本原则，才有法治可言，否则一切良法美意，在人君一摇头、一瞪眼之下，立刻会走样、变质，成为倒闭后的钞票。用宪法来控制人君或其他形态的政治权力，乃到了近代才出现之事。在中国古代，便只有靠人君的德性来控制人君自己。由人君的德性推上一层，便只有抬出"天"来，但西汉中叶以后，人君便把"天变"的责任转嫁到大臣身上去。由人君的德性落下一层，便只有陈述现实上的利害，但有权力者常常会把利害倒错。所以归根到底，不论怎样，总要以人君德性为中心，这不仅在宪法的观念未出现以前，是无可如何之事，即在宪法已经存在，但还未树立起真正的基础、权威时，还是一样。当今人类每遇到重大的关头，也常要在法的后面，还须呼吁人类的良心理性，有如《联合国宪章》及《世界人权宣言》之类。则在两千年前，儒家不特别重视人治，不特别重视负政治责任者的良心理性，还有何办法？法家重法而不重人，到韩非，可说主张得最为彻底，而秦国也正是法家政治思想的试验场。但韩非死于李斯，李斯死于赵高，扶苏、胡亥也皆不得其死，二世而亡，这不是最现实的讽刺吗？

至于说儒家重人治而不重法治，便首先要看对"法"的解释。若将"法"解释为今日的宪法，则二千年以前尚无此观念。当然过去也曾想到要有一种恒常不变的法，来维持政治的安定，此即孟子所说的"旧章"、"先王之法"（《离娄上》），这有似于英国的历史的惯例。但它与现代的宪法观念，究不相同。若将法解释为刑法，则儒家确是不重视刑法，但并不否定刑法。孟子说得很清楚，"国家闲暇，及是时，明其政刑"（《公孙丑上》）。若将法解释为政治上所应共同遵守的若干客观性的原则，及由此等原则而形之为制度，见之于设施，则孟子乃至整个儒家，是在什么地方不重法治呢？孟子说，"先王有不忍人之心，斯有不忍人之政矣"（同上），"尧舜之道，不以仁政，不能平治天下"（《离娄上》），"子产听郑国之政，以其乘舆，济人于溱、洧。孟子曰，惠而不知为政"（《离娄下》）。凡这里所说的"政"，即是一般所说的法治。又"上无道揆（度也）也，下无法守也。朝不信道，工不信度……国之所（或）存者幸也"（《离娄上》）。这即是说无法治便会亡国。不错，孟子由传统的德治的观念，更落实到人君的心上面，以为人自己可以确实把握得到的心，是政治的根据，所以他特别强调"仁心"、"不忍人之心"，并且强调要"格君心之非"。但他所指的"心"，是"仁义礼智根于心"（《尽心上》）的"心"。顺此种心的本性，必须客观化出来以成为治法，来解决人类实际的问题，这才能填补"天下有溺者，犹己溺之也；天下有饥者，犹己饥之也"（《离娄下》）的心愿。正因为如此，所以在先秦诸子百家的政治思想中，以孟子最注重经济问题，最注重经济制度。他再三强调"明君制民之产"，即要以"法"来定人民之产。因为当时土地都在人君手上，人君不制民之产，人民便没有产，便无从得到起码的生活手段。"五亩之宅，树之以桑"的一段话，在《孟子》一书中凡三见，可见这是他针对当时"民之憔悴于虐政，未有甚于此时者也"（《公孙丑上》）的实际情况，所提出的经济立法的蓝图，以求达到"七十者衣帛食肉，黎民不饥不寒"的目的。而他对于工商，则希望能采取鼓励自由发展的途径；他再三主张"关市讥而不征"（《梁惠王下》）、"市廛而不征，法而不廛"（《公孙丑上》）的法制。这是先秦儒家对工商的共同态度，所以《中庸》提出"劝（鼓励）百工"的主张。此种思想，一直到荀子受了法家的影响而才稍有所改变。孟子由此再进一步的法治主张，则是他对滕文公所提出的井田、学校的制度。这里不讨论古代井田制度的有无，及其实际性质怎样等问题，而只指出孟子的井田制度，是经过他理想化

中国思想史论集

以后所提出的，与历史上的有无此种事实及此种事实之究竟如何，并无关系。这是中国土地改革的最早主张，一直影响到中山先生"平均地权"的思想。关于教育的观念、作用，到孔子才真正明确化。学校制度，在《尚书》《诗经》中似乎没有明显可靠的证明材料，殷代政治经验的传承，大概是靠着巫，周代靠着史。而学校的萌芽，恐怕开始只是习射、养老，并非经常的教育机构。焦循《孟子正义》引王念孙《广雅疏证》，以为"养老、习射，偶一行之，不得专命名之义"。故释"养犹教也。射、绎古字通。《尔雅》，绎陈也，则射者陈列而宣示之。此序训为射之说也。养、射皆教也"。此乃不明于历史上各种制度的演进事实，以后来的学校观念，解释萌芽时期的形态，故在文字训释上如此牵强附会。学校由"偶一行之"的养老、习射，而进到一种经常的教育机能，这是儒家不断努力的结果，并且到孟子而开始得到 个明确的形态。这在主张法治的意义上，更是一件大事。即是在中国历史上的统治之外，另开辟出一个教育的系统。除了井田、学校的法治以外，再引孟子几段关于一般法治的具体意见：

> 不违农时，谷不可胜食也；数罟不入洿池，鱼鳖不可胜食也；斧斤以时入山林，材木不可胜用也。(《梁惠王上》)
>
> 省刑罚，薄税敛，深耕易耨，壮者以暇日修其孝悌忠信。(同上)
>
> 昔者文王之治岐也，耕者九一，仕者世禄，关市讥而不征，泽梁无禁，罪人不孥。老而无妻曰鳏，老而无夫曰寡，老而无子曰独，幼而无父曰孤……文王发政施仁，必先斯四者。(《梁惠王下》)

尊贤使能，俊杰在位……市廛而不征，法而不廛……关讥而不征……耕者助而不税……廛无夫里之布……（《公孙丑上》）

总结孟子关于人与法的观点是"徒善不足以为政，徒法不能以自行"（《离娄上》）。上一句是说仅有治人（徒善）是不能办好政治，所以还要有治法；下一句是说治法不会自动实现的，须要治人始能推行，即是治人、治法不可偏废。这似乎是明白而平实的看法。不过因时代的关系，在二千年以前，重点是稍偏在治人那一方面，而在今日，则重点乃是多偏在治法这一方面。但正在过渡期的中国，二者的轻重恐怕是难分轩轾的。

由孟子上推到孔子，他曾说"道之以政，齐之以刑，民免而无耻。道之以德，齐之以礼，有耻且格"（《论语·为政》）。《论语》上的所谓"政"，多指政治上的命令而言。"道之以政"即是"言教"；"道之以德"即是"身教"。《论语》上的"德治"，乃指为政者须以自己的生活作模范而言，没有后来"德治"一词的广泛意义。所谓"道之以德"，是以自己的实际生活作领导，这是人治。而"道之以礼"的"礼"，其基本精神，正合于现代之法治，而法家的法，偏于刑法的意味重，并与现代的法治不同。因此，"齐以之礼"即是主张法治。荀子的所谓"礼"，在政治上也是指法治而言。孟子也有"上无礼，下无学，贼民兴，乱无日矣"（《离娄上》）的话。专谈政治制度的《周官》又称为《周礼》，由此一端，也可知儒家在政治上所说的"礼"都是法治。而孔子也决不曾忽略法治。所以汉人常说："孔子作《春秋》，当一王之法。"

最易引起误解的是《中庸》"文武之政，布在方策。其人存，则其政举；其人亡，则其政息"的一段话，许多人由此而说儒家不重法治。其实，这段话只说明当时的实际情形，何能解释为不讲法治？《中庸》在这章后面接着说"凡为天下国家有九经"，"九经"即是九种常法大法，后面皆一一地胪列了出来，这不是法治是什么？先秦儒家典籍中，讲政治制度最详（如《孟子》、《荀子》、《礼记》等），因此才演变出来《周官》这一部书。而今人竟异口同声地说，儒家只讲人治，不讲法治。治学不实事求是，论事不虚心坦怀，把现代人的责任，推卸到自己祖宗身上去，则此一代知识阶层的没落，决不是偶然的。

一九五九年五月二十五日《祖国周刊》二六卷八期

此文乃针对《祖国周刊》署名李崟者之一文而作。

作者一九五九年十月二十六日补志于东大

《孟子》知言养气章试释

程子以《孟子》知言养气一章，为"扩前圣所未发"，而孟子自己又以浩然之气为"难言"，所以这是《孟子》七篇中最重要而最难了解的一章，因此也是注释家所最用力的一章。我对此章，除朱元晦的《集注》外，最先注意到冯友兰附在他所著的《中国哲学史》后面的《〈孟子〉浩然之气章解》，因为我希望能用现代的语言、观念，来翻译古代的语言观念。接着我又觉得焦循的《孟子正义》对这一段的注释，要比朱元晦注释得好。现时看来，才知道在许多注释中，以冯友兰的最使我失望，而焦循亦只是依稀其旨。朱元晦下的工夫最深，所以他一则说"《孟子》养气一段，某说得字字甚仔细，请仔细看"，再则说"某解此段，若有一字，不是孟子意，天厌之"（均见《语类》五十二）。不过他的注解，有的地方体认得很深，有的地方也显然与原意不合。我现斟酌朱注，而略加补充修正，以探索此段在中国传统文化中有何地位？在现在看来又有何意义？

一

为便利读者起见，先举原文，并随加注解如下：

"公孙丑问曰，夫子加居齐之卿相，得行道焉，虽由此霸王，不异不足怪矣。如此，则动心因疑惑恐惧而动摇否乎？孟子曰，否，我四十不动心。曰公孙丑问，若是，则夫子过孟贲远矣不动心是有勇气的表现，故公孙丑援孟贲以赞孟子。曰孟子答，是不动心不难。告子先我不动心。曰公孙丑问，不动心有道乎？曰孟子答，有此处'有道'之'道'，乃泛指方法而言，朱注于此引程子心有主则能不动，实说得太早。北宫黝之养勇也，不肤挠肌肤不因被刺而挠屈，不目逃目不因被刺而转睛逃避，思觉得以一毫挫于人，若挞之于市朝。不受受辱于褐宽博贱者之服，此处即指贫贱之人，亦不受于万乘之君，视认为刺万乘之君若刺褐夫。无严无可畏惮的诸侯。恶声至，必反报复也。孟施舍之所养勇也，曰孟子引孟施舍之言视不胜犹胜也此是他表明自己的观点。量敌而后进，虑胜而后会，是畏三军者也此是他批评旁人好计较胜败，则将为三军之众所慑服，舍岂能必胜哉？能无惧而已矣。孟施舍似曾子，北宫黝似子夏朱以'子夏笃信圣人'为此处之解释。《语类》又引'子夏曰知其所亡'两语作解释，均不贴切。按《墨子·耕柱》篇有子夏之徒与墨子的一段争论，而子夏之徒，是主张君子有斗的。《韩非子·显学》篇以漆雕氏之儒为'不色挠，不目逃'，且儒、侠连词者三。是子夏乃至先秦儒家本皆重视勇，故公孙丑以孟贲赞孟子而不嫌其非类，特现时不可详考耳。夫二子之勇，未知其孰贤，然而孟施舍守约《语类》'所守者约'也。昔者曾子谓子襄曰，子好勇乎？吾常闻大勇于夫子孔子矣。自反而不缩 直，虽褐宽博，吾不惴焉阎若璩《释地》三'不，岂不也'；自反而缩，虽千万人，吾往矣勇往直前之意。孟施舍之守气，又不如曾子之守约也曾子为守义，故较孟施舍之守气，其所守者为约。朱以'孟子之不动心，其原盖出于此'者是也。曰公孙丑问，敢问夫子孟子之不动心，与告子之不动心，可得闻欤？告子曰此乃孟子答公孙丑之问，而引告子之言，不得于言'言'者指一般之思想言论。'不得'者不了解之意勿求于心不反求于自己之心去求了解，不得于心于心有所不安者勿求于气气即生理之综合作用。不求于气即不向生理作用求取安心之助。告子之言止此。不得于心勿求于气，可仅可而未尽之词；不得于言勿求于心，不可此二语系孟子对告子之批评。夫志志乃心之所向，即上文之‘心’，气之帅也。气，体之充也气所以充实吾人之形体者。此二语乃说明志与气之不同的职分。夫志，至焉志之所到，气次焉朱《集注》以‘至极’释‘至’，则是以低一层的意思释‘次’。然《语类》又谓‘志至焉，则气便在这里，是气亦至了’，则是将‘至’作‘到’字解，而‘次’字则应作‘舍止’解。按此二语系言志到那里，气亦随之而舍止在那里，以见志与气之职分虽殊而实不可分故曰孟子自述其平生之言，持其志，无暴乱其气此二语是孟子自述其能得到不动心之道，乃在于一面是持其志，一面又勿暴其气，即朱子之所谓‘内外本末，交相培养’。既曰此又公孙丑之反问。‘既曰’者，公孙丑以孟子既已经说过志至焉，气次焉意谓由此可知气是随志而转，是仅持其志即可；又曰持其志，无暴其气，何也为何又说持其志，还要无暴其气？曰孟子答，志壹志专注在某一点时则动动摇，即影响之意气，气壹则动志也此二语乃说明志与气可以互相影响，气并非是完全处于被动的地位，故二者须交相培养。今夫蹶者、趋者，是气也，而反动其心此乃引例以证明气壹则动志，因而说明何以持其志，又须无暴其气。敢问夫子恶乎长？公孙丑问曰孟子答，我知言‘言’者，乃指社会之思想言论，我善养吾浩然盛大之貌之气。敢问公孙丑问何谓浩然之气？曰孟子答，难言也。其为气也，至大，至刚，以直赵岐和程伊川都是在‘以直’这里截句，朱元晦则在‘至刚’处截句，而将‘以直’二字连下读，今从之。‘直’犹《论语》‘人之生也直’之‘直’，以直养，即以义养之意养而无害不以非义相干害，则塞充满于天地之间。其为气也，配合义与道在主观者为义，在客观者为道。气之所以能浩然，乃因其合于义与道，无是无义与道，馁也则馁而不浩然矣。是集义《语类》以'集义是行的工夫'，与穷理相区别，极为允当而重要。'集义'乃积善之意，即不断地实现其所当为之事所生由内自然生出者，非义袭而取之也不是向外袭取一善而即可得此浩然之气也。如激于一时之名誉感，或激于一时之爱国心，亦可使人奋发，此即所谓'义袭而取'。然此种由外来之刺激所引起之奋发，常成为五分钟之热心，不能成为浩然之气，行有不慊足于心，则馁矣此言不能义袭而取之故，我故曰告子未尝知义，以其外之也告子之所以不作集义的工夫，因其以义为外在的东西，与自己无干。实则义是主观的一种判断，一种要求，并非是外在的，所以告子为不知义。必有事焉有集义之事而勿正焦循以'止'释'正'，则下面之'心勿忘'三字无意义。不如朱元晦之以'预期'释'正'。虽集义而勿预期能有浩然之气之功效，心勿忘，勿助长也浩然之气，乃自然而生长，不可以意助之。无若宋人然以例譬说明助长之害，宋人有闵忧其苗之不长，而揠以手将苗向上提起之者，芒芒然罢倦之貌归，谓其人家人曰，今日病矣，予助苗长矣。其子趋而往视之，苗则槁矣宋人之故事止此。天下之不助苗长者寡矣，以为无益以集义为无益而舍之者而不集义的人，不耘苗者也；助之长者，揠苗者也。非徒无益，而又害之。何谓知言？此又公孙丑问曰孟子答，诐辞偏于一边之辞知其所蔽知道他是对另一面未曾看到，淫辞夸诞之辞知其所陷知其陷于某一部分，坐井观天，故常以偏概全，而将其偏加以夸诞，邪辞邪僻之辞知其所离知其在何处离开了正路，遁辞闪烁逃避之辞知其所穷知其在何处碰上钉子，陷于窘境。生于其心，害于其政；发见于其政，害于其事'政'就一般者而言，'事'就具体者而言。圣人复起，必从吾言矣。"

二

已录原文，兹再略加条理。

首先，我们应了解的是，公孙丑的"动心否乎"之问，有何意义？我过去曾在一位德国军人所著的军书上，看到"从知到能，尚须一跃"的话。书名已经忘记了，但这句话给我的印象很深。"知"是认识上的问题，是以主观去认识客观。此时对主观所要求者仅为冷静的知性作用，而知性之能冷静，则以主观之其他各部分，如情、意等，对客观事物保持不关心的旁观态度为前提。此时主观与客观，实保持一相当的距离。除就客观之本身加以认定其如何如何而外，主观对于客观之事物，并无真正之牵连与责任感。即对于主观方面，除了冷静的知性作用以外，更无其他要求。但若要把所知的事情，尤其是所知的与人有关的事情，而要按照目的，加以实现，在被实现的对方，可以发生有意识的阻力与事实上的困难，须待加以克服；则此时之主观，实须进入到客观事物里面去，以主观之力量，将客观事物之情况，按照预期目的，加以改变；则此时所要求于主观者，非仅系投射向外的知性，而系要求其整个的生命力量，能对客观事物加以承当。换言之，客观事物实亦已进入于主观者之生命内，而发生血肉相连之责任感。此时若生命之其他部分，如感情、意志等，与知性有一距离，则由知性所认识者，对因与生命其他部分之疏隔而发生阻碍畏沮，以使知性认识的结果归于无效。我见过若干人，平时讲图上战术，讲得头头是道，但一旦听到炮声，便心神沮丧，把平时所讲的，都吓掉得一干二净，即是上面一段话的显明例证。亦即是说明为什么"从知到能，尚须一跃"。所谓"跃"，是要把一部分的知性活动的结果，融入进全部的生命之中，使所认知者不仅以知识而出现，而系以知、情、意等的整个生命力而出现；对被认知者，不是处于旁观的地位，而系处于有责任的担当者的地位。在养气知言章的上一章，孟子似乎说服了公孙丑，使他相信"以齐王犹反掌也"。此一章，则系公孙丑紧承上章而承认"夫子加齐之卿相，得行道焉，虽由此霸王，不异矣"，但这里的"不异矣"，只是从孟子所说的客观的道理来讲；动心不动心，则是以主观来担当这种客观道理时，由对主观人格之考验所发生的问题。若用上面的话来说，公孙丑所问的，即是孟子到底经过了由知到能的"一跃"没有？而这一章主要的意义，也便是指出了作为中国传统文化最大特色的由知识走向人格修养，由人格修养以担当天下国家责任之路。其中所谈的道与义，固然是人自身的东西，但当我们对人自身的东西，只求作　了解时，依然是把它反射在客观的位置上而加以认取，此时所得的依然是知识的性格。此知识性的道与义，要成为行为性的道与义，须需要通过人格修养功夫的"一跃"。

　　不动心的表面根据，是一个人的勇气。所以公孙丑一听到孟子的"四十不动心"，便以勇士孟贲相比拟。孟子提出"告子先我不动心"，是说明在勇士的不动心以外，还有告子这一型的不动心。仅在不动心这一点上，还不能判定一个人的人格上的成就，主要须看他系通过哪种工夫而得到不动心的效果。同是不动心，因工夫的不同，而不动心的内容与所发生的作用也不同。整个的人格，是从不动心的内容和由内容所发生的作用来决定的。接着孟子因公孙丑之问，而举出两个勇士的养勇，与代表儒家的曾子之养勇，各有不同，亦即是说三个人之得到不动心的修养工夫的不同。孟子说孟施舍是守气，其实，北宫黝也是守气。他两人的分别，乃是一个向外求必胜，因而不能不以外在的敌人为目标，随着敌人为进退；一个则以无惧来代替向敌求胜之心，因此，只守住自己不怕之一念，便为已足，所以孟子说"孟施舍守约"。其实，北宫黝之求必胜，仍是以能无惧为前提，即以不动心为前提。两人之不惧皆来自"守气"。守气有似于养气，而不同于养气。养是培养。守气是守住一口气而不使之散，亦即今日之所谓"憋住一口气"。曾子之勇，一样要表现在气上面，但他却先通过理性（志）的反省，并由此反省而以理性统帅住气，以使其退后或向前。即曾子之所以得到勇，得到不动心，在实质上，与下文孟子之得到不动心，全是一样。

说到这里，对于所谓"气"，到底是什么，应先作一解释。《礼记·祭义》注谓"气谓呼吸出入者也"，这是指呼吸之气而言。我想，此乃从"气，云气也"（《说文》一上）比类而来的。其实，古人之所谓"气"，并非仅指呼吸之气，而系指人身生理的综合作用，或由综合作用所发生的力量。换言之，气即由生理所形成的生命力。此章下面孟子说"气，体之充也"，是说人的形体，是由此种生命力所充实的；人当初死时，形体依然是形体，但形体中因没有这股生命力而成为空壳子。孟子这句话，在《礼记·祭义》、《庄子·人间世》、《管子·心术》，都有大体相同的说法。因生理的综合作用而形成一种力量，所以气又可以释为力（《吕览·审时》其气章注）。因此，一般说北宫黝、孟施舍是血气之勇，即是把由生理所发生的原始的反抗性上升到自己的意志；自己的意志即顺着原始的反抗性而加以坚持、充实，不使其发生躲闪逃避等其他的转换反应。北宫黝则顺着此一趋势向前冲去，以求必胜，孟施舍则只把它凝结住以成为置一切利害于不顾的信心；这即是他们的

中国思想史论集

守气，即是一般所谓"血气之勇"。他们的活动中不是没有意志乃至若干理智在里面发生作用，而只是缺乏良心（道德理性）的自觉，所以他们的意志、理智是顺着生理的反应引起，引起以后，又落到生理反应中去。不能发生由良心自觉而来的对生理反应的反省作用，因而不能节制生理反应，主宰生理反应。曾子则是在此一连串过程中，多出一层良心的自觉、反省，及其主宰性。良心一旦获得了主宰性，则生理反应同时即上升而成为良心的判断、行动，所以一般称之为"义理之勇"。以生理反应为主的勇，只获得个人生理作用的支持，外不能通于社会，得到他人精神力量的鼓励，内也经不起自己良心的考验；而每一人都会有良心，都会有良心的闪光的。由良心所主宰的勇，个人的心，常与万人的心相通，所以常有看不见的、无限的社会支持力量，并且自己愈反省而愈会坚强，所以曾子称这是"大勇"。大勇的形相即是浩然之气。直截地讲，孟子的不动心，即是来自这种大勇。至如何达到此种大勇，却须一段切实修养工夫。此便是以下由公孙丑不十分高明地打破砂锅问到底所追出来的。

三

告子达到不动心的工夫，既不同于勇士，也不同于孟子，而是采取遗世独立、孤明自守的途径。一个人的精神，常常会受到社会环境的影响，因而会发生扰乱（动心）。告子的"不得于言，勿求于心"，是对于社会上的是非得失，一概看作与己无关，不去管它，这便不致使自己的心，受到社会环境的干扰。他之所以如此，是与他的"义外"说有关。"义"是对于事情应当或不应当的判断，及由此判断而引发的行为。孟子的"义内"说，乃认为此判断系出于吾人之内心，不仅判断之标准为吾心所固有，否则不会作此判断，并且以为吾心既有此判断，即系吾心有此要求，人之行义，乃所以满足吾心之要求，而为吾心之所不容自已。告子之意，则以为应当不应当，只是从客观事物关系中之较量比拟而出。并且他似乎并不由此而求建立一客观之义，而只是认为一般人所谓"义"者，与自己的生命毫不相干，所以他便可以"不得于言，勿求于心"，由此而把自己从社会隔离起来，不受社会的影响。"得于言"即所谓"知言"，亦即对客观事物作知识上的了解。"不得于言，勿求于心"，即对于不了解者，让其不了解，不用心去求了解。这与庄子"知止于其所不知，至矣"（《齐物论》）的态度，甚为相合。告子"生之谓性"的观点，也与庄子的性论非常相近。孟、庄同时而未尝相闻，告子或亦是庄子之徒。告子之所以"不得于心，勿求于气"，是说当他的心发生动摇时，只是以后一念的心，去制止前一念的动摇之心，再不向自己的生理作用上求帮助。譬如一个人黑夜走路，心里怕起鬼来了，这便是"不得于心"。此时有的人大声咳嗽，有的则高声歌唱，以此来壮胆，这即是在生理作用上来求得对心理的帮助，亦即是"求于气"。有的人则当怕鬼之念一起时，接着便起一念去制止；它或者加强无鬼的信念，或者加强鬼更怕人的主张，以使前一念之怕归于平静，而告子则似乎只是把心一硬，什么也不管，怕的心便也在硬中压散了。这即是所谓"不得于心，勿求于气"。"不得于心，勿求于气"，此时乃是以心作主，所以孟子说这还可以（可）。但我们应更追进一层：告子之所以如此，并非仅如一般人系出于生活的惯性，而是作为达到"不动心"的一种方法。但他何以要用这种方法？气能帮助不动心，岂不更好吗？他之所以如此，恐怕是因为他觉得一个人的心，常常会受到自己生理作用要求的影响。他的"不得于心，勿求于气"，乃是把自己的心和自己的生理作用隔绝起来，免使自己的心，被自己的生理作用要求所牵累而动摇。因为心既求助于气，气便可拖累及心，不如干脆把它隔断。后来禅宗中土第一祖的达摩，为二祖慧可说法，只教"外息诸缘，内心无喘"（《指月录》卷四）。"外息诸缘"，是由告子的"不得于言"（言乃是诸缘）的进一步；"内心无喘"，即是"不动心"。禅宗是空了外缘，而告子则是隔绝了外缘。又《续高僧传》十九载二祖慧可遇贼断其背，以法御心，初无痛苦，此与断背求法之说不合，未必可信；但在禅宗记载中，不以身体疾苦动其心者甚多，这也是"勿求于气"的进一步。禅宗是空了生理的作用，告子则是隔绝了生埋的作用。虽所用的工夫及所达到的境界，有浅深之不同，但起步和所要达到的目的——不动心，亦即禅宗所说的"八风吹不动"，并无二致；然则告子或者可以说是我们历史上土生土长的禅宗的前身。

四

孟子和告子不同的地方，一面是认为个体与社会不可分，所以他要"知言"，这一点留到后面去说；一面是认为心与生理不可分，所以他要"持其志"，又要"无暴其气"。由"持其志"及"无暴其气"的内外交修所得的结果，便是"浩然之气"，而把"持其志"与"无暴其气"打成一片的工夫便是"集义"。

志是心之所向，是心的作用，持志即是保持心的作用。在孟子，心、性、情，没有多大分别，他主张性善，心自然也是善的，所以他说"仁义礼智根于心"（《尽心上》）。因此，持志也便是保持住良心（道德理性）在生理中的统帅作用（"志，气之帅也"）。但是此种良心，并非如禅宗样，仅是一点灵明。假定它仅是一点灵明，便可如告子乃至后来的禅宗，以及许多受了禅宗影响的理学家一样，只把它作为"观想"中的存在。此时的一点灵明，虽然还是离不开生理，但在观想中，并不一定感到它须通过生理作用而始存在；极其至，禅宗乃至一般宗教，便以为这一点灵明，可以离开生理而单独承传下去。儒家的良心，则并非仅是这一点灵明，而是以仁义礼智为其内容的。仁义礼智，是把人我、人物关联在一起而始显露出来的，所以在这种内容中，它会由内而一定要求通到外，由个体而一定要求通到群体，由观想而一定要求通到行为。例如"满腔子是恻隐之心"（程明道语）的仁，不能仅停留在腔子里，而只凭我去观去想。它自然要发而为爱人的事实、行为，在这种从内向外通的过程中，便容易意识到由生理作用而来的乘载力量。此时固然要求生理作用听良心的指挥，万不可倒转过来，由生理作用，压倒了良心的作用，此即所谓"持其志"。但乘载良心的生理作用（气），事实上会有厚薄之殊，因而表现为乘载力量的大小；此种乘载力量的大小，自然会影响到良心实现的程度。尤其是会影响于良心向外实现的过程，亦即系从内存世界落到现实世界的过程；一经落到现实世界上面，便会遇到在内存世界中所没有的阻抗力量，可以给内存世界以反拨而使其发生动摇，此即公孙丑所问的动心。此时的动心不动心，与作为乘载者的生理能力，有密切的关系，一个生理的生命力非常委顿的人，即是有气无力的人，常常是能说而不能行的人，便是这种道理。

并且有时，懂得应当冒生死危险的道理的人，其怕死的程度，常甚于不懂这种道理的人，这便可以想到怕不怕，气的作用，或超过志的作用。所以孟子的不动心，是来自持其志，又要勿暴其气，即是还要培养生理的生命力。朱元晦"合而有助"之说，即是以气为有助于道义之说，用来解释下文的"配义与道"，在文义上不顺适，所以我没有采用。但它对于志与气的分别与关系，亦即道义与气的分别与关系，他却体认到了。所以他说："道义是公共无形影底物，气是自家身上底物。道义无情（按此有语病，因为他把性和心常分为两个层次，道义属于性，而不属于心，所以他如此说），若自家无这气，则道义自道义，气自气，如何能助得他？"（《语类》五十二）又："养气章道义与气，不可偏废。虽有此道义，苟气不足以充其体，则歉然自馁，道义亦不可行矣。"（同上）又："气配道义。有此气，道义便做得有力。"（同上）又："气由道义而有（按此语欠分疏），而道义复乘气以行。"（同上）

若将不动心的工夫先作一比较，则勇士们是养气而不持志，因此，其养气只是生理上的锻炼，而不是"集义"。告子则持志而不养气，其持志又不肯知言，所以他所持的只是守住一点灵明，而将自己沉浸在这一点灵明中，遗世而独立，遗现实而独立。或者也有点像西方的犬儒学派，他是在逃避现实中而不动心的。孟子则持志养气，合而为一，他是在担当现实、实现理想中的不动心。

以生理作用来乘载心或志的道义，若生理作用与道义尚有距离，则不仅不能保证志之经常的统帅权，且生理作用与道义之间可能发生摩擦，即一般所说的"理欲交战"，则其乘载力或且发生反作用。即使不会如此，道义的本身是一普遍性的、无限的存在，而生理作用则是一独特性的、有限的存在，以有限性的东西去乘载无限性的东西，事实上也会发生困难。因此，孟子的养气，便不能仅像摄生家的调节身体一样（我想，也会含有这层意思在里面），而系进一步将志与气融合而为一。这种合而为一，乃是由志的主宰性所给予气的塑造力（养），使气向志那里升华，使气与道义不分，因而也具备了道义的普遍性、无限性。而此种普遍性、无限性，不复是以观念的形态而存在，有如朱元晦所说的"公共无形影底物"一样，而是表现为具体的人格、生命。这即是孟子所说的"至大至刚，塞乎天地"的"浩然之气"。诚如朱元晦所说，气和浩然之气，原非二物，都是人的生命力，不过浩然之气，是经过塑造而向志升华后的生命力。孟子说"其为气也，配义与道，无是馁也"。"配"是合而为一之意。程子的"无道义则气馁而不浩然"，乃朱元晦解释为无是气则道义馁，不知道义之本身无所谓馁不馁；下文"行有不慊于心则馁矣"之"馁"，是就气说，此处亦以就气说为顺。又程、朱在这种地方牵连到天地之气上面去说，这实是自汉以来的歧出，没有什么意义。浩然之气，是人格向上的统一，完成的一种气象。若作具体的指陈，即是孟子在另处所说的"见大人，则藐之"，及"富贵不能淫，贫贱不能移，威武不能屈"的大丈夫。这样，自然会不动心，而对于道义的担当，对于人类命运的担当，乃是全面的担当，其间无一毫折扣、假借。到了此一地步，才能"不枉尺而直寻"，才能"舍生而取义"，才能"行一不义、杀一不辜，而得天下，不为也"。此处才真浮出了人格尊严的形象，而感到人与天地参了。

上面说过，以"志"，亦即以道义来塑造气，究竟是如何塑造？这便要彻底了解孟子之所谓"是集义所生也"一语的确切意

中国思想史论集

义。他是说，浩然之气是由"集义"所塑造出来的。所谓"集义"，朱元晦有句说得最好的话，"集义是行底工夫"。我再加上一句，"是积累着行的工夫"。道义原是生命中的一点种子，浩然之气是此种子向生理中生根扩大，最后与生理合而为一的生理上的升华。此种子若只当作抽象的观念去加以把握，则不论如何加以思辨、推理、构造，乃至构造成十分堂皇壮丽的东西，但它依然只是人的知性向外漂出去的一缕活动，与人的全部生命，并不相干，因而它并不能给予生命以丝毫影响。所以西方的哲学家，常常是在珠光宝气的帽子下面，盖着一个庸俗委琐的躯体。因此，他们一面常以哲学为观念的游戏，一面又常感到人生的合理面，远不敌其非合理面之可怕。近代经验哲学开山祖的培根，其人格的卑污，暂可置之不论，因为对经验主义者而言，本难有所谓人格的。但被称为另一近代哲学之父的笛卡儿，他选择在荷兰的孤寂生活环境，来建立他的合理主义的殿堂，但到了应瑞典女王之聘，因参加贵族的社交活动而感到情迷意乱，再加上天气严寒，竟由此得病而死，使人感到他真死得不值。读了黑格尔大著的人，谁能想到他的生活是那样的庸俗不堪。要使道义的种子，在生理的生命中生根扩大，只有把种子透出而成为"行的工夫"才能做到。因为行，必须通过整个的生理作用。通过整个的生理作用，即是种子向生理中、向血肉中贯注。贯注得久而久之，种子同着血肉便由不断的连接而融和一致，于是道义便不仅是种子而是整个生命，生命便不仅是生理的，同时也是道义的。所以西方的哲学家是以知识系统来表现，而中国的儒家，则是以人格来表现，以生活行为来表现。我对于以儒家的良心理性，认为除了精神、动机以外，是无所成，是不以有所成为目的的说法，是不赞成的。无所成，是告子、庄子、禅宗的性格，是西方理性主义乃至实存主义的性格。而儒家的良心理性，其本身即是一种形成的构造的力量。它落在行上，落在事上（必有事焉），则必要求有所成。成圣、成贤，是成，成己、成物，更是成。顺着儒家的政治要求，便会成就民主；顺着儒家重知识、重经验事实、重合理思考的要求，及道并行而不相悖的涵盖宽容的精神，纵使不直接成就科学，最低限度，也不会像基督教那样，须经过一段残酷的斗争后，始能与科学相安。儒家在历史上客观性的成就不够，乃是因为受了历史条件的限制，不应当把历史条件的限制，当作儒家道德理性自身的性格的限制。

如上所述，以集义来塑造（养）气，其功效是缓慢而不可见的，容易使人忘，所以孟子便提出心勿忘。忘则志会被生理作用所淹没，而人只成为一纯生理的存在。培养塑造之功，积久而水到渠成，有如生物的自然生长；有的人又常因期待之心太切，而希望收功于一旦，所以孟子又提出勿助长。助长则将成为装腔作势的空心大老板。朱元晦说"必有事便是集义的火法"（《语类》五十二），"火法"是指炼丹的火候而言，这却体认得精到。

五

儒家的良心理性，以集义而通向生命、成就生命，也以集义而通向社会、成就社会。停顿在观念上的东西，与生命不相干，也与社会不相涉。由观念而落实到集义之"事"，一面把志和气连接起来，同时也便将个人与社会连接起来。孤单的个人，无所谓事，事须人与人、人与物相接而始有。通向社会，便须对社会的事象，尤其是对社会生活发生推动作用的思想言论，须作是非的判断。有此判断，不仅不为社会事象动其心，且可进而对社会有所成就。所以在知言之下，便直落在政治利害上立论。这是集义落实下来的另一面。因此，在我看，本章的关键全在"集义"两字，而知言则是由集义自然推扩出去的。但朱元晦答学生"浩然之气，集义是用功夫处否"之问，却说："须是先知言。知言则义精而理明，所以能养浩然之气。知言正是格物致知。"（《语类》五十二）又："此一章专以知言为主。若不知言，则自以为义而未必是义，自以为直而未必是直，是非且莫辨矣。"（同上）又："孟子论浩然之气一段，紧要全在知言上。"（同上）

这显然与孟子"是集义所生也"之意不合，而有先后倒置之嫌。朱元晦虽用了这么大的气力解孟子，但他与程伊川一样，在根本上和孟了思想有一大扞格，即是他常把孟子的心、性本是一层的东西，看成两层的东西。理出于性而藏于心，理在心之上，亦即在心之外，所以孟子的理是自内流出，而朱元晦则常解为是从外面检来，《孟子集注》一书，在此种地方，几无一不错，此处不能详举。他既以理为在外，所以特注重向外穷理。因注重向外穷理，所以特别注重知言。孟子分明说浩然之气，系由集义所生，他却于此摇摆不定，偷偷地说成是以知言来养成的。

还有一个问题，应当一提的。朱元晦费了这么大气力来解释此一章，但他骨子里并不十分同意孟子的说法。《语类》五十二曾说"且只将《孟子》自看，便见孟子说得甚粗，《易》却说得细（按指《易·坤卦》的'直方大'而言）"，这恐怕是他从内心流出的真话。从这一点上，又可看出宋儒和先秦儒家的同中之异。孟子以集义为功夫，以必有事焉为功夫，这是由内向外发的，因而其精神是向前动进的。宋儒的功夫，特重涵养、省察，因而特重静坐、持敬，这是从外向内收的；向内的反省观照，重于事实上的实践，因而其精神是静寂的。于是他们无形中以静坐持敬代替了集义，亦即以凝敛（不能说观想）代替了行为。由此种工夫而变化得来的气质，多半是谨饬而带几分拘、腐，不复有浩然的气象。这便常表现为他们对实际问题的担当力不足。朱元晦说孟子说得粗，实际，则并非义理精粗的问题，而是气象、人格、生命力的大小问题。因朱元晦之不了解孟子的真正精神，所以便把知言放在集义的上位，同时，以静寂观动进，便不能不以孟子的工夫为粗。即此一端，又可以看出儒家思想自身演变，而找出古今学术得失之林了。

四月十九日于东大

一九五九年五月一日《民主评论》十卷九期

中国孝道思想的形成、演变及其在历史中的诸问题

去年十月，我在台中省立师范学校作了一次"孝在中国文化中的地位"的讲演。讲后，黄校长冠宇先生希望我能把所讲的写了出来。同时，谢幼伟先生当我们联合发表了一个由唐君毅先生执笔的有关中国文化的宣言时，他有一篇文章，一方面推重此一宣言，一方面感到在此宣言中没有提到"孝"的问题，是一缺憾。我觉得他的话很有意义。近来我又看到在为我平生所最崇敬，而对丁中国文化有最高热情和甚深研究的一位老先生的著作里，说孟子是孝治派，因而是专制政治的维护者，一笔抹煞他在中国思想史中的地位。我虽然知道这位老先生说这些话，是有不得已的苦衷，并且在他著作里所流露出的精神，乃至大部分内容，实在可以悬之天壤而不朽，但依然抑制不住我内心的悲痛。因为上述三种因缘，我便想对中国传统文化中的孝道，作一综合的叙述。并将此文献给大陆上在苦难中死去的父亲、母亲在天之灵，以告白我内心的愧耻和忏悔。

一九五九年八月二十四日于东海大学

一、问题的再提出

以儒家为正统的中国文化，其最高的理念是仁，而最有社会生活实践意义的却是孝（包括悌）。日本桑原隲藏博士说"孝道"是中国的国本、国粹。所以以中国为对象的研究，不可不先阐明理解他的孝道。美国的 Headland 也曾说若不牢牢记住孝道是中国人的家族、社会、宗教乃至政治生活的根据这一事实，即终究不能理解中国及中国人的真相。[①] 另外有位日本汉学家认为，把孝当作重要的文化理念而发生极大影响的，在希腊、罗马、以色列、印度等文化系统中找不出这种情形，中国佛经中有关劝孝的经典，都是和尚为了适应中国社会心理的要求而伪造出来的。所以"孝道"要算中华民族最独特的文化现象之一。我想，这是可以承认的说法。由中国《易传》"观乎人文以化成天下"的意义说，由culture 一语的本来意义说，所谓"文化"，它都是表示经过人类的思虑、反省，而认为是合理的一种生活方式和态度，所以它是含有理想、目的的成分在里面，而与自然生活或野蛮生活相对称的。人类的生活，未曾经过思虑反省，或者虽经过思虑反省，而认为是不合理，但依然还要去作的，要占实际生活中的大部分。这是人类生活中"非文化"或"反文化"的一面。这一面只是表现生理的冲动和堕性，或对环境不自觉的反应，它的本身固然就是人类的生存状态，但它并不能支持人类生活向上、向前的发展。人

[①] 桑原博士著有《支那的孝道，特别是从法律上来看支那的孝道》一文。该文载在《狩野教授还历纪念支那学论丛》内。此处所引的，见该《论丛》页二六九。Headland 的话，桑原氏原注见 Headland 所著的 *Home Life in China*, p.194.

类生活向上、向前的发展，是要靠文化在环境和人的自然生命中，所能发生的作用。纯自然、纯自然生命的现象，不是文化；但离开自然和自然生命的，也不是文化。所以假定一切都入于涅槃或进到天国，此时便无所谓文化。宗教的文化意义，是在想涅槃而尚未涅槃，要进到天国而尚未进到天国时，对环境和人的自然生命所发生的现实作用。孝是经过中国历史上许多人的思虑、反省所提出的人生行为的一个重要规范，并且这个规范，是经过长时期的社会生活实践，在中国历史里面，曾经很深刻地作用于生活环境及自然生命之中，所以它和缠小脚、吃鸦片烟不同，它是中国的重大文化现象之一。它的功过，可以说是中国文化的功过。在五四运动时代，如吴虞的"家族制度为专制主义根据论"及"吃人与礼教"这类的议论，直接从孝道及与孝道密切相关的文化现象来彻底否定中国的文化，这才算是接触到中国文化的核心，迫攻到中国文化的牙城，而真正和陈独秀、鲁迅们成为五四运动时代的代表人物。胡适先生推崇吴虞是"只手打孔家店的老英雄"，这要算是他的知人论世的特识。

不过谈到思想、文化等问题，仅采取"打倒"或"拥护"的一剖两开的二分法，在问题的处理上最为简单。并且当社会转变时期，以打倒传统为旗帜的，最易博取声誉。但若离开个人主观感情的利害，而能进入到文化问题的内部去，便不难发现"打倒"与"拥护"，只不过是在文化问题的外面绕圈子的偷懒办法，对解决文化上所发生的问题并无积极的贡献。因为如前所述，文化既是人类一种理想性的追求、表现，则彻底胡闹的东西，不会成为文化。同时，文化是人所创造的，没有完全的人，当然也没有完全的文化。每一文化理念的提出，都是适应历史上的某种情势、要求，而当它提出时，也一定会受当时各种条件的制约。历史上的要求、条件有了变化，则某一文化的内容及其效用，也会随之变化。把一个名词观念的内容，当作是一种静态的、固定不移的东西，而将它应用到不同的人和不同的时代上去，便常会犯张冠李戴的毛病。把历史上所曾经发生过的文化效用，要求于历史条件已经改变之后，或者用现代的要求、尺度，去代替历史上的要求、尺度，这都不是研究历史文化问题的合理态度。孝道在中国，有这样长的文化历史，有这样广大的社会生活实践的内容，要把它简约化到应该打倒或拥护的二分法中，恐怕不是负责任处理问题的态度。因此，我希望对此一重大的文化问题，能较五四时代的人们，稍作进一步的提出。

二、孝道由发生到孔子的立教及立教时之真正意义

《孝经》郑注[①] 释"先王有至德要道"的"先王"，以为专指的是禹。皮锡瑞疏引陆德明《释文》"推郑之意，以为五帝官天下，禹始传其子，传子者，尤重孝，故为孝教之始"。[②] 我觉得郑注、陆释、皮疏，都非常牵强。但由此可以窥破一点消息，即是孝道和传子的政治制度有密切的关系，甚至可以说是起于政治的传子制度。因传子是家天下，要政权稳定，首先需要有一个稳固的家庭。孝便是以父权为中心所渐渐形成的巩固家庭组织、秩序

---

① 《孝经》郑注，有人认为是郑康成，有人认为是郑的孙子郑小同，皮锡瑞著《孝经郑注疏》则以为系郑康成早年本今文学所注。此处不涉及此一争端，但即若出于郑小同之手，也与郑康成的思想有关，所以我在此处暂时承认皮的说法。
② 皮锡瑞著《孝经郑注疏》，《四部备要》本卷上页四。

的道德观念。舜的大孝，恐怕是孟子时代才形成的故事，《论语》中称赞舜，还不曾关涉到他的孝行。同时，从历史的事实看，常常是某种事实发生在前，对事实的观念、理论，发生在后。就古代比较可靠的史料看，在殷代的祖宗崇拜中，原始性的宗教意味，重于实践的道德意味。因此，孝的观念此时恐尚未形成，所以甲骨文中没有"孝"字。在西周金文中，"孝"、"考"两字常互用。"孝"字在西周金文中出现虽较晚，但由其使用以测其创造之时，当在西周初年。[①] 在周初以前，凡提到孝的文献，在时代上都不可靠。"孝"字恐始见于《尚书·康诰》的"矧惟不孝不友"；而孝的观念，在《诗经》的《大雅》、《小雅》及《周颂》中始特为明显，其中共出现有十六个"孝"字。周朝立国，是大封同姓以控制异姓，并建立宗法制度以树立同姓内部的秩序与团结。这在《左传·僖公二十四年》富辰谏周王的一段话中，说得非常清楚。他们团结的最高象征是文王，而团结的目的是要"文王孙子，本支百世"，[②] 以维持一姓的政权于不坠，于是孝的道德要求特为重要。其他的许多道德观念和制度，都是以孝为中心而展开的。《左传·文公二年》："孝，礼之始也。"《国语·周语》："孝，文之本也。"文即是礼，而礼是包括政治、人文的全体。上面两句话，正说出了此中消息。

孔子自称是"述而不作"。他在人物方面的最高向往是尧、舜，但在文献上的承述却是周代，[③] 这主要因为有文献足征不足征的限制。但孔子的"述"有三大特征。第一，是从过去特定的事项中，

---

① 根据友人高笏之先生的说法。我写此文时，曾特别函请他指教过。

② 《诗经·大雅·文王》。

③ 《论语·八佾》："周监于二代，郁郁乎文哉，吾从周。"

找出富有普遍性的共同准则。例如，礼本是由宗教的人神交接，发展而为贵族交接的礼仪及政治的制度，到孔子则发展而为一般人的行为规范。第二，是把外在的形式，转化而为内心的德性，使其成为人格成长的表征，并使形式因受到德性的批判而不致归于僵化。例如，礼本是外在的一种形式，他却把它和仁融合起来，使仁居于主导的地位。① 第三，通过他个人的人格上的体验与成就，而把传统的观念推进并提高为高深的根本原理。例如，他把传统的"爱"推进提高到"仁"，把传统的"性与天道"，提高到子贡所不可得而闻的"性与天道"。这三点，应用到孝的观念上，完全是适当的。如前所述，孝原是为了适应传子的政治制度，尤其是为了适应宗法的政治制度的必要而发生的，但到了孔子，则成为每一个青年所必需的起码行为。② 孝原是为了建立外在的家庭间的秩序而发展的，到了孔子则转而为每一个人内心的天性之爱，是这种内心的天性之爱所不能自已地自然流露。③ 孝是善事父母，是每一个人所能做到的极寻常的行为，但孔子则把它通向人生最高原理的仁上面，而使其成为"为仁之本"。④ 由此可知，孔子是承述了周代的传统的孝，但在这种承述中，却把它由统治者的手上拿到每一个人的手上来，使其发生了本质的变化，而成为儒家思想中所永不能缺少的一部分。

儒家重视孝的意义，我先在这里试作一综合的叙述。儒家思

---

① 《论语·八佾》："人而不仁，如礼何？人而不仁，如乐何？"

② 《论语·学而》"子曰，弟子入则孝，出则弟。"

③ 《论语·阳货》：孔子对宰我短丧之间，只以"于女安乎"为答，及宰我答以不服三年之丧而心安时，孔子也只好答以"女安则为之"。可见孔子认为，人子之孝父母，全出于内心之安不安，而非来自外在的制约。

④ 《论语·学而》："有子曰，孝弟也者，其为仁之本与。"

想，是以仁为中心的实践道德思想；而"仁者人也"，[①] 仁不是来自神的意旨，而是作为人之所以成其为人的特性，所以它是发自人的本身。人的本身何以具有仁德，这正如孟子所说，从"孩提之童无不知爱其亲也"的这一点上可以得到证明。[②] 孝是出于人子对父母的爱，即是仁的根苗。孝的实践，即是对仁德初步的自觉、初步的实践，也即是对于仁德根苗的培养。所以有子说这是"为仁之本"。一个人，在对父母之爱的这一点上也混沌过去，毫无自觉，则仁德的根苗，将因此而湮塞枯萎，于是这种人不会把社会看成是一个谐和互助的有机体，而只能看作冲突斗争的场面，因而恃强凌弱、以众暴寡是当然的事。所以孟子说："于不可已而已者，无所不已；于所厚者薄，无所不薄也。"[③] 这在儒家的立场看来是非常不幸。其次，儒家所要求的以仁为中心的实践道德，它与宗教的不同之点，是在于宗教所要求的，常常只能出特殊的少数人，在某种特殊的时空中，所偶然表现的卓异崇高的道德；而一般人对于这种偶然表现的卓异崇高的道德，只是抬起头来向上仰望着，表示一种皈依向往之情。等到把头低了下来时，他所仰而望之的道德和他实际的生活，常常依然是两回事。儒家的实践道德，则不以其卓异崇高的形态出现，而只是以"中庸"的形态，亦即是以"布帛之言，菽粟之味"的形态出现，因为如此，所以每一个人，随时随地，皆有实践的可能。凡是不近人情的行为，即是不能普遍实践、不能随时实践的行为。凡是要凭借外在的机缘、条件，而始能实践的行为，也是不能普遍实践、不能随时实

---

① 此语分见于《孟子》及《礼记》之《中庸》、《表记》。
②《孟子·尽心上》。
③ 同上。

践的行为。孝是顺乎人情的自然，而且又不需要外在的任何机缘、条件的，所以孝便成为儒家道德实践中的最基本的德行。

或许有人说，爱亲既是出于人情之自然，则特别提出"孝"字来立教，又有什么意义？这一点是值得特别研究的。因为把自然之情，特别提了出来，使由无意识而进入为意识的活动，这便加上了理性自觉的意义到里面去。出于自然之情的爱，是顺着生理作用所发出来的，其本身还夹杂着自私的成分在里面，与普通所说的"欲望"没有多大分别。这种爱不能通向仁，不能扩充而为人类之爱。孟子说："人少则慕父母，知好色则慕少艾，有妻子则慕妻子，仕则慕君。"[1] 此便是说的顺着生理作用所发出的自私之爱。这种爱缺少了道德性的自觉，不能表现道德价值。必须加上了道德理性自觉以后的自然之情，在其自觉的要求下，同时即超越了自己的生理的限制，突破个人的自私，而成为一种道德理性的存在，以澄清淘汰自然之情中所包含的混杂成分。这比不曾经过自觉的自然之情，因而是生理的混沌、盲目、杂乱的自然之情，完全是两样。所以一切人类（乃至高等动物），孩提时都有对父母之爱，但他们缺少此一孝的自觉，所以这种爱在每个人的一生中，乃至整个的社会里面，不曾发生积极性的作用。于是他们不能在自己本身上证明道德的爱、体认道德的爱，而只有在外面另找道德之爱的源头，所以宗教对于他们在道德上有特别重大的意义。但在自身缺少爱的自觉，缺少爱的真切体认、实践，而仅靠"他力"的启示、帮助，对一般人来说，这种他力的启示、帮助，很难与现实生活融成一片。所以他们的爱，依然常流为一种贪欲、

---

① 《孟子·万章上》。

占领，如男女之爱、权利之爱等，以加强他们的自私；很少能突破自私以扩充而成为人类之爱，亦即是儒家的所谓"仁"的境界。其原因，便是因为他们在自己本身的爱的根苗上，缺少了这一点自觉，因而缺少了由生理转向理性、由自利转向利他的这一真切的转化作用。换言之，即是他们缺少了孝的教养。

《论语》的编纂次序，不必都有意义，但首之以"学习"，次之以"孝弟（悌）"，[①] 则未必全无意义。即是，孔门立教的重视学习与孝弟，是毫无疑问的。但孔门只把孝弟当作对一般人的起码要求，并不曾把它当作德行上最高的成就。《论语》上，孔子对他的学生问君子、问成人、问士、问行、问达，他从未举孝弟来作答。因为在他的心目中，一个人在德行上人格上的成就，应当不止于孝弟，而须要更进一步的努力。最明显的有他答子贡的问士，原文是：

> 子贡问曰，何如斯可谓之士矣？子曰，行己有耻，使于四方，不辱君命，可谓士矣。曰，敢问其次？曰，宗族称孝焉，乡党称弟焉……（《论语·子路》）

"士"，有如今日的所谓知识分子，所以他的成就比"君子"、"成人"要低一个层次。但孔子把仅有孝弟上的成就，只看作是次一等的知识分子的成就。头等的知识分子，在人格上须要有更高一层的成就，而在能力方面，须要对国家社会有某一方面的贡献。并且孔子教人立身行己，亦从不仅限于孝弟。如他说了"弟子入则孝，出则弟"以后，接着便说："谨而信，泛爱众，而亲仁；行

---

① 《论语》首章为"子曰，学而时习之"，接着便是"有子曰，其为人也孝弟……"

有余力，则以学文。"他只把孝弟当作人生中的必需的具体德行之一，并没有把它当作做人的总括性原则。孔子提出的做人的总括性原则是"主忠信"的"忠信"或"忠恕"。孝弟限于家庭，不一定能通于社会，而忠信、忠恕则可将人和己、家庭与社会，完全贯通起来。要了解儒家原始思想及其以后的演变的人，尤其是要了解儒家孝的观念的演变的人，在这种地方，不可轻易忽略过去。必须能把握住《论语》的全般精神，以衡断其他典籍中所载许多孔子论孝的话，哪些是出于孔子，哪些是合于孔子的原意，哪些是后来的推演，或径与孔子的原意相反，这便容易在各种杂乱的说法中理出一个线索。

三、孟子对孝道的传承与扩大及所谓孝治派

一般的说法，孔门以曾子最能传孝道。子思是曾子的学生，而孟子又曾学于子思的门人，所以孝特为孟子所重视，这大概是可靠的说法。例如《论语》："孟懿子问孝，子曰，无违。樊迟御，子告之曰，孟孙问孝于我，我对曰，无违。樊迟曰，何谓也？子曰，生事之以礼，死葬之以礼，祭之以礼。"（《为政》）上面三句总括孝道的话，在孟子答滕文公问丧礼的时候，便完全引来作为是曾子的话。① 同时，孔子答子游、子夏问孝时，皆不以仅能养为孝；② 而孟子以曾子养曾皙为能"养志"，即是不仅能养曾皙的

---

① 《孟子·滕文公上》："滕定公薨……然友之邹，问于孟子。孟子曰，亲丧，固所自尽也。曾子曰，生事之以礼，死葬之以礼、祭之以礼。"此与《论语》上孔子告樊迟的话，完全相同。
② 见《论语·为政》子游、子夏问孝两章。

口体，认为"事亲若曾子者可也"。① 这与孔子的意思，也完全符合。《论语》把孝的根源，内化于人子的不容自已之心；孟子一则曰"然后尽于人心"，再则曰"亲丧，固所自尽也"，三则曰"夫泚也，非为人泚，中心达于面目"，② 这与孔子的精神也完全是一贯的。不过孝的思想，在《孟子》一书中的分量，比在《论语》中的分量却大为扩大了。如前所述，《论语》只把孝视作人生德行的初步，也即是人生德行中的一部分；而孟子则有把孝扩大为德性的最高表现，因而有以孝来贯通德性全体的趋向，并且提出舜来作为最高的典型。他说："尧、舜之道，孝弟而已矣。"③ 又说："视天下悦而归己，犹草芥也，惟舜为然。"④ 又说："大孝终身慕父母。五十而慕者，予于大舜见之矣。"⑤ 这些说法，可以从两点来解释：第一，认为孝是发自一个人的内在德性；内在德性对于一个人的人格来说，是超过于外在的一切东西的。在此说法的本身，不仅是强调了德性至上，而且也意谓着一个人在德性上的自足，即可超越一切与德性无关的外在世界，因而显露出人格的无限尊严。第二，一个人的全部德性，照理论讲，本来也可以通过某一种具体行为而显现出来，只要某种行为是呈露了彻底的自觉和整个的人格世界。照上面的解释，孟子对孝的思想地位的提高扩大，似乎也没有大的毛病。所以孟子特别强调孝弟和仁义礼乐的合一，⑥

① 见《孟子·离娄上》"事亲为大"章。
② 见《孟子·公孙丑下》"孟子自齐葬于鲁"章及《滕文公上》"滕定公薨"章与"墨者夷之"章。
③ 见《孟子·告子下》"曹交问曰"章。
④ 见《孟子·离娄上》"天下大悦而将归己"章。
⑤ 见《孟子·万章上》"万章问曰，舜往于田"章。
⑥ 见《孟子·离娄上》"仁之实，事亲是也"章。

即是强调孝弟后面的全部道德理性的自觉，由此以贯通一切，并完成一个道德的人格世界，即是上述解释的证明。但由精神落到行为上时，行为总是实现于某一方面，因而也是局限于某一方面，例如孝，便是实现于家庭，而局限于家庭的这一方面的。一般人可以有这种行为，但不必能有此一行为后面的彻底自觉；于是这种行为便很难从局限中贯通出去，因而对于人生某一行为的过分主张，同时可能使人生其他方面的行为受到萎缩。因此，孟子对孝道价值的扩大，事实上会给后来许多人只知有家庭而忽略了社会、国家的不良影响。尤其是孟子，因为过分强调了孝弟，一方面主张此一德性冒出于一切事物之上，一方面无形中便以其他一切的事物作为孝弟的手段，而抹杀了其他事物的客观独立的价值。如当时万章对舜封象于有庳的怀疑，认为舜不应牺牲有庳的人民以封他的"至不仁"的象，与舜之诛四凶的精神不合，这是非常合理的怀疑。[1]但孟子的解释是："仁之于弟也……亲爱之而已矣。亲之欲其贵也，爱之欲其富也。封之有庳，富贵之也。"[2]这便是非常有害的说法。他又说舜是"孝子之至，莫大乎尊亲；尊亲之至，莫大乎以天下养"，[3]这与前面视"天下犹草芥"的说法，是一显明的矛盾，也是非常有害的说法。孝的思想，到了孟子所以有上述的演变，大概有两种原因。第一，某种思想，在开始成立时，常有客观的背景与要求，以制约它于某一范畴之内。但一经传承，便常不能避免传承者仅凭观念上的推演，因而不知不觉地超出了它原有的范畴。孝的思想的演变，当然也受了这一种影响。其次，

---

① 见《孟子·万章上》"万章问曰，象日以杀舜为事"章。
② 同上。
③ 同上"咸丘蒙问曰"章。

孟子因主张性善，便主张道德不是从客观上建立起来，而是从人的本身内部流出来的。因此，便特别抓住"不学而能"、"不虑而知"的"良知"、"良能"，以为德性立基；而良知、良能乃直接显现于"孩提之童无不爱其亲也，及其长也，无不敬其兄也"的事实之上。①站在性善的立场说，良知、良能的一点可能性，同时便涵盖了道德价值的一切。所以孟子接着说："亲亲，仁也；敬长，义也。无他，达之天下也。"也因此而把孝作了"充类至义之尽也"的说法。②而这种说法，是容易发生流弊的。

但是，若因此而说孟子乃至曾子、子思是孝治派，而孝治派即是专制主义的维护者，这便是不应当有的错误。首先，中国专制政治，为主是秦始皇根据商鞅在秦国所奠定的基础，再加以韩非、李斯的法家思想所建立，再由汉代所继承下来的；这只要稍为读读《史记》若干有关的纪传，便立刻可以了解。固然在秦朝所建立的政治制度中，也有一小部分是受了一点儒家思想的影响，例如御史制度的确立。这是因为《吕氏春秋》中含有一部分儒家的政治思想，而李斯也曾是荀卿的门人。但自秦始皇到汉宣帝，法家与黄老的合作才是政治思想的主流；而当时的黄老，也正是拥护专制政治的，此观于黄生（治黄老之学的）与齐辕固生（治齐《诗》的）在景帝面前争论汤武革命的事情而可以明了。③先秦儒家，一致是采取"抑君"而不是"尊君"的（请参阅拙著《西汉政治与董仲舒》一文）。以后儒家对专制制度的态度，在西汉的思想趋向上，大体可以分为三派：一派把儒家"五帝官天下"的

①《孟子·尽心上》"人之所不学而能者"章。
②《孟子·万章下》"敢问交际何心"章。
③见《史记·儒林列传》。

理想，与阴阳家"五德运会"的说法（实际只是说皇帝应当轮流来做）相结合，以反对专制政治。这一派由王莽的成功而得到一个假胜利，也由王莽的欺骗、失败而得到真失败。当时的儒生向王莽上书，乃至扬雄也写《剧秦美新》的文章，后人看了觉得他们何以这样没有气节？其实，他们是在"官天下"的大气氛中来进行的。这一派的思想，后来只在朱元晦、陆象山、邓牧、黄梨洲这些少数人中保持着。另一派是与既成的专制政治妥协，在妥协中求得儒家政治理想部分的实现，这从陆贾、贾山，已开始这种努力。而中国历史中，这一派人物，在专制的污浊中流下了最多的血，一直流到戊戌变法的六君子始告一段落。这些人是使中国的专制政治，在许多地方不同于西方的所谓专制政治的重要原因之一。另一派则是以叔孙通、公孙弘为首的曲学阿世派。所谓"曲学阿世"，即是歪曲自己所学，以阿附专制政治，为专制政治作欺骗、安魂的工作，以图得个人的富贵。这一派在极权政治下，会得到更容易繁殖的土壤。而事实上，这一派的人可以假借儒学，可以假借宗教，也可以假借洋学。只要假借什么有效，他们便假借什么，但在本质上，他们与任何学都不相干。所以五四运动以来，许多人把中国的专制政治，一笔写在儒家思想身上，这和说中国自秦始皇起，所行的不是专制政治是同样的荒谬。就孟子来说，他在政治上的反专制、独裁，一切以人民的利益为政治的最高准绳，[①]并且在两千多年前，已正式宣布人民的革命权利，因此而冒犯了朱元璋的忌讳，把他的神主从孔庙中迁了出来。这只要

---

① 如《孟子·梁惠王》篇之"与民偕乐"，"与百姓同乐"，"与民同之"，"乐民之乐，忧民之忧"，皆系以人民为政治之主体，此种精神实贯注于《孟子》全书，所以他能说出"民为贵"的话。

稍稍打开《孟子》的原典一看，便可以看得出来的。若以一个字来概括他的政治思想，只能说他是仁治派，而不能说他是孝治派。"三代之得天下也以仁，其失天下也以不仁"，[①] 这是他反反复复对政治的基本看法。他站在个人的德性上，虽然说"仁之实，事亲是也"，但在政治上，他不仅说"老吾老，以及人之老，幼吾幼，以及人之幼"，[②] 特别重视一个"及"字，特别重视一个"推恩"的"推"字；并且由仁心而还要求仁政，[③] 而他的所谓"仁政"，都要见之于具体的设施的。例如：

> 五亩之宅，树之以桑，五十者可以衣帛矣。鸡豚狗彘之畜，无失其时，七十者可以食肉矣。百亩之田，勿夺其时，八口之家，可以无饥矣。谨庠序之教，申之以孝弟之义，颁白者不负戴于道路矣。老者衣帛食肉，黎民不饥不寒，然而不王者，未之有也。（按此段话凡三见，《梁惠王上》二见，《尽心上》一见，可见他对此段话的重视）

> 昔者文王之治岐也，耕者九一，仕者世禄。关市讥而不征，泽梁无禁，罪人不孥。……（《梁惠王下》）

此外，还提出井田的理想，一直给中国两千年来解决土地问题以启发性的作用。他在什么地方，认为只要统治者能尽孝便可以治天下，因而可称为孝治派呢？

由孟子推上去，《论语》上孔子与政治有关的话，大概有

---

① 见《孟子·离娄上》。
② 见《孟子·梁惠王上》。
③ 见《孟子·离娄上》"离娄之明"章。

五十多处，只有两处提到"孝"字，一是"季康子问使民敬忠以劝，如之何？子曰，临之以庄则敬，孝慈则忠，举善而教不能则劝"（《为政》）。季康子的问，是统治者对人民的某一特定的要求，这不是一般性的政治问答；孔子的答复，是要统治者先要求自己，做到庄、孝慈、举善而教不能的三点，而孝慈只是三点中之一。另一条则是"君子笃于亲，则民兴于仁。故旧不遗，则民不偷"（《泰伯》）的话，这是就在上者在做人方面所能发生的政治影响而言，并非就具体的政治设施而言。把《论语》上孔子谈到政治的话综合起来，当然说不上是孝治派。《大戴礼记》上记录的曾子的话，都是他的后学辗转传述而不很可靠的。要了解曾子的本来面目，当求之于《论语》及《孟子》所记载、所引述的材料。《论语》上所载与曾子有关的言行，一共有七条，其中仅"慎终追远，民德归厚矣"（《学而》）一条，是说孝与政治的关系，但这与孔子所说的"君子笃于亲"的话，是同样的意义。他在临死时告诉孟敬子的"君子所贵乎道者三"，丝毫没有以孝为政的意思。并且他和孔子一样，是以"仁"为士所应达到的目标，[①] 而不是以孝为士所应达到的目标；他所传承的孔子的一贯之道是"忠恕"而不是孝。[②]《孟子》上引用曾子的话有六处，仅一处谈到孝道，[③] 这是转述孔子的话。此外，主要都是强调人格尊严的。叙述曾子行迹的有三次，有两次是关系于曾子个人的孝行，与政治无涉，其中也没有半点孝治派的痕迹。《孟子》中叙述子思的行迹有五，无一与孝有关。子思的思想见于《中庸》。《中庸》的"三达德"，是

---

① 见《论语·泰伯》"士不可以不弘毅"章。

② 见《论语·里仁》"子曰参乎"章。

③ 见《孟子·滕文公上》"滕定公薨"章。

智、仁、勇而不是孝，其政治思想重在"以人治人，改而止"。其政治设施则为"九经"，九经中仅"亲亲"一项与孝有关系。[①] 至于《中庸》里称述舜、文王、武王、周公的大孝两节，与《中庸》上下文的脉络皆不相连贯。尤以"舜其大孝也与"一节，在本节中的语意也不相连属，与前面"舜其大知也与"一节，恰成一明显的对比。这无疑的都是编集时，把后来的材料随意编入进去的。从全体看，决说不上是孝治派。总之，一直到荀子为止，先秦儒家中，没有孝治思想。不过，在这里我应特别说明一点，仅仅提倡孝道，固然不足以治天下；但在治天下中而提倡孝，这对于中国民族的保存、延续，依然有积极的意义。如同后所述，把事君的忠与事父的孝混淆了起来，可以在知识分子方面尽到维护专制的作用；但仅就孝在社会上一般的作用说，依然与专制无关，依然正面的意义大于负面的意义。这是不可以用片面的意义来加以否定的。

四、孝道在政治上的作用及对政治的伟大启示性

至于孝道在政治上所发生的实际作用，就我研究所得的结论，和五四运动时代许多人们的看法，恰恰相反。它在消极方面，限制并隔离了专制政治的毒素，成为中华民族所以能一直延续保存下来的最基本的力量；在积极方面，可能在政治上为人类启示出一条新的道路，也即是最合理的民主政治的道路。

首先我应指出，许多人以为过分重视孝道，便贬损了人格的

---

① 见《中庸》"哀公问政"章。

尊严，因而在政治上便容易成为专制政治的拥护者，这对先秦儒家而言，乃至对宋明理学家而言，是完全不合事实的。《论语》"有子曰，其为人也孝弟，而好犯上者鲜矣。不好犯上，而好作乱者，未之有也"（《学而》）的这一段话，便很容易引起孝是奴才道德的感觉。其实，在任何社会制度之下，总不会以犯上作乱为社会的常态。人类只能在和平的社会中发展，决不能在长久动乱的社会中发展。即所谓正当的革命，也是出于一时的不得已。犯上作乱，是表示社会极端动乱的状态。而这种状态之形成，乃出于互相仇恨的心理。孝弟所以培养人类的爱苗；有了这种爱苗，便不会以仇恨的心理去看社会，而会以爱的心情去看社会，于是社会的问题只努力在和平中求解决，因而这个社会可以保持和平的状态。把有子的话和下面"为仁之本"连在一起看，"仁"是包含有最崇高的人格尊严的意味在里面的，则他前面的一段话，当然应作我这样的解释。其次，孔子的"三年无改于父之道"（《学而》）及"父母在，不远游，游必有方"（《八佾》）这类的话，及三年之丧的主张，在今天看来，是不适于青年生活的发展要求的。但他是以当时封建的静态社会为对象来说的。而他之所以说这些话，都是出于唤醒青年人对于他的父母的真挚之爱，我们今日平心静气地来读这些话的时候，还接触得到里面所蕴蓄的深厚情感。并且如前所述，这只是孔子教人的一个方面。谁能找得出孔子因此而贬损了他的人格尊严的痕迹？

其次，曾子、子思、孟子，在德行方面是比较特别强调孝，但他们在人格尊严方面，尤其是在对政治而言的人格尊严方面，却也特别显得突出。曾子"虽千万人吾往矣"的"大勇"（《公孙丑上》），子思"中立而不倚"的"君子之强"（《中庸》），孟子"富贵不能淫，贫贱不能移，威武不能屈"的"大丈夫"，都贯穿于他们整个思想与人格之中。在人类文化中，只有在中国这些圣贤中才能找出真正的人格尊严及其根据。荀子说："入孝出弟，人之小行也。"① 他所给予孝弟的分量，倒合于孔门的原意。但在人格尊严及抑制君权，伸张士气、民气这一方面，却远不及曾子、子思、孟子。而韩非的反孝弟，正因为孝弟妨碍了他的古典的法西斯的思想。因为孝弟在儒家是人的一种德行。真正的人格尊严，是要随内在德性的伸长而伸长的。

　　人类的物质生活，不仅须在相互关系中始能得到解决；即人类的精神生活，也要在同类的连带感觉中才能得到安定。从人群中彻底孤立起来的人，其精神上的枯寂与不安，实不亚于物质上的缺乏困苦。我们可以从这一方面去了解亚里士多德"人是政治动物"这句话的意义。中国历史上的知识分子，常常只有走到政治方面去求到这种满足，于是政治生活便成为一个人的生活中所不可缺少的一部分。这种无条件的投向政治，便促成知识分子成为政治的附属品，因而造成统治者高出庶物的幻觉。孔子的时代，正是由贵族的知识分子，开始过渡到社会的知识分子的时代。这些初兴起的社会知识分子，当然要拼命向政治圈子里去钻，这从孔子"三年学，不至（当作'志'）于谷（俸禄），不易得也"（《泰伯》）的话，可以看出来。或谓孔子曰"子奚不为政"的疑问也是由此而来。但孔子的答复是"《书》云，惟孝友于兄弟，施于有政，是亦为政，奚其为为政"（《为政》）。为政，即是从事政治。孔子的意思，一个人以孝友尽力于家庭，也是一种为政，何必一

① 见《荀子·子道》篇。

定要去做官，才算为政？这几句话包含了两种意义。其一，人如要尽到人对人的责任，则应从现成的家庭开始，不必要有待于做官。另一，人在家庭的构造中，同样可以得到人与人的相互关联的满足，而不必有待于政治。所以知识分子重视家庭的孝友，应当可以减少他们对政治的依附性。更紧要的是，可由此而诱导出一个重大的社会结果。中国在封建时代，只有贵族才有家，所以"家"字几乎是代表贵族身份的专用名词。① 孔子这句话，同时也是正面承认了家的一般的价值，代表了一般的对家的自觉。由孝弟、孝友的观念，而促醒士庶人也开始以自己的家庭构造来建立自己的生活基点，以满足自己的生活需要。孔子的"舍之则藏"（《述而》），是藏在一个有人生价值的家里，一个孤单的个人，是无处可藏的。并且有了家以后的人们，在专制政治之下，政治只支配了他的生活几分之几，因而政治的灾害，也在一般情况下，只会受到几分之几。原因是每一个人有一个实际生活的立足点可资庇护。彻底的独裁专制，必把这种立足点加以摧毁，使每个人两脚悬空，不能不完全投入于政治机梏之中，始能加以实现。近代的民主政治，是立基于承认个人价值之上，并非聚合许多孤立的个人，而可以建立民主政治。相反的，民主政治的建立，正赖于有许多对中央政府而保有半独立性的社会团体。假定英国没有地方自治团体、宗教团体及贵族集团与新兴工商业者集团，则民主政治在近代不可能首先出现于英国。这是中国谈民主政治的人所常常忽略的事实。就中国的历史说，家庭及由家庭扩大的宗族，

---

① 鲁国的三桓，《论语》上即称为"三家"。《孟子》对梁惠王"何必曰利"一章"王曰，何以利吾国，卿大夫曰，何以利吾家，士庶人曰，何以利吾身"，犹以国、家、身对举。此例甚多。

它尽到了一部分自治体的责任，因此，它才是独裁专制的真正敌人。所以秦始皇及汉高祖、武帝们，都要把距离朝廷较远的大家族，迁徙到自己能直接控制的京师。中国人生活的大部分，是在家庭及由家庭扩大的宗族的自治堡垒之内。在这种自治堡垒里面，不仅是经济利害的结合，同时也是孝弟的道义结合。这种道义精神，可以缓和在经济结合中常常无法避免的利害冲突。平时既可避开政府而自己解决许多切身的问题，在灾难中，不仅不会因外部的压迫而解体，且常因此而加强其内部的团结。灾难中的孤独者，有如洪流中的个人，很容易被浪潮吞没。但一个自治堡垒，便如在洪流中得到浮木竹筏一样，有更多渡起的机会。所以中国历史上几次大灾难中的人口迁移，多是"举族而迁"或者是"聚族相保"，[①] 才能保存延续下来的。法人 Thiersant 在其《百孝图说》[La piété filiale en Chine（Bibliothéque Orientale Eljévireme. XVI. 1877 ）] 的序言中说："中国以外的一切民族，都是发生、成长，而且灭亡。但仅有中国，几乎绝对是不动摇的，好像是站在荣枯的运命之外。然则中国是从何处带来此种不灭不断的生活力呢？这是从运转此庞大集团，而成为一切机关之唯一枢轴的一个原理产生出来的。这即是从他的最初立法者，为此帝国之存在及社会幸福的凭借，作成了最巩固的基础而制定公布的孝道的教义产生出来的。"[②] 中国今日海外华侨的许多宗亲会,恐怕还在发挥这种作用。家庭固然是农业社会的生产单位，但中国家族的形成，不是仅靠这种生产关系，而是加上了孝弟的精神力量到里面去，这才

① 可参阅日清水泰郎教授著《支那之家族与村落》页一八。
② 桑原博士前论文所引，见《支那学论丛》页二七一。

中国孝道思想的形成、演变及其在历史中的诸问题

使中国的家庭，较之其他民族的家庭有不同的内容，发挥了不同的作用。我不知道从什么地方，家庭曾助长了专制政治。

再进一步，我应提出孟子"道在迩而求诸远，事在易而求诸难。人人亲其亲、长其长，而天下平"（《离娄上》）这几句话对政治的重大启示性。人类的灾害，若仅从政治、社会方面来看，其最基本之点，可以说是由于在个体与全体之间，得不到一种适当的谐合而发生的。因而人类在这一方面的努力，便常表现为追求如何能得到二者之间的谐和的努力。就西方说，中世纪是不承认个体的价值，热心追求超现世的统一世界。这便抑压了人们个性的发展，使社会归于萎缩。换言之，问题是出在全体观念压倒了个体观念。以文艺复兴为转机，个人主义抬头，在观念上，在政治、社会的制度上，尽量鼓励伸展个人的欲望，驱遣各个人的才能，竭气尽力地向前追逐；从十七世纪到十九世纪，正是个体压倒了全体的世纪，因而得到了以个人财富为中心的空前的成就。但正在资本主义的鼎盛时期，却发出了社会主义革命的信号，暴露了自由与平等的矛盾冲突，实际也即是个体与全体的矛盾冲突。苏联式的革命的实现，以及法西斯政权的成立，是以平等的口号来压倒自由的口号，也即是以全体的观念和制度来压倒个体的观念和制度。第二次世界大战，从政治最基本的观点来看，实际是一场混战。所以战争的结果，把世界最基本、最深刻的对立，亦即是以个体为主的阵营，与以全体为主的阵营的对立，划分得更为清楚明白。人类的命运，过去便在东风压倒西风，或西风压倒东风中，颠三倒四。今日则更由此种对立而把世界带到生死的边缘。假定人类能免于原子战争的毁灭，我相信只有在个体与全体之间，从观念与制度上，能得到一种谐和，而始能归于解决，这才是人类前途之福。孟子上述理念的提出，正是二千年前中国在此一对立中所作的谐和解决的构想。

要了解孟子这几句话的真正意义，须先了解他说这几句话的时代思想背景。当时的时代思想背景，是"杨朱、墨翟之言盈天下"。[①] "杨子取为我，拔一毛而利天下，不为也"，[②] 这是极端的个人主义。"墨子兼爱，摩顶放踵利天下，为之"。[③] 墨家的兼爱，不同于《论语》中的"泛爱"，[④] 也不同于一般人所说的"博爱"。"兼"在《墨子》一书中是个专用名词，它是与"别"相对待的。《荀子·天论》篇批评他"有见于齐，无见于畸"。"齐"是整齐统一之意，"畸"是个别特殊的情形。"兼"与"齐"同义，"别"与"畸"同义。墨子想"兼以易别"（《兼爱下》），即是要以人间的统一性、全体性，代替人间的个别性、特殊性。在此一前提之下，他才主张无差别性的兼爱。因此，他的"兼爱"与"尚同"（《墨子》有《尚同》篇，要在下位者一切应该同于在上位者）都是从"兼"的观点，亦即从"齐"的观点出来的。所以他是中国古典的全体主义。"杨朱、墨翟之言盈天下"，用现在的语句来说，即是当时充满了个人主义与全体主义的思想。而这两种思想，是"皆思以其言易（治也）天下"的。孟子对他们的批评是："杨氏为我，是无君也；墨子兼爱，是无父也。无父、无君，是禽兽也。"[⑤] 孟子这几句激烈的话，引起了不少的反感。但他的语气太激，也

---

① 《孟子·滕文公下》"公都子曰外人皆称夫子好辩"章。

② 《孟子·尽心上》。

③ 同上。

④ 《论语·学而》："子曰，弟子入则孝，出则弟……泛爱众，而亲仁。"在孔子这段话中，已表示了爱的差别性，故不同于兼爱。

⑤ 见《孟子·滕文公下》。

只是推其流弊之极来说的。"君"是当时政治组织的象征；"父"是家庭组织的中心，也是伦理实践的基点。推原孟子的意思，从政治社会这方面来看（另有道德的一方面），乃是说极端的个人主义，便否定了人类共同过政治生活的可能性；用现代的语句来说，这种人实际会流入虚无主义。而彻底的全体主义，会否定了以爱为中心的伦理组织的基点，亦即是否定了作为每一个人物质生活、精神生活的基点——家庭；用现代的语句来说，这便会流于极权主义，而在墨子则称为"尚同"。尚同的政治结构，正是今日所说的民主集中的结构。世界上既没有孤立的个人，也没有无个人的全体；现实上，人类是生活在个体与全体之间的连接点上。只有把握住此一连接点，使个体不妨害由各个体而来的共同意欲、需要所形成的全体，使全体不妨害构成全体的个别个体，能使个体与全体得到谐和，这便天下太平了。这种连接点，不能仅是观念上的，而须是生活现实上的。而家庭则正是个体与全体之间的连接点。在此连接点上，仅靠法律的规整，其效用总会偏向某一边去，有如今日资本主义社会中的立法一样，不是削弱了自由，便是妨碍了平等。只有以爱为连接的精神纽带，自然可以消解这些矛盾问题。一个人在家庭中尽到爱的责任，即是"亲其亲"，亲爱自己的父母；"长其长"，恭敬自己的长上（此处之"长"，不仅指兄长，而且是指族中的长辈），这站在纯个人的立场来看，乃是对他人尽了一分责任，是属于"公"的，是"义务性"的。但站在社会的立场来看，这种责任却与自己的利害直接连在一起，又是属于"私"的，是"权利性"的。所以"亲其亲、长其长"，乃是在公与私、权利与义务之间的行为。正因为如此，一方面满足了群体生活上的起码要求，另方面又合乎个体的利益。而作二者纽

中国思想史论集

带的是孝弟，便无所谓个性、自由的压抑。社会通过了这种以爱为结合纽带的家族组织，大家在家族生活中，使公与私、权利与义务、个体与全体，得到自然而然的融合谐和，以解决杨朱的不顾事实、墨翟的不近人情的个体主义与全体主义自身所包含的矛盾；这岂不是政治社会上最现实而可行的一条路吗？孟子是在这种情形之下来说"道在迩而求诸远，事在易而求诸难。人人亲其亲、长其长，而天下平"的话的。"远"、"难"所指的是当时极端的个人主义和全体主义，"迩"、"易"所指的是儒家以家庭、家族为解决政治社会问题的基点，乃顺乎人类生活的自然的。政治上只要顺乎这种自然，让每一个人都能有一个以爱为中心的家，都能过一种以爱为中心的家庭生活；社会是由许多以爱为基点的合情合理的家庭连接起来的，使每一个人都能在家庭中养其生、遂其性；人民的问题、社会的问题，便由人民、社会在爱的鼓舞抚慰中自己解决了。政治假定真正是为人民而不是满足少数人的野心，这便可无为而治，亦即可以形成较之现在纯以个人主义为中心的民主政治更进一层的个体与群体得到谐和的民主政治，那还用得上水流汗泻地来讲这讲那吗？孟子还有与此有关的几句富于启示性的话："逃墨必归于杨，逃杨必归于儒。"① 全体主义走不通的人，常常回到极端的个人主义。我曾看到许多从共产党里面反出来的人，实际是如此。假定感到极端的个人主义实际上还是走不通，那便会想到一条"中庸"之道，这即是儒家通过家族的个体与全体之间的中庸之道。索诺肯（P. A. Sorokin）在其《人性的再建》（*The Reconstruction of Humanity*）中，觉得西方文

---

① 见《孟子·尽心下》。

化解决了人类的物质生活问题，但不能解决人与人间的和平相处的问题，以致发生随时可以毁灭的危机；他便想到西方缺少一种以爱为中心的家庭（他认为西方的家庭是以商业的利害观念为中心所组成的），所以不能助长人的"利他"精神，因而他希望西方能有以爱为中心的家庭的再建。这正可以反衬出孟子这些话的意义。中国的专制所以不同于西方人所说的专制，除了我前面所说的有一部分知识分子在政治中保持了一部分儒家的政治理想以外，更重要的便是因为有这种道德性的家庭组织，把专制政治的毒害消解、隔离了不少。没有这，中华民族要在长期专制下保存下来，证之于其他民族的历史，如古巴比伦、埃及、希腊、罗马等民族的历史，几乎是不可能的。所以我们的"国"与"家"是不可分的，家是国的原型（prototype）。"国家"连词，在先秦时代，它是代表君主与贵族的共同政权；在秦以后，则系表示此一民族的政治组织、政治生活的具体内容及其特性。"国家"连为一个名词，是有它历史上、现实上的特殊意义的。现在有极少数的人讨厌这个"家"字，而改称"国家"为"邦国"，这是我所不赞成的。

或者有人问，"亲其亲、长其长"，既是顺乎人情之自然，又加以先秦儒家的倡导；而事实上，中国的历史也大体是向这方面走，但为什么并不曾如孟子所期待的"天下平"呢？殊不知，"亲其亲、长其长"，在孟子是要以"省刑罚、薄税敛，深耕易耨，壮者以暇日，修其孝悌忠信"及"五亩之宅，树之以桑……"等等的教养设施为前提、为内容的。在当时固然是"今也制民之产，仰不足以事父母，俯不足以蓄妻子"（《梁惠王上》），即是不让人民有"亲其亲、长其长"的生活；在以后专制政治之下，由政治

　　　　　　　　　　　　中国思想史论集

的淫暴剥削，及与政治相勾结的社会恶势力，人民的"亲其亲、长其长"的自然之资和孝悌之教，不知受到了多少摧残和破坏。从这一方面说，也可以知道，以爱为中心的家庭生活和一切专制独裁者总是处于对蹠的地位。

五、被专制压歪以后的孝道——伪《孝经》的出现

然则孝道在中国历史中，一点也没有受到专制政治利用，因而没有助成过专制政治吗？那又不然。在两千多年的大一统的长期专制中，凡是完全不受专制利用的思想学说，便不能存在，这是研究中国思想史的人所首须具备的常识。孝的思想也不例外。先秦儒家，有如孔子、曾子、子思、孟子，把事父母和事君的界线是划分得很清楚的。到后来，这种界线慢慢地混同起来，即是先把对一般人的"忠"变为事君的专用名词，再进而又把"忠"与"孝"混同起来，这便使臣道成为奴才道德，使独夫利用这一点来蹂躏知识分子的志节，以恣睢于亿万人之上；于是孝道的本身虽不会助长专制，但经过这一偷天换日的手段，把父子关系的孝道，偷到君臣的关系上去，这便犯下了助长专制之嫌。此一趋向，由无意识的偶然误解，而经过法家的有意的安排，以达到汉人所伪造的《孝经》，在文献中取得了崇高的地位，而孝道遂蒙上了千古不白之冤。这是大一统的专制政治，压歪了孝道的结果。这里，我先谈谈《孝经》的问题。

《孝经》，有的说是孔子自己作的，有的说是由曾子记录孔子的话而成的，有的则说是出于孔子的弟子或曾子的弟子，又有人

说出于孟子门人之手。①《四库全书总目》说："今观其文，去二戴所录为近，要为七十子徒之遗书。使汉河间献王采入一百三十一篇中，则亦《礼记》之一篇，与《儒行》、《缁衣》转从其类。"②这是总结一切《孝经》的怀疑论者的共同结论。怀疑《孝经》的人很多，其中以朱元晦、姚际恒二人说得较为具体。我综合这些人的说法，再作进一步的考查，判定它是西汉武帝末年，由浅陋妄人，为了适应西汉的政治要求、社会要求，所伪造而成；它的内容疏谬，不能与《礼记》任何一篇相比拟。伪造出来之后，经过西汉末、东汉初纬说的造谣渲染，而始在东汉光武与明帝时代，取得了重要地位。在武帝以前的文献，凡有关《孝经》的称述，都是后人追加上去的。

先从它的来历加以考察。《汉书·艺文志》：

> 《孝经》者，孔子为曾子陈孝道也。夫孝，天之经，地之义，民之行也，故曰《孝经》。③汉兴，长孙氏、博士江翁、少府后苍、谏大夫翼奉、安昌侯张禹，传之，各自名家，经文皆同（按此即所谓今文《孝经》十八章）。惟孔氏

---

① 西汉末的《孝经纬》及东汉儒生，皆认为孔子作。司马光《孝经指解》认为系孔子弟子所作。晁公武、姚鼐、崔述认为系曾子弟子所书。朱元晦认为自开始之"仲尼闲居"，至"孝无终始，而患不及者，未之有也"为曾子门人所记，以后为妄人所增。姚际恒谓"勘其文义，绝类《戴记》中诸篇……同为汉儒之作"。日人武内义雄以为系曾子后学演其师说而示孔门之神髓者，或即系孟子派之学者所传孔子之教。日人佐藤广治谓其成书不能追溯到孟子的时代。梁启超以为只可归入《礼记》，作孔门后学推衍"孝"字之书。王正己以为系孟子门人所作。以上请参阅张心澂编《伪书通考》页四一八至四二九。
② 《四库全书总目》卷三十二。
③ 此一名称之不伦不类，已由姚际恒《古今伪书考》"孝经"条下加以驳斥。

壁中古文为异（按此即所谓古文《孝经》二十二章）。"父母生之，续莫大焉"，"故亲生之膝下"，诸家说不安处，古文字读皆异。

按陆氏《释文·叙录》："《孝经》亦遭焚毁，河间人颜芝为秦禁，藏之。汉氏尊学，其子贞出之，是为今文，凡十八章。"《隋书·经籍志》采用此说。按若赵岐孝文时设有《孝经》博士之说（见后）可信，则此《孝经》博士，非献《孝经》之颜贞莫属，而传今文《孝经》之五家，亦必与颜贞有其渊源。但颜氏藏《孝经》及献《孝经》之事，汉代文献无征，且与传今文《孝经》之五家，毫无蛛丝马迹可寻，则其为后人所增益，以补足《孝经》来历不明的缺点，殆无疑义，可置不论。《汉书·艺文志》所举传今文《孝经》的五家中，仅《儒林传》"王式"条下有"博士江公，世为鲁《诗》宗。至江公著《孝经说》，心嫉式……"的记载。这位人格有问题的江公，系宣帝时人。至于长孙氏，则马国翰谓其"名字爵里俱无考"。《翼奉传》中无传《孝经》之事，其奏议中的议论亦无传《孝经》之痕迹。《儒林传》后苍条无治《孝经》之事，《张禹传》亦无一语及《孝经》。假定在西汉时，《孝经》真正如《公羊春秋序》疏所引《孝经纬·钩命决》所说的孔子"志在《春秋》，行在《孝经》"的话，则在江公以外，传《孝经》之四人传记中，不应不提及一字。尤其是若《孝经》与《论语》居于同等地位，则《汉书》对张禹之习《论语》叙述颇详，而对于他的传《孝经》则缺而不记，似亦不合情理。更重要的是，汉今文家必有师传的统绪。今文家之所以不承认古文《左氏传》，正因为它没有这种传承的统绪。《汉书·张禹传》说他传《论语》的情形是"禹本受鲁《论》于夏侯建，又从庸生、王吉受齐《论》，故兼讲齐说也"。《论语》在当时亦系传而非经，盖当时经传初出，尚未普及，非师承即无以通其句读。传今文《孝经》的五人，相互间既毫无传承关系，亦无一人传授给他的弟子，这与西汉当时经传的师承家法的实际情形，全不相类。所以今文《孝经》的传承历史，是由作伪的人胡诌出来的历史。

再就古文《孝经》的情形说。孔安国是学术史中的问题人物，凡是作伪的几乎都牵涉到他。刘向《别录》谓："《孝经》古孔氏者，古文字也。《庶人》章分为二也，《曾子敢问》章为三，又多一章，凡二十二章。"后汉许冲《上说文解字表》曰："臣父慎，又学《孝经》孔氏古文说。古文《孝经》者，孝昭帝时，鲁国三老所献，建武时（光武年号）给事中议郎卫宏所校。"陆氏《释文·叙录》："又有古文二十二章，刘向校书定为十八。"王应麟《汉书艺文志考证》："孔惠所藏，与颜芝十八章大体相似。……按志云'孔氏壁中古文'，则与《尚书》同出也。盖始出于武帝时，至昭帝时乃献之。"《经义考》引孙本曰："颜芝今文，非有断章错简，乃孔、曾全书也。……昭帝时，鲁三老复献古文，而成帝命刘向典校经籍，除其繁惑。夫既经向校定，则世所传者（按指十八章之《孝经》）乃刘向之经文，而非颜芝经文矣。"我引了上述这些材料，只想指出：《汉志》及刘向《别录》，无将古文《孝经》二十二章校定为十八章的记载，所以陆氏《释文·叙录》说刘向"校定为十八"，孙本说"世所传者乃刘向之经文，而非颜芝经文"，实无根据。假定刘向已校定为十八章，"与颜芝十八章大体相似"，则许慎既学古文《孝经》，何以不知系刘向所校，而其子许冲说是东汉卫宏所校？所以刘向根本无校定二十二章为十八

中国思想史论集

章之事。刘向未曾校定二十二章为十八章，而陆氏偏要如此立说，是因为二十二章的分章系虚拟的，不能成立的，所以只好造出刘向的校定，以弥缝古文、今文在事实上的并无分别。如实地说，所谓今文、古文，实际只是一个来历、一个本子，仅由作伪者利用当时的古文问题而变个花样，以作此一来历不明之书的掩饰。元吴澄在《孝经校正定本序》中，知道他所看到的古文《孝经》为伪，遂以为孔壁古文《孝经》亡于魏晋以后，而怪司马光、朱元晦何以为隋后之伪古文所欺。但他不知他所看到的古文，与《汉志》所记的古文，同为一物，本出于虚拟伪造，无所谓真古文亡于魏晋以后之事。并且古文《孝经》的伪造，我怀疑是由套"古《论语》"的架子而来的。《汉志》谓《论语》有《论语》古文二十一篇，如淳谓："分《尧曰》篇后，子张问如何可以从政已下为篇，名曰《为政》。"桓谭《新论》云："文异者四百余字。"古文《孝经》也套此而多分为二十二篇。《新论》云"古《孝经》千八百七十一字，今异者四百余字"，古《论》多分出一篇，对上下文意，并无问题，但古《孝经》多分出三篇，在文意上实在分不下去。且《论语》与《孝经》两书字数既甚悬殊，而异字之数，偏又若合符节（四百余字），岂非怪事？所以古、今文《孝经》的异字，我怀疑桓谭只是根据一种传说的数目，而不是出自真实的数目。《孝经》的来源只有一个，即许冲所透露的汉武帝末、昭帝时，有人把它伪造以后，为掩饰它的无来历，便托之于孔氏古文，由与孝有关的三老把它献上；而当时的五经，是今文立于学官，遂又另伪造一今文《孝经》的历史以相呼应。伪造的人，可能便出自嫉忌王式的江公一干人之手，以迎合当时的潮流，加重自己的地位。东汉初特重谶纬，于是传习经传的人，多假谶纬以争立于学官的地位，例如贾逵，便把《左传》附会于谶纬，以争取左氏的立官。《孝经》伪造出来以后，因为是迎合当时的潮流，虽没有遇到反对，但也没有受到特别的重视，于是西汉末、东汉初，再加上纬书的谣言神话的攻势。[1] 这些纬书，系迎合当时刘家的统治者的要求而伪造出来的，形迹昭著，是不待多说的。此一攻势果然奏效，《后汉书·樊准传》谓明帝时，"期门羽林介胄之士，悉通《孝经》"。《儒林传》谓明帝"自期门羽林之士，悉令通《孝经》章句"，成为当时教育的必读课本。大儒如郑玄，且谓"孔子以六艺题目不同，指意殊别，恐道离散，后世莫知根源，故作《孝经》以总汇之"。[2] 这样一来，《孝经》便负起麻痹士人，助长专制之责。

《孝经》既出于汉武帝末、昭帝时的伪造，然则对于昭帝以前有引用《孝经》的文献，又作何解释呢？首先王应麟《汉书艺文志考证》谓"蔡邕《明堂论》引魏文侯《孝经传》"，据《经义考》，蔡邕所引者为"大学者，中庸明堂之位也"，其说荒谬，出于伪托，日人佐藤广治，已有辨正。[3]《吕氏春秋·察微》篇曾引"《孝经》曰"一段，即《孝经》之《诸侯》章第三，于是许多人便以《孝经》为先秦旧典。[4] 其实，《吕氏春秋·孝行》篇"敬其亲，不敢恶人……此天子之孝也"一段，与《孝经·天子》章第二大体相同，但它没有标"《孝经》曰"或"子曰"之名。《孝行》篇接

---

① 将《孝经》加以神化的《孝经纬》有《钩命决》、《孝经中契》、《孝经援神契》等。
② 《孝经正义》引郑玄《六艺论》。
③ 佐藤广治《经学中有关孝经地位之一考查》一文，收入该《支那学论丛》。本项见该《论丛》页七八七至七八八。
④ 如黄东发、王念孙、汪中及日人武内义雄、泷川资言皆是。

着引"曾子曰，身者父母之遗体也……"一段，与《礼记·祭义》所记者完全相同，但它也不曾标出《礼记·祭义》的名称。这可以有两种解释，一是先秦著作，除了《诗》、《书》、《易》以外，很少标举引用的书名，最多也只是"传曰"、"语云"、"志有之"，或直举当事者的姓名。其二，《礼记》上的许多篇名，多数是二戴编定时所加上去的；此等篇名，先秦时尚未成立。在《察微》篇"在上不骄"一段，它的本意原不是说孝的，何以偏偏加上"《孝经》曰"三字？这与《吕氏春秋》全书引书，乃至先秦一切著作引书的惯例不合。并且这几句话，不仅对《吕氏春秋》及《孝经》各为一义，且在《吕氏春秋》的《察微》篇为有意义的话，而在《孝经》的孝道方面，实在没有意义。《察微》篇的主要意思是在说明"治乱存亡，其始若秋毫"，能察到这种秋毫则治则存，不然则乱则亡。下面遂引了几个实际的事例，其中之一，是楚不能察吴之微而自骄自满，以致为吴公子光所败，所以接着说："凡持国，太上知始（即微），其次知终，其次知中。三者不能，国必危，身必穷。《孝经》曰，高而不危，所以长守贵也。满而不溢，所以长守富也。富贵不离其身，然后能确保其社稷，而和其人民，楚不能之也。"假定《孝经》在《吕氏春秋》成立时代已经流行，而《察微》篇居然要引《孝经》这段说诸侯之孝的话来证明楚不能察微，吕不韦门客的学识绝不至如此的贫乏。在孔子、曾子、子思、孟子的思想中，怎样也找不出"富贵不离其身"而可以算得是孝，这几句话与孝的本身实在没有关系。从《孝经》全书到处偷窃文句的情形看，是他偷了《察微》篇的话以后，代吕不韦的门客加上了"《孝经》曰"三个字。至于它何以要偷这几句与孝无关的话，这与伪造《孝经》的整个时代背景有关，留在下面再说。

其次，是《春秋繁露》卷十五的《五行对》有"河间献王问温城董君曰，《孝经》曰，夫孝，天之经，地之义，何谓也"的话，以下便是温城董君用五行来解释《孝经》，其内容牵强附会，固不待言。清姚振宗《汉书艺文志条理》谓"此董君似献王官属"，则其非董仲舒可知。《春秋繁露》一书，颇有残缺而经后人补缀者。此篇殆为西汉末依附《孝经》者所假托，而后人因有"董君"两字，误以为系董仲舒，遂妄收于《繁露》中，不足为董仲舒时已有《孝经》之证。

又其次，《史记·仲尼弟子列传》有"曾参，南武城人，字子舆，少孔子四十六岁。孔子以为能通孝道，故授之业，作《孝经》，死于鲁"的记载。史公叙事取材，必有所据，则孔子为曾子作《孝经》，似亦有所据。但《仲尼弟子列传》，凡弟子之言行见于《论语》者，史公无不加以缀录。以曾子在孔门的地位，史公对于《论语》中所记载的曾子言行，竟不缀录一字，尤其是关于曾子传一贯之道及临死时的记录，也不提及一字，此乃不能加以解释之事，所以日人中井积德谓："曾子传独不引《论语》，且略，何哉？"[1]这是有力的疑问。我在孔子诛少正卯的考证中，曾指出《孔子世家》中有关此事之记载，乃出于后人之增改，并怀疑增改之人即系编定《孔子家语》的王肃。现按《仲尼弟子列传》中的曾子传与《孔子家语·七十二弟子解》中"曾参，南武城人，字子舆，少孔子四十六岁。志存孝道，故孔子因以之作《孝经》"之文，最为近似。《家语·七十二弟子解》中，虽弟子之次序与《史记》相同，然《史记》除曾子外，凡在《论语》中有言行可录者皆录之，

---

① 日人泷川资言著《史记会注考证·仲尼弟子列传》所引。

《家语》则一概不录。两书对同一人的叙述，无一人如对曾子叙述的相近似，则《史记·仲尼弟子列传》之曾子传，殆亦为王肃所改纂。改纂后而略去史公缀录《论语》之原文（我认为史公原文一定缀录有《论语》中曾子之言行），因为在《论语》中只有曾子传孔子"忠恕"一贯之道，而无"以为能通孝道，故授之业，作《孝经》"的痕迹，故不如一并略去，以免露出马脚。司马迁根本没有看到《孝经》，其《史记·自序》中，引其父临卒"且夫孝始于事亲、中于事君、终于立身"的话，为《孝经·开宗明义》第一章之言，而司马氏未尝称之为《孝经》，亦其一证。① 或者《孝经》上这三句鄙陋的话，即系偷自司马谈，亦未可知。从《史记·自序》看，司马谈是一个很热衷的人。

还有赵岐《孟子题辞》谓："孝文皇帝，欲广游学之路，《论语》、《孝经》、《孟子》、《尔雅》皆置博士。后罢传记博士，独立五经而已。"钱大昕《潜研堂答问》谓武帝"建元五年，置五经博士，则传记博士之罢，当在其时"。按文帝立传记博士之说，他无旁证。而最有充《孝经》博士资格的颜贞（见前），既不见于《汉志》，且与《汉志》传《孝经》之五人，无丝毫线索，则此《孝经》博士究系何人？汉武帝好大喜功，因董仲舒、公孙弘等之言而开始推明孔氏，似无将文帝已立之儒家重要传记博士加以罢黜之理。此殆亦为伪造《孝经》者之谣言，特将《论语》、《孟子》、《尔雅》作陪衬。现就我所看到引用《孝经》的可靠材料，恐怕是始于匡衡的奏疏。② 在此以前的，皆系后人伪托追改。

---

① 佐藤广治前文亦曾指出此点。
② 见《汉书·匡衡传》。

中国孝道思想的形成、演变及其在历史中的诸问题

六、伪《孝经》内容疏谬之一斑

仅从文献的来源上考查，对于上面的结论，或难免因片面的推论而流于武断。现在再考查它的文字结构及思想内容，几乎每章都有问题，两相印证，即可断定上述结论之不误。它的思想内容，朱元晦认为"是后人缀辑而成"，又谓"其中煞有《左传》及《国语》中言语……其言在《左传》、《国语》中，即上下句文理相接，在《孝经》中即不成文理"，[①]这已说得很透彻了。但他因时代的限制，在态度上还有点保留妥协。兹将朱元晦所认为"自《天子》章到'孝无终始'……只逐章除了后人所添前面'子曰'及后面引《诗》，便有首尾，一段文义都活"[②]的部分，即是前六章稍加探索，以追查它的底细，其作伪的情形，即可完全明白。至全文的追查，则非本文篇幅所许。

《开宗明义》章第一：仲尼居，曾子侍。子曰，先王有
至德要道，以顺天下，民用和睦，上下无怨，女知之乎？

按"至德"指孝悌而言。《论语》："泰伯，其可谓至德也已矣。三以天下让，民无得称焉。"至德，乃德的极致。孔子仅以孝为始德，[③]未尝以孝为至德。陆贾《新语·慎微》篇："故道无废而不兴，器无毁而不治。孔子曰，有至德要道，以顺天下，言德行而天下

---

① 《朱子语类》卷八十二。
② 同上。
③ 《大戴记·卫将军文子》："孔子曰，孝，德之始也。"

中国思想史论集

顺之矣。"陆贾所引孔子的话，与此处相同。不仅陆贾未尝以此为孔子论孝之言，且在陆贾用这两句话，是泛说道德所能发生的效用，文意上较此处为顺，是知伪造《孝经》者抄袭《新语》，而非《新语》抄袭《孝经》。

　　曾子避席曰，参不敏，何足以知之。子曰，夫孝，德之本也，教之所由生也。

　　按此二语，与《论语·学而》"君子务本"，及《礼记·祭义》"子曰，立爱自亲始"、"曾子曰，众之本教曰孝"，语意皆合。但与上文之"至德"有出入。

　　复坐，吾语女。身体发肤，受之父母，不敢毁伤，孝之始也。立身行道，扬名于后世，以显父母，孝之终也。

　　按此系取自《论语·泰伯》"曾子有疾，召门弟子曰"一章，及《礼记·祭义》"乐正子春，下堂而伤其足……吾闻诸曾子，曾子闻诸夫子曰……"一章。但上二处皆以不敢毁伤身体为人子一生之事，且又将保全身体与立身行道合为一事。所以《论语》曾子的话是"而今而后（今者，将死之时），吾知免夫，小子"；《祭义》是"父母全而生之，子全而归之，可谓孝矣。不亏其身，不辱其身，可谓全矣"。此处则将二者分为"始"、"终"两阶段，则在前一阶段可以不立身行道？在后一阶段可以毁伤发肤吗？一经转手，义即不通。

> 夫孝，始于事亲，中于事君，终于立身。《大雅》云，
> 无念尔祖，聿修厥德。

按此文见《史记·自序》司马迁述其父之言，将孝分为三阶段；而此三阶段，乃就人之一生而言。"终于立身"，然则人在"始"、"中"二阶段，可以不立身吗？事父、事君，可以不立身吗？《论语·为政》孔子自述"吾十有五，而志于学，三十而立"，此"立"非"立身"而何？大约郑康成亦觉得这样是解不通的，所以把"立身"解释为"七十行步不逮，县车（悬而不用之意）致仕"。"立身"何以能解释为"致仕"？致仕又与孝何关？这都不能掩饰这三句话的不通。且此段乃就孝的一般原则而言，包括下面自天子到庶人五种人在内。若"中于事君"，则天子的本身便是君，更无君可事；而庶人又无事君的机会；这两种人在生命的中间一段，便无法尽孝吗？即就士的阶段而论，前面所引的《论语》"子奚不为政"章，说明孔子认为在家庭能孝友，即等于为政，绝非认为要为政（事君）才算尽孝道。下而曾子、子思、孟子（他曾经是不见诸侯的）乃至荀子，无一人认"事君"为尽孝的必需条件。像《孝经》把事君说成孝的必需条件，便养成二千多年的知识分子，不仅从利禄上，并且从德行上，也非把政治当作唯一而不可缺少的出路不可。这就影响后来整个知识分子的动向，影响到整个社会的发展。因为除事君外，一般知识分子在社会上更不承认有值得努力的事业，使知识分子与社会生活完全脱节。而在孝行方面，反把"菽水承欢"的真意，[①]也因而染污了。更重要

---

① 《礼记·檀弓下》："孔子曰，啜菽饮水尽其欢，斯之谓孝。"

的是，先秦儒家是主张父子"以天合"，即系血统的自然结合；作为这种结合的精神纽带是"恩"、是"亲"，这是一个人从生到死的结合。君臣则是"以义合"，[①] 所谓"以义合"，即是合乎义便作人君的臣子，否则"不事王侯，高尚其事"，[②] 亦即所谓"合则留，不合则去"。这样便可以维持士人的人格和政治上的方向、目标，使统治者不致发生他自己是建中立极的幻觉，而可以在精神上抑制其独裁的行为。并且先秦儒家思想，在事亲和事君的态度上，也分得十分清楚，《礼记·檀弓上》"事亲有隐无犯"、"事君有犯无隐"的话，可以说是这个意思的总结。现在既以事君为孝道所不可缺的一部分，而将事亲、事君混同起来，于是人君便可以向人臣作人父对于人子的同样要求。父子之间，有种自然之爱，以发生自然的融和作用，所以中国过去虽主张人子对其亲有无条件的义务，但除因后母等特殊情形以外，很少有父亲真止虐待儿子的事实。虽然以后受了《孝经》"严父"这一观念的影响，[③] 而为父亲的多偏向"严"的方面。君是代表一种政治权力，人君向人臣要求无条件的义务，即是人臣向权力作无条件的屈服。这便使君权无限制地扩张，而助长了专制的气焰。《孝经》此一"中于事君"的说法，正提供了专制者以无限制地压制其人臣的理论上的根据，

---

① 《春秋公羊》庄公三十二年"君臣之义也"，《论语·微子》及《礼记·祭义》"君臣有义"，《孟子·滕文公上》"君臣有义"，此外尚多。

② 见《易·蛊卦》及《礼记·表记》。

③ 《易·家人卦》"家人有严君焉，父母之谓也"，这是以家庭比譬朝廷的话，以说明家是以父母为秩序的中心。《孝经》则始有"严父"的话，这是先秦文献中所没有的。《礼记·哀公问》："孔子对曰，夫妇别，父子亲，君臣严，三者正，则庶物从之矣。"可知伪《孝经》一面把子事父的态度转移为人臣事君，一面又把君臣间的严，代替了父子间的亲，以成一大混乱。

对知识分子发生了精神麻醉的作用。所以这三句话，是儒家孝道被歪曲的大标志，是假借孝道以助长专制的总根源。

"中于事君"的这种观念，我以为是从法家那里转手而来的。因为法家是要把人彻底隶属于政治支配之下，所以一方面反对对于政治作消极抵抗的隐士，一方面反对尽力于父母、尽力于家庭的孝德。这在《韩非子》一书中可以看得很清楚。但正如我在《辨孔子诛少正卯》一文中所指出，他们一方面反对孔子，一方面又要利用孔子的招牌。他们一方面反对孝道，一方面又要利用孝道，即是把孝道拿来作他们自己所要求的解释；有如他们反对仁义，但一面又把仁义按照他们的要求而作"仁义者，不失人臣之礼，不败君臣之位者也"的解释，[①] 而加以利用。所以在《韩非子》一书中有《忠孝》篇，决不是偶然的。著有《韩非子翼毳》的日人太田方，根据两点而认《忠孝》篇不出于《韩非子》，日人多承述此说。他一以为"韩子之学本于老子"，在这篇中不应攻击"为恬淡之学，而理恍惚之言"的人。殊不知韩非此处所攻击者乃出于庄子一派之隐士，老子的消极，不是目的而是手段，与庄子的精神不同，所以这里与他的本于老子并不相背。一以为"《史记·秦始皇本纪》二十六年，更名民为黔首，韩子之死在是前"，而觉得此篇不应有"黔首"之称。殊不知始皇二十六年"更名民曰黔首"，乃是法令上的正式规定，而法令上的正式规定，常常即系采用先已存在的私称，所以这也不能成为否定此篇出于韩非的证据。所以我同意容肇祖《韩非子考证》一书中，认此篇"为韩非所作"的说法，可惜他大概没有看到太田方的论点而加以辨正。就此篇

---

① 《韩非子·难一》。

　　　　　　　　　　　　　　　中国思想史论集

的思想内容说，在韩非的时代以前，先秦没有把"忠孝"并称的。《尚书·蔡仲之命》有"惟忠惟孝"的话，正可以证明其为伪古文。《忠孝》篇的目的，即是要把忠与孝混同起来，以达到"忠臣不违其君，孝子不非其亲"，因而指摘尧舜汤武是"反君臣之义，乱后世之教"。[①] 因此，韩非所说的孝，实际是他所说的尊君而卑臣的忠。他们既认为知识分子非事君不可，而事君又与事亲无二，这便酝酿出《孝经》上的"始于事亲，中于事君"，及"资于事父以事君"的观念，而轻轻地把先秦儒家的孝道来一个偷天换日了。

　　《天子》章第二：子曰，爱亲者不敢恶于人，敬亲者不敢慢于人。爱敬尽于事亲，而德教加于百姓，形于四海，盖天子之孝也。《甫刑》云，一人有庆，万民赖之。

　　按就孝的德性论，应无分于上下；即如此处"爱亲者"二句，何以专属于天子之孝？此书将孝按人的身份地位而分为五种，而其内容又多不相应，实毫无意义。至就天子的地位来说，"爱敬尽于事亲，而德教加于百姓"，这中间缺少孟子所说的"老吾老，以及人之老"的"及"字，便缺少许多政治上的实际设施，而认为自己行孝便可以治天下，决没有这样便宜的事情。所以《孝经》才是孝治派。

　　第三章偷《吕氏春秋》的《察微》篇以言诸侯之孝，其荒谬已如前述。但伪造《孝经》的人，却何以要偷这几句话？这便和伪造《孝经》的时代背景有关。我们从《韩非子》有《忠孝》篇，

---

① 《韩非子·忠孝》。

《吕氏春秋》有《孝行》篇等的情形来看，可见孝的观念已深入到社会各方面，而不复仅是儒家的思想。刘邦得天下后，除了以杀戮功臣来巩固刘氏一姓的政权以外，政治的急务，便是如何恢复疲弊残破的社会，使其能在安定中发展农业生产。孝惠帝四年正月，"举民孝弟力田者，复其身"，这是他们开始所想出来的一个适合农业社会的大社会政策。高后元年二月"初置孝弟力田，二千石者一人"。[①]孝文帝十二年诏："孝弟，天下之大顺也。力田，为生之本也。廉吏，民之表也。"[②]在这诏书里，此一社会政策的意义，更为明了。文帝并以户口率置三老、孝弟、力田的常员，以作其基层政治的基础。到了武帝元光元年冬，初令郡国举孝廉各一人，[③]成为汉代选举制度的骨干。这种有意识地把孝弟与力田结合在一起，即是把人生的基本德行和生产结合为一个家庭的内容，这在当时收到了社会复兴的很大效果，[④]因为由孝弟所结合的家族，是可以促进农业生产的。《后汉书·樊宏传》说他的父亲樊重"世善农稼，好货殖。重性温厚，有法度。三世共财，子孙朝夕礼敬，常若公家……故能上下戮力，财力岁倍，至乃开辟广田三百余顷"，即其一例。并且中华民族的性格，因此而开始得到凝定、形成。[⑤]后来以一个朝代（汉朝）的名称，即作为一个民族的名称（汉族），决不是偶然的。

再站在汉朝统治阶级的自身来讲，刘邦灭了项羽以后，杀戮

---

① 《西汉会要》卷四十五。
② 《汉书·文帝纪》。
③ 《汉书·武帝纪》。
④ 可参阅《史记·平准书》及《汉书·食货志》。
⑤ 可参阅《东亚论丛》第五辑守屋美都雄之《汉代宗族结合之一考察》一文。

功臣，剪除异姓，大封子弟，以作巩固政权的手段。但刘邦是一个大流氓，他的子弟缺乏周初姬姓子弟的教养，所以平勃安刘之后，此一统治集团的最大危机，即来自这些骄奢淫逸而又富有野心的子弟。刘家为了安定自身，建立本身的秩序，也非重视孝不可；这便是从惠帝起，每个皇帝加上一个"孝"字作庙谥的原因。田延年对这一点说得最清楚："汉之传谥，常为孝者，以长有天下，令宗庙血食也。"① 对社会须要提倡孝，对统治阶级的自身也要提倡孝，而典籍中提倡孝的文字虽然不少，但没有讲孝道的专书作教材，总是不方便的。伪造《孝经》的人，正是做这一桩投机生意。因此，《孝经》的《诸侯》章，系针对汉代的同姓诸侯骄奢淫逸的情形而说教的。这便是他所以要抄《吕氏春秋·察微》篇与孝无关的几句话的原因。

第四章以"非先王法服不敢服……"为卿大大之孝，实系肤泛之谈；既不切于孝，亦不切于卿大夫之孝。这是因为无确实内容可说而胡乱凑合的。日人武内义雄以为这一段话，与孟子答曹交的"子服尧之服，诵尧之言，行尧之行，是尧而已矣"（《告子下》）的话，甚为相近，即以此为《孝经》系孟子学派传曾子之学的证据。殊不知孟子此处并非贴切着孝来说，更不是仅指卿大夫而言。所以在孟子，这几句话为有意义，而在此处便毫无意义。《士》章第五关系重大，兹移录如下：

资于事父以事母而爱同，资于事父以事君而敬同。故母取其爱，君取其敬，兼之者父也。故以孝事君则忠，以敬

---

① 《汉书·霍光传》。

事长则顺。忠顺不失，以事其上，然后能保其禄位。

按此章主要系节取《礼记·丧服四制》而成。原文是："其恩厚者其服重。故为父斩衰三年，以恩制者也。……资于事父以事君而敬同……故为君亦斩衰三年，以义制者也。……资于事父以事母而爱同。天无二日，土无二王，国无二君，家无二尊，以一治之也。故父在为母齐衰期者，见无二尊也。"

将二者两相比较，可以发现有两点不同。第一，《丧服四制》的话，卿大夫、士都可适用；而《孝经》则专指为士之孝。第二，在《丧服四制》是就丧服的特定事项说的，而《孝经》则将其变为一般的原则，遂将孔、孟事亲与事君的区别完全抹煞，使君父在人伦中的分际完全混同。君有权势、刑赏以策鞭于其上，故实际上支配知识分子（士）精神生活的，是君而不是亲；本出于人之至性至情的孝，也因此种混同而冲淡了。当然，这一大转变并不是突然来的；在强烈的政治气氛之下，儒家中也会有人于不识不知中，忽略此一区别的重大意义，所以《礼记》的《坊记》也有"孝以事君"的话。《坊记》虽托之于孔子，但观其以孔子的口气来引用《论语》上孔子的话，可知其中有许多话是远出于《论语》成书之后。① 再加以法家的有意歪曲，并经谶纬家将《孝经》伪托到孔子的"行在《孝经》"里面，遂使《孝经》在文献上定于一尊，而将孔、孟言孝的原意，掩蔽了近二千年之久。

《庶人》章第六以"因天之道，分地之利，谨身节用，以养父

---

① 《礼记·坊记》："子云，君子弛其亲之过而数其善。《论语》曰，三年无改于父之道，可谓孝矣。"断无孔子以自己的话来为自己作证的。

中国思想史论集

母"为庶人之孝，这是从当时"孝弟力田"相结合的社会政策而来的，较为切至。但其总结"故自天子至于庶人，孝无终始，而患不及己者，未之有也"的几句话，在语意上实在是讲不通。以上是朱元晦认为"只逐章除了后人所添前面'子曰'及后面引《诗》，便有首尾，一段文义都活"①的，已是如此。下面系朱元晦所认为"此后却似不晓事人写出来"的，更不必详加分辨。

我所以认为这篇东西，不能与《礼记》上的《表记》、《坊记》等相提并论，因为《表记》、《坊记》等，固然在时间上也前后间出，在内容上也真伪互见，但这些都是由编纂而成，编纂者无心作伪（《王制》中的刑法思想，有一部分是博士有意掺杂了汉代所继承的秦法），所以各章的文理都是不成问题的。但在《孝经》，则每章的文理却都成了问题。再加以唐明皇的御注，把其中偶然残存的先秦儒家的遗意，也扫除净尽，于是伪造《孝经》者的目的，更彻底完成了。例如《圣治》第九"父子之道，天性也。君臣之义也"，郑《注》："君臣非有天性，但义合耳。"此系先秦儒家古义，郑康成在《六艺论》中也说过"古者君臣犹朋友"的话。但明皇注云："父子之道，天性之常。加以尊严，又有君臣之义。"这便把君臣的关系说成了"天性之常"，再加上"尊严"，不仅混同了父子君臣的关系，并且把君臣的关系，解释成远超过了父子的关系，这站在他的立场，自然会如此的。

今人王正己作《孝经今考》，指出《孝经》思想与孟子思想相同者五点，因而断定是孟子门人所作。②在我看，孟子除了"尊亲

---

① 《朱子语类》卷八十二。
② 见《古史辨》第四册。

之至，莫大乎以天下养”^①这一句有问题的话，和《孝经》“严父莫大于配天”^②找得出关联以外，此外只能找出相反的证明。即就此一句话来讲，孟子是特指舜而言，而《孝经》则作为一般的原则来说。特有所指的话，和作为一般原则性的话，其中实有很大的分际的。我现在再总括举出《孝经》与孟子相反的两点来，以作这一章的结论：第一，如前所述，孔、孟（包括曾子、子思，下同）言孝，总是归结到内心德性的要求；而《孝经》言孝，则总是归结到权势、利禄。例如"富贵不离其身，然后能保社稷"（《诸侯》章第三），"然后能守其宗庙"（《卿大夫》章第四），"然后能保其禄位"（《士》章第五）。这正代表了伪造者当时"盖利禄之路然也"^③的风气。第二，孔、孟论政治，总是为了人民，而在《孝经》上，则变成是为了统治者的祖宗，这也是非常可笑的。例如"故得万国之欢心，以事其先王"（《孝治》章第八），"故得百姓之欢心，以事其先君"（同上），这完全是"天下为家"的观念烂熟以后，所自然流露出来的。

七、历史中与孝有关的突出问题
——三纲、理学、五四运动

以下，我再就《孝经》成立以后，实际即是专制政治压歪了儒家思想，也压歪了孝道思想以后，在许多与孝有关的问题中，

---

① 见《孟子·万章上》。
② 见《孝经·圣治》章第九。按"严"与"敬"有别。"严父"之"严"，与《论》《孟》父子主亲、主恩之意义相去甚远。
③ 《汉书·儒林传》叙。

特别提出三纲、宋代理学及五四运动三个问题来说一说。

首先是三纲的问题。在群体生活中要建立秩序，则此秩序一定要有个中心点。而且，凡是中心点，在某一范围内，总只能是"一"。这个"一"是代表统一而不是分裂，是代表协调而不是矛盾，此即前面所引《礼记·丧服四制》中所说的"以一治之也"的意义。在如何形成这个"一"，及如何行使这个"一"的上面，才有种种不同的内容，以致使"一"的性质形成天壤悬隔。但仅就"一"的本身而言，是无间于古今中外的。任何政制，它的中央政府只能有一个，而作为全体代表的只能有一人。从这点说，"天无二日，土无二王，国无二君，家无二尊"的说法，也是很顺乎自然的说法。由此一说法而演变成为三纲之说，也是自然之势。譬如说，中央政府是地方政府之纲，阁揆是阁员的纲，这在实际上并没有什么说不通的。我所以要首先指出这一点，是想说明凡是经过大家长期在理论上所接受过的观念，并不会完全没有一点道理的。三纲之说，正复如此。但在先秦儒家的伦理思想中，却找不出三纲的说法，而三纲说法的成立，乃在专制政治完全成熟以后的东汉，首先出现于由汉明帝御前裁决的《白虎通》，这在思想史上，是继《孝经》伪造以后的一件大事。秩序中有一个中心，有个一，这是自然的趋势。但若仅从这一方面来谈秩序，则此中心的一，便成为一种外在的权威，而秩序也成为以权威为基础的秩序。从人类自身所发出的灾害，无不来自此种权威，所以人类理性的觉醒，亦无不表现于反对此种权威、转化此种权威之上。因此，儒家的伦理思想，只强调每一个人应尽的义务，以相互间的义务为秩序的纽带，而不强调此种秩序中心的一，乃至《白虎通》上所说的"纲纪"。[①] 义务是发自各人的德性，德性是平等的，所以义务也是平等的。因为是平等的，所以它是双方的而不是片面的。于是我们人与人的关系，不是立根于外在权威之上，而是立基于道德自觉之上；此时外在的、形式上的中心，一，即所谓"纲"，乃成为一种虚设的不重要的象征的存在，等于君主立宪的君主，或者民主政治的首揆一样，实以"多"为"一"的具体内容，自然不会有由外在的权威而来的灾祸。《左传·隐公三年》："君义臣行、父慈子孝、兄爱弟敬，所谓六顺也。""顺"即是和顺，这里只有各人的义务而没有谁是纲、谁是纪的问题。《论语》孔子答齐景公问政是"君君（人君者尽人君之道，即义务，下同）、臣臣、父父、子子"（《颜渊》）。这里也只有各人的义务而没有谁是纲、谁是纪的问题。《孟子》"父子有亲，君臣有义，夫妇有别，长幼有序，朋友有义"（《滕文公上》），此中也无谁是纲、谁是纪的意思在里面。并且若就"民为贵"及"民之所好好之"的政治思想来说，应当是君为政治形式之纲，而民为政治具体内容之纲。若就"以位，则子君也，我臣也，何敢与君友也；以德，则子事我者也，奚可以与我友"（《万章下》）的君臣关系来说，则在名义上君为臣纲，但在实际上臣为君纲。家庭中自然是以父为中心，但先秦儒家从来不涉及这一点，因为父子主恩，"父子之间不责善。责善，贼恩之大者也"，[②] "门内之治，恩掩义"，[③] 在恩的气氛

---

① 《白虎通》有《三纲六纪》篇。
② 父子间不责善，在《孟子》凡两见：一见于《离娄上》"公孙丑问曰，君子之不教子何也"，一见于《离娄下》"公都子曰，匡章通国皆称不孝焉"。按"责善"乃严格认真要求能实现某一善的标准。《论语》上所说的"几谏"，只是委婉补救某一过失。一系积极的，一系消极的，二者不可混同。
③ 《礼记·丧服四制》。

中，自然不会从纲与纪上去计较。《礼记·郊特牲》有"妇人从人者也"一段话，即所谓妇人的"三从"，我怀疑这是经法家转手后的汉人说法，因为它和先秦许多谈夫妇关系的话不相合。在先秦，夫妻的地位是平等的，所以"妻"即作"齐"字解释。"壹与之齐，终身不改"，郑《注》："齐谓共牢而食，同尊卑也。"①《易·咸卦》主张"男下女"，昏礼则男子要亲迎，成家以后，则"女正位乎内，男正位乎外"，②在分工原则之下，各人有各人的正当地位。所以只要读过柏柏尔（Ferdinand August Bebel，1840–1913）的名著《妇人论》，而又读过中国儒家古典中谈到夫妇关系的人，一定会惊讶在十九世纪五十年代以前，欧洲妇人的地位，还没有取得中国两千年以前由儒家所奠定的妇人的地位。这一点，从《墨子》的《非儒》篇也可以得到有力的反证。《非儒》篇说："取妻身迎，只揣（玄端之服）为仆，秉辔授绥，如仰严亲；昏礼威仪，如承祭祀。"所以在恩与敬的家庭中，只是"恺悌"、"和乐"，压根儿没有所谓"父权"、"夫权"之类的观念。到了法家，便把由德性所转出的人格平等，及由各人德性所转出的义务的伦理关系，简化而为地位上的服从的关系；把以德性为中心的人伦，转变而为以权威为中心的人伦，这才完全配合上了他们极权专制的政治构想。所以《韩非子·忠孝》篇说"臣事君、子事父、妻事夫，三者顺，则天下治，三者逆，则天下乱"，而责"孔子本未知孝弟忠顺之道"。③这一套思想，形成秦代专制政治的基底，为汉代所继承。西汉儒家，

①《礼记·郊特牲》。

②《易·家人卦》。

③ 此处之"顺"，乃顺从之意，与前引《左传》"六顺"之义不同。"六顺"之"顺"，乃偏在和顺方面。

中国孝道思想的形成、演变及其在历史中的诸问题

如前所述，一部分人是对专制的抗争，一部分是对专制的妥协。到了东汉初年，便通过谶纬而几乎完全投降于专制君权之下。谶纬，尤其是纬，是尽了把学术思想转向专制的大责任。于是三纲之说，乃正式成立。《白虎通·三纲六纪》篇说："三纲者何谓也，谓君臣、父子、夫妇也。……故君为臣纲，夫为妻纲。……纲者张也，纪者理也。大者为纲，小者为纪，所以张理上下，整齐人道。……若罗网之有纪纲，而万目张也。"纲纪，主要是由"大小"、"上下"而来，亦即由外在权威而来，这是法家思想挟专制之威，篡夺了儒家的人伦思想，乃儒家人伦思想的一大变化，实亦中国历史命运的一大变局。在这种变化中，儒家以其残余之合理性，如谏诤、爱民、重视家族等，掺上由法家转手而来的奴才道德，这对于专制政治的稳定，是发生了积极作用的。只要把《汉书·儒林传》叙论和《后汉书·儒林传》叙论两相比较，即可看出此中消息，虽然班固和范蔚宗两人自己，并没有意识到这一点。

其次，我应提到宋朝的理学。一般人认为宋朝理学特重视纲常、名教，所以特别是专制政治的护符。但只要平心读过他们的著作，便不难发现，在他们中，有一部分人，是因为三纲之说，便把君臣的关系绝对化了，这可以程伊川为代表。但怀疑到这种绝对关系的也大有人在，如朱元晦、陆象山们。不过，他们即使是笃信三纲之说，但他们也要经过自己理性的较量。他们没有想到君主专制是可以推翻的，但他们并不是以为凡是属于君主专制体系下的东西，都是合理而应当服从的。即以程伊川为例，他任崇政殿说书时，以周公辅成王自期，[①] 以师保之义争之于当时的朝

①《伊川文集》卷二《经筵第一劄子》及《上太皇太后书》。

廷，力主讲官应座讲于殿上，[①]而责当时的人"以顺从为爱君，以卑折为尊主，以随俗为知变，以习非为守常"。[②]等到他受谗外调，他便坚决要求致仕归田，理由是"臣身传至学，心存事道。不得行于时，尚当行于己；不见信于今，尚期信于后。安肯失礼害义，以自毁于后世乎"。[③]正因为这种守道不屈，所以招到进一步的贬谪，连学也讲不成，弄得死时没有人敢送葬。今日信口开河骂理学家是维护专制的人们（章太炎甚至说他们是乡愿），试把自己的立身行己，来和他们的出处辞受取与之间稍作对照，若稍有廉耻，恐怕真要抱惭无地了。

在此，我应特别提出的是，在先秦，孝弟为儒家奠定我国固有文化的基石；而在宋代，则孝弟又为儒家复兴我国文化的转捩点。魏晋的玄学，接上由印度传来的佛教，以超务出世的教说，一方面不断动摇由汉代所凝结的人伦社会的基础，一方面更助长了知识分子脱离社会实际生活的趋向。其结果为中唐以后的混乱，而极于五代五十多年的黑暗。宋代要重新建立社会秩序，巩固社会基础，便有儒家的复兴运动。此运动开始于唐代的韩愈、李翱，到宋代二程出而始完成了本身从理论到实践的结构。这即是一般人所说的新儒学运动。此新儒学运动，究竟以什么为它的转捩的枢轴？朱元晦常喜提出"穷理"二字以作说明。意思是说佛、老讲空讲无，在空与无中，安放不上一个"理"字，所以在现实生活上都落了空，而得不到人生的一个立足点。程伊川特别

---

① 《伊川文集》卷二《又上太皇太后书》。
② 同上。
③ 《伊川文集·乞致仕第二状》。

中国孝道思想的形成、演变及其在历史中的诸问题

提出"体用一源，显微无间"^①来，把佛、老将现象与本体分而为二的，打成一片；在现象中认取本体，即当下认定现象界之本身，不是空，不是无，而系有其理；由穷此现象界之理而可以当下承认现象界之价值，可以当下为吾人之生命在现象界中立根基，而不致挂空虚度，这即是他们从佛、老转出来的枢轴。所以程、朱一生，最重"即物穷理"。他们这种说法，当然是很对的。但我觉得这种说法，有点近于抽象。凡是抽象的、概念上的东西，其影响常局限于知识分子，而不易发生大的社会影响。在朱元晦所特为重视的穷理的观念里面，实有一更为具体的内容，因为有了这种更具体的内容，才能发生千年来广大的社会影响。这种具体内容，即是程伊川所作的《明道先生行状》中的"知尽性至命，必本于孝弟；穷神知化，由通于礼乐"的两句话。尽性至命，是穷究人生的根源，穷神知化，是探求宇宙的法则，这是佛、老与儒家共同的要求。但佛、老不从人伦道德的实践中去穷究人生的根源，不在社会共同生活的实践中去探求宇宙的奥秘，结果只是停在观想界中，无助于人生社会现实生活的充实向上。伊川的所谓"必本于孝弟"，即是从人伦之爱的实践中扩充出去，以达"浑然与物同体"的仁，^②使个人生命融合于宇宙整个生命之中，尽一己的责任，实现一己生命的价值，同时即系尽了整个生命的责任，实现了整个生命的价值，于是尽心、知性、知天，只是一件事。所以由此以"尽性至命"，是有其具体的内容、历程，而能证验于现实生活之中，以昂扬充实现实生活的。礼指的是社会生活的

---

① 程伊川《易传序》。
② 程明道《识仁篇》："仁者浑然与物同体。"

　　　　　　　　　　　　　　　　　中国思想史论集

秩序，乐指的是社会生活的谐和；这里所说的"穷神知化"，不是近代科学上的意义，而是价值哲学上的意义。宇宙是一个有秩序而得到谐和的存在，但人只有通过自己群体生活中的秩序与谐和，而始能体认到宇宙法则的秩序与谐和；此时宇宙的法则，在人群的现实生活中生根；而人群的现实生活，可以向宇宙的法则上昂扬，于是儒家的天人合一，乃有其现实上的意义，有其社会上的意义，这便涵摄了佛、老的要求，而迥然不同于佛、老的归趋与作用。此是宋儒出入于佛、老而回头向六经立脚的真实内容，这也是宋儒重新贞定我们民族生命的大贡献。他们所说的孝弟，完全回到孔、孟的德性上立基。他们虔敬的人生态度，及由此所流露出的人格尊严，并且讲学所开出的在政治以外的民族自存自保的方向和努力，没有丝毫与专制者以假借，不能把孝治派加在他们头上。他们自身在宋代政治上所受到的迫害，及在元代的惨酷黑暗中重新给民族以生存的方向与信心，都是历史上伟大的见证。任何学问，尤其关于人自身方面的学问，必定有所偏、有所蔽，宋儒也不能例外。反宋儒理学的，经过了三个阶段：开始是出于补偏救弊，以后是出于好名争胜，当前许多人，则是以此来掩护自己人格上的惭德。至于盲目附和而实则任何东西也不懂的人，则在三阶段中常是满坑满谷。这里应当说的话很多，现在只说到此处为止。

最后，说到五四运动中的反孝的问题。首先我们不能因为当时反传统文化，反作为传统文化核心的孝道的人们言辞激烈、知识浅薄，而忽视了他们所代表的为他们自己所不自觉的一种意义。孝弟，是一种道德行为。凡是行为，总是以情感为基底，无感情的活动，即不会发生行为。孝弟的情感，既不是冷静的，也不是热烈的，而是一种温暖的情调。人生在温暖的情调中，总有些拖泥带水，即俗语所说的"清官难断家务事"。"断"是出于坚强的意志，须要情感的冷静。同时，正因为它有点拖泥带水，缺少坚强的意志，所以它的活动，多半是旋磨式的活动，既不能决然舍弃什么，更不易一往直前地追求什么，因为一往直前地追求，是需要在情感的两极状态下进行的，即是感情在某一方面的冷静，丢掉什么而无所顾惜，另一方面的热烈，执著什么而不怕牺牲。所以由孝弟所培养的生活感情，它对人生是发生一种带有韧性的融和、团结、安定的作用，而缺乏勇往直前的作用。由孝弟精神所形成的家族生活，正是上一说明的具体表现。不过在先秦儒家以恩为主的理念中，家庭是一种恺悌和乐，自然会赋予生命以活力和生气。但三纲之说成立以后，在家庭生活里便占了两纲，大大地冲淡了"主恩"或"主亲"的原来意义，于是在家庭生活中的活力与生气，会因此而感到不够，不免有沉滞、沉闷之感。宋儒过分的虔敬主义，也多少加重了此种倾向。它可以安定以农业为生产中心的社会，但它不能把它推进向前。到了鸦片战争以后，以生活感情的两极化为其基底所形成的西方工商业社会的力量，一下子冲垮了安定而沉滞的古老的农业社会；工业社会的生产品，冲垮了农村的自给自足的经济体制，也破坏了在家族自治体中的纯朴生活方式，使生活在这种社会中的人，必须急起自救。要急起自救，则须采他人之长；要采他人之长，便不知不觉地感到我们家庭生活的单纯方式，尤其是蕴藏在这种方式里的生活情调，并不能与大家所要求的新事物相适应；于是便由富有时代感触力的聪明之士，发而为反孝的运动，也可以说是事有必至，理有固然的。换言之，这是因为中国要由农业社会进而为工商业社会，须要有大幅度的生活方式与情调上的调整。在这种调整，未能顺利进行时，便会激出一个大的反动。所以五四时代反孝的根源，是来自西方工商业社会冲击着古老的农业社会所引起的。就我的直接记忆所及，从辛亥革命到民国十五年这一段时间里，穷乡僻壤，以各族的祠堂为中心的家族自治体，其解体之速，至足惊人。这种解体，事实上与陈独秀、鲁迅、吴虞们的反孝活动毫无关系。也可说先有这种社会基础动摇的事实，才有他们的言论。历史上多是事实在先，解释事实的理论在后。所可惜的，当时的知识分子，对于这种事实缺乏冷静的理解，因而他们的态度不是出之于理智，而依然是诉之于感情。凡是诉之于感情的，容易猎取一时的声名，但多不能尽到解释事实的责任，因而只能破坏，而不能为人类现实生活开辟新的途径。再加以狡狯者流，知道在社会转变时期，只要言辞激烈，便能不凭任何学问，即可以猎取声名，于是相激相荡，离开原意愈远。这里我只节录钱玄同借以成名的写给陈独秀的一封信，以见一斑：

独秀先生：

　　……欲祛除三纲五伦之奴隶道德，当然以废孔学为唯一之办法。……欲废孔学，欲剿灭道教，惟有将中国书籍，一概束之高阁之一法。……但是有人说中国旧书虽不可看，然汉文亦不必废灭。……如其仍用野蛮之旧字，必不能得正确之知识。……至于有人主张改汉字之形式——即所谓用汉字罗马字之类——而不废汉语……殊不知改汉字为拼音，其事至为困难。……（所以他主张连汉语一起废掉）。我再大胆宣言道……欲使中国不亡，欲使中国民族为二十世纪文明之民族，必以废孔学，灭道教，为根本之解决。而废记载孔门学说及道教妖言之汉文，尤为根本解决之根本解决。至废汉文之后，应代以何种文字（按他这里实包括语言而言）……玄同之意，则以为当采用文法简赅、发音整齐、语根精良之人为的文字 Eoperanto。

钱玄同只凭这一封信，便成为当时英雄好汉之一。陈独秀对钱玄同的答复是"惟有先废汉文，且存汉语"，比钱玄同的汉文、汉语同时都废的主张，似乎缓和一点。胡适之则认为"独秀先生主张先废汉文，且存汉语，而改用罗马字书的办法，我极赞成。凡事有个进行次序"。

我在这里，只想让大家针对着现实来作一番沉静的回想，用不着什么批评。真正有力的批评，是时代的真实情况。最后，我提出一点感想来作本文的结束。

为了哗众取宠而放言高论，那是最便宜、最容易的事，但落实下来要解决与群体有关的实际生活问题，便会想到《论语》上"为之难，言之得无切乎"（《颜渊》）的话。在一个沉滞的社会里，提倡娜拉从家庭中出走，这很易使人耳目一新。但欧洲近代妇女从家庭走向工厂的前一段历史，未必可以代表妇女的解放，而我国，则中上人家的妇女，多从家庭走向麻雀牌桌子上，台湾山地妇女，则多从家庭走向酒家，可见走出来是容易的，走出来以后应如何，则并不简单。吴虞在《家族制度为专制主义之根据论》里，在大骂了孝弟之后，却以下面这一段来作收束：

　　或曰，子既不主张孔氏孝弟之义，当以何说代之？应之

　　　　　　　　　　　　　　　　中国思想史论集

曰，老子有言，六亲不和有孝慈。然则六亲苟和，孝慈何
用？余将以"和"字代之。

吴虞引老子的话，要以"和"字代替孝慈；殊不知孝慈正是
达到和的手段，同时，也是和的具体表现；所以老子也并不曾反
对孝慈，他在"六亲不和有孝慈，国家昏乱有忠臣"的下面，接
着说"绝仁弃义，民复孝慈"，是其明证。所以吴虞费了九牛二
虎之力来打倒孝慈，但遇着实际上会发生的"或曰"一问，他便
不知不觉地走了回头路，这便是嘴上英雄遇着实际问题时的尴尬
相。不仅五四时代许多知识分子在文化上的主张，若与今日的共
产党相对比，则他们是左派，而共产党反为右派。即在今日流亡
在外的许多知识分子，其反中国文化的情绪，且过于共产党。连
抱着线装书吃饭的人，一听到线装书中有价值的东西，立即发生
反感。这种奇怪的情形，是因为共产党究竟是在实际问题中打转，
而这些人除了自己的兴趣、声名外，对国家社会的实际问题，一
切都不负责任，并且以这种态度为鸣高、为得意。五四时代的彻
底反传统文化，多激于一时爱国之情，在今日无条件地反中国传
统文化，我怀疑是由于不知不觉之中，中了殖民主义的毒。时代
的悲剧，岂是偶然？因此，我觉得以家族来形成整个社会的自治
体的时代，已经是过去了；我们须要有更多的文化、经济、政治
等自治体，以适应并推动我们当前的生活，而不能像过去一样，
只靠一个家族的自治体。但每一个人，若能有以孝弟为纽带，亦
即以爱的精神为纽带的一个安定和乐的家庭和家族，与其他许多
社会自治体，并立并存，一方面可使每一个人在社会利害的竞争
中，有一个没有竞赛气氛的安息之所，一方面在许多利害角逐的

团体中，渗入一点爱的温情，以缓和两极的情感，让人与人的竞争，不仅是靠法的限制，同时也可以得到温情的调和，这对于我们乃至整个人类的生活，是不是更为健全呢？这是经过了暴风雨后，或正在暴风雨中，值得郑重考虑的问题。至于人类是否需要以爱来融和个体与全体的对立，借此以建立真正谐和的社会？假定有此需要，则中国先秦儒家，以爱为精神纽带的伦理思想、家庭生活，是否能给现代的人们以若干启示？这也许不失为对人类有责任感的思想家们的研究课题。当我看到《世界人权宣言》第二十六条第三项有"父母有选择其子女应受教育之种类的优先权利"的规定时，发生不知其然而然的感动。提出这一项规定的先生们，已知道在苦难的时代，真能保障下一代的，只有靠各人的父母。这即是要求大家对于"慈"的正当性和必要性，作了一次法定的承认。但慈易而孝难。现代许多文明先进国家，壮年人对于自己的子女，无不舐犊情深，但对于他的衰年父母，则异常冷淡，在感情上还得不到他们豢养的猫狗所能得到的温暖。《礼记·坊记》中也有"子云，父母在，不称老，言孝不言慈……君子以此坊民，民犹薄于孝而厚于慈"的话，可见古今中外的人情是一致的。慈是生理作用的成分多，孝则要诉之于理性的反省。有慈而没有孝的社会，等于是每一个人都没有圆满收场的社会，也即是每一个人从他的工作退休时，即失去了人生意义的社会。难说这便不算一个社会问题、人生问题，而不值得把中国的孝道加以新的评价吗？

评训诂学上的演绎法
——答日本加藤常贤博士书

　　日本东京大学名誉教授加藤常贤博士，是汤岛圣堂（即孔庙）与斯文会的负责人，著述宏富，乃日本汉学界重镇之一。我于一九六〇年在日本旅行至京都时，与日本京都大学中国哲学研究室主任教授重泽俊郎博士，颇相知好。他劝我回东京后应看看他的老师加藤先生。我由京都返东京，即寄上拙著《中国思想史论集》给他，请他教正。随后他也寄了几种著作给我，并约期在汤岛圣堂见面。见面时是宋越伦先生陪在一起，加藤先生把我送给他的《中国思想史论集》给我看，从头至尾，都用红色笔圈点一过，并说："你所用的治思想史的方法，与我不同，但我承认你是开辟一条新路。"又说："在《论集》中你和钱穆先生有关《老子》、《中庸》的争论，我完全赞成你的意见。"并对我《释〈诗〉的比兴》一文，特加称道，认为"解决了两千年来说《诗》上的难题"。我对这位前辈先生的诚笃态度，非常感动，对他治学之勤、用力之深，也深为佩服。但对他所用的方法，心中不甚以为然，这一点，他当时也感到了。去岁承他寄了一篇功力很深的论文抽印本给我。今年夏，我寄上一部《中国人性论史·先秦篇》给他。旋奉到这位老学人八月五日来信谓："顷者大著《中国人性论史·先秦篇》一册惠赐，感谢无任。书中言及拙著《中国思想史》有所批判，多谢。唯敝生论礼之书小册，别包拜寄，极乞赐批判。……"加藤先生信中所提的《中国思想史》，不仅是东京大学所用的教材，并且其中对礼的起源的说法，在日本汉学界发生了很大的影响，在今日几成为通说，所以我在《中国人性论史·先秦篇》第三章中曾略加批评。不久奉到他的大著《中国原始观念之发展》，时我正陪内人在台北治病，将加藤先生原著读过后，即回了一封长信，坦白陈述了我的看法。我回这一封信时，批评到自己很敬佩的前辈先生，内心非常难过。但我在此信中所批评的，不是对加藤先生在学问上的成就的怀疑，而是对他所用的方法的怀疑。他所用的方法，正是我国以阮元为中心，一直蕃衍到现在的中国许多人所用的方法。但加藤先生虽然沿用了这一派的方法，却决没有染上中国这一派的偷堕自私的情形。我之所以写这样一封批评的信，并现在把它刊出，是完全相信学术乃天下之公器，而方法得当否，又决定学术研究的内容，希望能由此而引起对中国学问有诚意者的反省、讨论，以开辟今后治中国学问的生机。在一封信中不可能说得很详尽。我希望关心此一问题的人，同时参阅我在《中国思想史论集》中《有关思想史的若干问题》一文里面第四节的"治思想史的方法问题"，及《中国人性论史·先秦篇》的第一章。关于进一步的治思想史的方法，还有待于阐述，我在这里只简单提破一句，即是把治文艺批评中"追体验"的观念、工夫，转用到治中国思想史的最后程序之上，是相当的恰切、必要的。

一九六三年十二月一日志于东海大学

加藤前辈先生道鉴：

手教及尊著《中国原始观念之发展》，均先后敬谨奉悉。

拙著《中国人性论史·先秦篇》中，商讨及由先生所督修之《中国思想史》中有关礼之起源问题，先生不加叱责，更以尊著相赠，使观得详审先生立说之根据，借便多所领益，此真大君子以学术为天下公器之用心，敝国今日则不复易见此典型矣。谨将读完尊著后之若干感想，附呈如后，倘因此而得先生进一步之指教，幸甚。

八月三十日徐复观敬上

奉读尊著《中国原始观念之发达》，深叹先生学殖之深、目光之锐，非观所能几企于万一；而观苦心所在，欲将"发展"、"演变"之观念，导入于中国思想史研究工作之中，以救过去中国学者多缺乏"史的意识"之失，不期而与先生之用心互相契合，私衷窃以为荣幸。然尊著以 tabu 为礼之起源之断定，终觉有商讨之余地者，则因先生系承以阮元为中心之学派之流，在方法上主要系用"训诂学之演绎法"。观年来深感此一方法，至今日于省吾辈之"新证"[①] 而流弊极矣，乃辄欲改途易辙，主要用"资料之归纳法"（此二名词皆观临时造作）。治思想史非仅赖此一方法即可卒事，但要当以此一方法为起点。在此一方法内，并非置字形、字声之训诂于不顾，而系将由字形、字声所得之义，在一句之构造中、在一章之上下文义中，互相参证，以求其文从字顺。更进一步则将某一时代之有关资料，某一书、某一家之有关资料，加以归纳后，较同别异，互相勾稽，以求能在较广大之背景与基础上，

[①] 今人于省吾著《尚书新证》、《毛诗新证》、《易经新证》、《老子新证》、《庄子新证》诸书，台湾亦有印行，其中十之七八皆采用臆测式之演绎法，荒谬至不可董理。

评训诂学上的演绎法

得出较为实际之结论。其无资料可资参证、归纳者，则宁可暂存而不论。

所谓"训诂学之演绎法"者，乃不待上下文句之参证，不由有关资料之归纳、勾稽，而仅以由某字之原形、原声所得之义，为推论之根据。若本字之原形、原声不能与所期之结论相应，则由通假以济其穷。如王引之释《孟子》"序者射也"，王氏不知此犹存古代有以射为教之实况，而疑"射乃偶一行之，不得专命名之义"，遂谓"射、绎古字通。《尔雅》云：绎，陈也。……则射者陈列而宣示之，所谓'谨庠序之教，申之以孝弟之义'也。此序训为射之说也。"按王氏由射声而推出与"绎"古字通，再由"绎，陈也"而推出"射者陈列而宣示之"，更由"陈列而宣示之"推出"谨庠序之教"，以符合彼所能了解之庠序情形。此一例也。① 如先生不满意许氏《说文》"义，己之威仪也"之"己"，而欲扩大其为指一般性的威仪、仪容而言，乃先引戴侗《六书故》"我，戈也"之说，以证明"义"字之"我"不作"己"解，再推论"我"为"雅"之假音，再由"雅"而推论"雅"与"夏"通假，更引阮元"夏，人身动容也"之说，以得出"义之古义，乃威仪之意"，更由此以推断今文《尚书·多方》中之"义民"、《左传·桓公二年》之"义士"，为"辨知仪礼之男子"，步步推来，每步皆详征他说以为佐证，先生之立论可谓密矣。但此中之问题，一在于忽视文字之字义常在引申演变之中，一在于由上一步以推下一步，其中仅有可能性而无必然性，故尚待资料上之归纳证明。阮元系统之

---

① 以声音讲训诂，以训诂讲校勘，就余所知，清代以王念孙最为平实。其《读书杂志》一书，为治国学者所必读之书，盖彼在文义上有切近之归纳勾稽，而不轻作臆测式之演绎也。其子王引之则多走向演绎一途矣，故此特引王氏为例。

学风，则将此种可能性视为必然性，将多义之前提条件视为一义之前提条件。于是在预定结论之下，反而对资料作武断性之解释。阮元与傅斯年对"性"字所作之解释，即其显证。就此处之"义"字而言，若改用归纳方法，则其结论将为之一变。据陈梦家《卜辞综述》中对甲骨文"我"字所作之归纳则知此时之"我"字，乃指"集团之我"而言，如"我之方国"之类，尔后则逐渐演变为"个体之我"。是"我"之原形，殆有取于执戈以捍卫其集体安全之义，而非"戈之名称"明矣（陈梦家说经多妄，惟此书乃采综合归纳之方法，故颇多可信）。"夏"之原义，可能如阮元所谓"人之动容"。然"夏"为四时之一，"夏"为朝代之名，此在周前即已存在。《诗经》中有十一个"夏"字，殆无一字可作"动容"解释，先秦所传古代乐舞之不以"夏"名者，亦不可以一二举，则阮氏"周曰颂，古仅曰夏"之"仅"字，正阮氏之武断，而先生不免为其所欺矣。至"义"字之古训为"己之仪容"，殆无可疑。然今文《尚书·康诰》中有"用其义刑义杀"之语，此"义"字断不可作仪容解释，而《左传·桓公二年》"武王克商，迁九鼎于洛邑，义士犹或非之"之"义士"，殆指伯夷、叔齐辈而言，亦非仅限于"辨知仪礼之男子"。而先生引刘申叔以《周语》"义，文之制也"之"义"，系指礼仪、威仪之说，殆亦不能成立。盖此处之"文"，乃指礼仪、威仪而言，"义"在此处系与"文"相对举。"义，文之制也"，乃指义所以为文之节制。《诗经》上有三"义"字，皆不作"仪容"字解。另有约三十三个"仪"字，绝对多数作"仪容"解，或连"威仪"为一词。亦间有应作《说文》之"度也"解，如"仪刑文王"、"仪式刑文王之典"者是。则先生由"义"之古训以释"义民"，此或亦演绎太过之一例也。

先生对"儒"之起源，驳胡适《原儒》之说，甚为切当。先生以儒为"老人之教"，此推之古代社会亦为情理所应有。然中国古代社会之"老人之教"是否称之为"儒"？是否"师儒合一"？由归纳之观点言之，则仍为可疑。盖见于春秋时代以前，在职官中所称之"师"，不能看出其特有教化之意义。《论语》中"三人行，必有我师焉"，"人之患，在好为人师"，此乃"师"之新义。今文《尚书》中无"儒"字，《诗经》中无"儒"字，《左传》、《国语》中似亦无"儒"字。《周官》中始有与孔子以后所流行之师儒观念相合之"师"字、"儒"字。《周官》一书，观推断为长期发展、演变，至战国中期以后，由编纂而成之书，其中有周初及其以后之观念材料，亦有战国时之观念材料，故《周官》中所言之"儒以道得民"，或系孔子以后之观念。综合上述情形，可知"儒"字出现甚晚。则由"儒"字从"需"转"须"，为有须（鬚）者之称，在文献中仍难为证验也。

尊著第二章"礼之原始的意味"，正面指出礼之原意义为tabu-mana，"而所谓 tabu，包括人及物之神圣性、由神圣性而来之某种禁止及严肃性之三义"（页六三）。又谓"tabu 的禁止观念与 mana 之神秘力观念联合在一起，便发生种种宗教之礼仪"，"《仪礼》十七篇中之种种仪礼，可完全视为宗教的礼仪"（页六六）。因此，先生断定中国之礼起于 tabu-mana，而礼之原义乃隔离之意。先生为证明上说，首先引"敬"与礼的关系，以"敬"为相当于由 mana 而来之严肃性。引《乐记》"乐者为同，礼者为异。同则相亲，异则相敬。乐胜则流，礼胜则离"，及《论语》有子曰"礼之用，和为贵……知和而和，不以礼节之，亦不可行也"，以证明"礼之基本在有差别、隔离之事实"，而主张"以

　　　　　　　　　　　　　　　中国思想史论集

tabu 之观念说明礼为至极适当"（以上页六七至六九）。

　　据观所见，中国古代必有由神秘感而来之禁忌、隔离之风习，此即先生之所谓 tabu。即至今日亦尚保存于社会之中，如过年节时辄以红纸帖写上"天地阴阳，百无禁忌"、"童言不禁"、"泰山石敢当"之类。此种禁忌之风习，亦必有一部分混入于"礼"之中，如《论语》中之"乡人傩"及丧礼中之"祓"，即其明证。但人死后若仅有祓除不祥之观念，必不能产生详密之丧礼。详密之丧礼，观以为系长期演进之结果。在此长期演进中，实包含三种因素，一为原始之祓除观念，此观念愈演而愈缩小范围；二为"事死如事生，事亡如事存"之观念；三为"丧思哀"、"丧致乎哀而止"，以仪节表现内心之哀之观念。禁忌系人类原始之观念，观由归纳综合所得之结论，礼乃周初始逐渐发展之观念。先生将已发展成为一完整系列之丧礼，仅归之于祓除禁忌之一点，更以此而推及于全礼之解释，窃以为过矣。

　　礼之中，必含有敬之精神状态。然"敬"字之本身，已有演变。"敬"之原义，或同于向外警戒之"警"。但周初所流行之"敬"，已多系指内心之敬慎而言。敬与礼相结合，亦由逐渐演变而来，且多出于以敬要求礼，防止礼之太过；并非认为"敬系礼之所自出"，亦非谓礼与敬之观念系同时存在。周初所谓"敬"，其目的在对于其所敬之对象求能相"通"。敬天所以求自己之精神能通于天，敬事所以求自己之精神能通于事，敬民所以求自己之精神能通于民。既与 tabu 之由禁忌而隔离者为不类，亦非与礼之观念关联而不可分。"齐"（斋）乃敬之特殊表现，"齐三日，乃见其所为齐者"（《礼记·祭义》），其以齐求通于鬼神之意，甚为明显。先生以齐为"在日常生活之隔离"，证明齐之目的在隔离（页九二至九三），而不知齐之对象非日常生活而系鬼神，齐之目的正如先生所谓之"为使与神性同一"（页九三），则其目的在求通，而不在离也昭昭矣。《诗经》中有二十个"敬"字，有系就礼而言者，如"各敬尔仪"者是；有非就礼而言者，如"敬明其德"者是。此皆与mana之观念无关，亦即与tabu之观念无涉。况先生所引证之材料，乃由《左传》所代表之春秋时代之观念，其时代为更后，即与原始观念之tabu-mana相去或已更远。此不仅为社会进化之公例，征之文献，亦莫不如此也。

《乐记》之"礼胜则离"，乃承上句之"礼者为异"而言。对各种不同（异）之人，各种不同（异）之事，而各赋予以相适应之各种不同仪式，以建立人与人及人与事之秩序，此之谓"礼者为异"。"异"犹荀子之所谓"分"，"为异"即是"明分"。"胜"乃"太过"之意。"礼胜则离"者，乃谓礼太过则有疏远隔离之流弊，与上句乐太过则有流荡之流弊，对举而言，以见礼与乐之互相为用，而不可偏废，似非谓礼原于"离"，或礼之目的在"离"也。《论语》有子之言，正为此处之所本，似不可以此作礼起于tabu之证也。

先生信任《周礼》将礼分为吉、凶、军、宾、嘉五类之说，甚为正当。然先生追求"吉凶"二字之原义"为吃与空饭之义"，由此以推论"祭丧二礼，为吃与空饭之义"，更以丧须断食、祭须食肉为证；更由《诗·天保》之"吉蠲为饎"《大戴记·诸侯迁庙》篇引作"絜蠲为饎"，而推论"吉"乃"絜"之假字，引《广雅·释言》"絜，清也"，由此而推论吉礼为"洁礼"，凶礼为"污礼"（页七七至七八），以符合于tabu"有因纯净而隔离被禁止者，及因不纯净而隔离禁止者"之两种情况（页七五）。此亦系用训诂学之演绎法。夫"吉凶"二字之原义是否为"吃与空饭",姑置不论。然对礼加以分类,乃后起之事;故《周礼》将礼分为五类,其时代不能推及太早。自周初文献中之《尚书》,《易》之卦辞、爻辞,下及《左传》、《国语》,其中所用之许多"吉"字、"凶"字,皆不见"吃与空饭"之义,或由"吃与空饭"所引申之义。则以"吃与空饭"为前提所演绎之结论,其与《周礼》分礼为五类之时间,殆难相吻合矣。盖此分类之时间,恐不能早过于春秋以前;而在此一原形、原义之演绎中,却将先生所主张之发展演变之观念,事实上已加以取消也。祭可以受福,故曰"吉";死丧乃人生、家、国之大不幸,故曰"凶",盖亦取吉、凶之通义以为言耳。

先生若将 tabu 之观念弃置一旁,更参酌以资料归纳方法,则先生对礼之问题,固已把握甚为真切。先生谓"礼者,本来仪礼之意,乃神圣之接触,及关联于接触之手续或手段"(页七一),此其为义既已精要矣。先生又引《祭统》"是故君子之齐也专致(推致之意)其精明之德……然后可以交于神明也"(页九四),又解释祭祀所用之物为"似在于发生神与人及人与人之交融关系","神人融合一致,是献进此饮食仪礼之精神"(页一〇二),其为说不更精乎?先生此种结论,必得自资料之归纳,而非得自训诂学上之演绎,可断言也。正因礼之起源,在于通过各种仪式,以达成神与人、人与人、人与事之交融、沟通为目的,化"离"而为"通",故由此而可以导出中国文化之丰富内容,形成先秦儒家思想之骨干。每一思想,其见端虽甚微,但后来若有丰富之发展,则在其见端处必已涵有后来发展之可能性。若礼之发端为禁忌、隔离之 tabu,恐不易有后来之丰富发展,而引起先生之关心也。

观近年来深有感于以阮元为中心之治学方法，蕃衍至今，如治丝愈棼，流弊不可究诘，虽以先生之高明，似犹未免为其所累；此非仅为一事一物得失之争，更非敢与先生絜长较短，乃关于治学方法、态度上之根本反省；敬望先生有以进而教之，倡而导之，则感幸者岂特观一人之私意乎？

一九六三年八月三十日

一九六四年一月十六日刊于《中华杂志》

孔子德治思想发微

一、在夹攻中的中国文化

极权主义和殖民主义对中国来说，他们在文化上有一共同之点，即是都彻底反对以孔子为中心所展开的中国传统文化。极权主义之所以如此，是因为中国文化系立基于性善思想之上；这便真正把握到了人类尊严、人类平等及人类和平相处的根源，当然也是政治上自由民主的根源。[①] 所以极权主义者一旦稍稍接触到它的时候，便立刻会感到这种由人性所发出的呼声、力量，对于他们是致命的威胁。今日大陆上之所以誓言要根绝中国传统文化，这是非常容易理解的。

殖民主义者之所以如此，是因为由对自己文化的尊重而来的民族自尊心及与此相关联的国家独立意识，乃任何国家一切建设的前提条件，但与殖民主义者所追求的殖民目的，却是背道而驰的。因为殖民主义，只能建立在自卑自贱的民族之上；而对于自己文化的诬蔑、侮辱，正是自卑、自贱的动力和表现。以孔子为中心的传统文化，乃至以老、庄为中心的传统文化，都是彻底的和平主义的性

---

① 对于中国文化在这一方面的意义，我们少数几个人，年来作了相当的研究、阐述。

格，这只要稍有常识的人便可以承认。所以抗战期中，陈立夫氏以教育部长的地位，说提倡孔学，也是争取世界和平的最好途径时，这话并不算错。但费正清氏于一九四三年十一月十九日提向美国驻华大使的节略中，认为陈氏提倡孔学，"为了美华文化关系，我们（美国）必须反对，原因是孔学含有侵略性质"。[①] 这里特别值得注意的是，费正清氏此时在重庆，正是美国派在中国的外交工作人员，而他的意见，乃是向他的大使提出，要以此形成美国正式的外交政策。以驻外的外交人员，居然要在外交政策上从正面反对驻在国的传统文化，这是外交史上所没有的先例。有人说他是出自残余的殖民主义的心理，我实在没有方法为他辩护。他既彻底反对孔子，哪里还有中国文化？还说什么"美华文化关系"呢？

今日在反共人士占绝对多数的美国和中国，费氏把反对孔子最彻底的毛泽东，说成是继承了孔子的传统，这是巧妙地告诉美国人士和反共的中国人士，"你们要反对毛泽东，便要先反对孔子"。这是费氏要打倒中国传统文化的一种巧妙策略的运用。

极权主义者和殖民主义者的反对孔子，都有其现实上的必然性。我们若不能说服他们放弃极权主义和殖民主义，便不应希望他们改变对孔子的态度。但站在作为一个人的基本条件上，我们可以要求他们的反对，应建立在有关孔子的真实材料及对这种材料的正常解释之上。所以我在这里特提出孔子的"德治"思想来作一探讨。

---

① 按六月廿八日《征信新闻报》梁和钧氏《费正清改造了毛泽东？毛泽东改造了华盛顿？》一文中附注，见《一九四三年国际关系》，页三八五。

中国思想史论集

二、美国费正清所提出的德治问题

费正清认为"中国是被孔子的一个伟大创作所控制，他就是德治的神话（The Myth of Rule By Virtue）。依照这个神话，一个超人的本于正当行为树立一个楷模……那些愚昧的人，如不能为皇帝的楷模所感召，则就以刑赏去对付"，"无论如何，中国依然为伟大的儒家政治虚构，即德治之神话所统治"。[1] 陶百川氏在六月六日《征信新闻报》《费正清对华言论的再检讨》一文中谓"我以为译为礼治主义，更能切合费正清教授的说法"。这里我得先说一句公平话，由陶氏的改译看来，陶氏对此问题的了解，可能还不及费正清，这到后文自然会明了。

孔子正式提出德治的有《论语》下面的一段话：

> 子曰，为政以德，譬如北辰，居其所，而众星共之。（《为政》）

尧、舜在孔子心目中是最高的德治典型。下面的话，可以说和上面的话是完全相应的：

> 子曰，无为而治者，其舜也与。夫何为哉？恭己正南面而已矣。（《卫灵公》）

---

[1] 这里是从《中华杂志》第四卷第六号曹敏氏《陶百川先生〈费正清再检讨〉的检讨》一文中所转引。

"恭己正南面"即是德治。何晏《论语集解》对"为政以德"的解释引"包曰，德者无为，犹北星之不移，而众星共（拱）之"，是包氏以德治乃无为之治，把上引两段话互相印证，包氏的解释是有根据的。所以朱熹《集注》对前一段话的解释也说"为政以德，则无为而天下归之"。这里先作一个小小的结论，德治即是无为之治。但所谓"无为"，如后所述，乃是不以自己的私意治人民，不以强制的手段治人民，而要在自己良好的影响之下，鼓励人民"自为"，并不是一事不做，这是两千多年来的共同认定。

再进一步要追问的是，德治的"德"，到底作何解释？邢昺《论语集解疏》谓"德者，得也。物得以生谓之德。淳德不散，无为化清，则政善矣"，这大体是采用老子的思想。邢疏是由剪裁皇侃疏而成，其受老子思想的影响，与何晏正同。这种解释，先不说孔、老思想的异同，仅指明它在此处的含意，显得非常空洞笼统。朱熹《集注》谓"德之为言得也，行道而有得于心也"，这便由老子之所谓"德"，转到孔子之所谓"德"，与"志于道，据于德"（《述而》）之"德"，可以贯通得上，但用在这里，依然有点空洞笼统。《语类》卷二十三对此处（为政以德）的解说是"凡人作好事，若只做得一件两件，亦只是勉强，非是有得。所谓得者，谓其行之熟而心安于此也"。这是把行为和内心连接在一起来作"德"的解释。若把这段话稍稍变通一下，则所谓"德"，"乃是内外如一的规范性的行为"。"为政以德"，即是人君以自己内外如一的规范性的行为来从事于政治。周初用"德"字，多指行为而言，春秋时代则多以有恩惠于他人的行为为德。孔门也将"德行"连辞。所以把"为政以德"的"德"，作如上的解释，应当是和原意相切近的。由此可知，费正清氏以"正当行为"解释"德治"，并不算太错，而陶百川氏的改译，反为多事，因为德可以包含礼，但较礼更为广泛些。根据此种解释，则《论语》下面的话，都说的是德治：

> 子谓子产，有君子之道四焉，其行己也恭，其事上也敬，其养民也惠，其使民也义。(《公冶长》)

按《左传·襄公二十四年》子产在告晋宣子的话中有"夫令名，德之舆也；德，国家之基也；有基无坏"。子产的话，也可以说是德治思想。孔子这里说子产"有君子之道四焉"，这也可以说子产是"为政以德"。

> 子曰，雍也可使南面。仲弓问子桑伯子，子曰，可也，简。仲弓曰，居敬而行简，以临其民，不亦可乎？居简而行简，无乃大（太）简乎？子曰，雍之言然。(《雍也》)

按"简"与"无为"相近。"居敬"是德，而"居简"则易流于不德，所以"居敬而行简"，可以说是德治的另一说法。

> 齐景公问政于孔子，孔子对曰，君君、臣臣、父父、子子。(《颜渊》)

按"君君"是说为人君者应尽自己为人君之道，亦即是尽人君之德。孔子在此处虽君臣、父子并称，但因为是答复齐景公的，所以重点当然是放在"君君"上面，这也是德治的主张。

季康子问政于孔子，孔子对曰，政者正也。子帅以正，孰敢不正。(《颜渊》)

　　季康子患盗，问于孔子，孔子对曰，苟子之不欲，虽赏之不窃。(同上)

　　季康子问政于孔子曰，如杀无道，以就有道，何如？孔子对曰，子为政，焉用杀？子欲善，而民善矣。君子之德风，小人之德草。草上之风，必偃。(同上)

　　子曰，其身正，不令而行；其身不正，虽令不从。(《子路》)

　　子曰，苟正其身矣，于从政乎何有？不能正其身，如正人何？(同上)

　　按"子帅以正"、"其身正"的"正"，指的是正当的行为，即是"为政以德"的"德"。"苟子之不欲"、"子欲善"，这是近于德。"孰敢不正"、"虽赏之不窃"、"而民善矣"、"不令而行"，是言德治的无为之效。"君子之德风"三句，是以比喻说明"不令而行"的原因。在答樊迟的学稼章中谓"上好礼，则民莫敢不敬，上好义，则民莫敢不服，上好信，则民莫敢不用情"。"好礼"、"好义"、"好信"即是德治的德，"莫敢不敬"等即说的是德治之效。又：

　　子路问君子，子曰，修己以敬。曰，如斯而已乎？曰，修己以安人。曰，如斯而已乎？曰，修己以安百姓。修己以安百姓，尧、舜其犹病诸。(《宪问》)

　　　　　　　　　　　　　　　中国思想史论集

按"修己"即是"其身正"，即是德。"修己以安百姓"，即是德治。《周易·复》初九象①"不远之复，以修身也";《孟子·尽心上》"夭寿不贰，修身以俟之"。上面所说的"修身"，都是从《论语》"修己"的观念而来。到《荀子》而有《修身》篇，到《大学》②而不仅将"修身"列为八条目，并且说"自天子以至于庶人，壹是皆以修身为本"，也即是说齐家、治国、平天下，皆以修身为本。这是把孔子的德治思想，组成了一个完整的系统。孔子的正名思想是偏在伦理方面，他所要求的是各人在政治上有某种名，即应尽到由此名所要求之实，亦即是他所主张的"君君、臣臣"。这对负政治领导责任者而言，同样是德治思想。由此不难了解，孔子乃至整个儒家的政治思想，都是由德治观念所贯通的。

三、德治思想的背景

现在要进一步追问的，孔子提出德治的背景是什么？

孔子的思想，主要是通过人的自觉、向上，以达到人格的完成。亦即是要每个人发现自己的德，完成自己的德。作为统治者的人君也是人，而且是负有更大责任的人，则人君应完成自己的德，使首先能作为一个人而站立起来，这在孔子的立场，毋宁是必然的事。但除了此一基本立场外，孔子之提出德治还有其时代背景。

从哀公问"何为则民服"（《为政》）及季康子问"使民敬忠以劝，如之何"（同上）等情形看来，当时统治者与被统治者之间

---

① 按象辞当成立于战国初期或中期。见拙著《中国人性论史·先秦篇》第七章。
② 按《大学》当成立于秦统一天下的前后。见拙著《中国人性论史·先秦篇》第九章。

的矛盾，已达到使统治者感到不安的程度。在这种情形之下，统治者常常觉得只有加强对人民的要求、管制，更只有以刑罚来作要求、管制的保证，才可将矛盾加以弥缝。这样一来，政治自然会完全变成为"刑治"，而使人民憔悴于虐政。但实际，统治者与被统治者的一切矛盾，是由统治者采用与被统治者两种不同的行为标准所发生的。而统治者一切不合理的要求，都是来自统治者把自己的行为，安放在对人民要求标准之外。孔子针对这种情形，便首先要使统治者把要求于人民的，先要求于自己，先从自己实现。能如此，人民将不待政令的要求，在行为上自然会和统治者一致了。前面提到的季康子问"使民敬忠以劝，如之何"，这是问用怎样的方法能够使人民对于他会"敬忠以劝"的。孔子立即把问题转回到季康子自己身上说："临之以庄则敬，孝慈则忠，举善而教不能则劝。"上面三句话，即是很显明地指出统治者与被统治者中间的矛盾，是要从统治者本身求得解决。并且通过《论语》、《孟子》、《中庸》、《大学》等典籍来看，凡是谈到政治问题时，尤其是在与统治者谈到政治问题时，无不认为政治问题的发生，皆是出在统治者的自身，而不是出自老百姓；这在消极方面，即是要减少乃至减掉统治者对人民的要求，使人民在精神与物质生活上能多得到自由的保障，这是提出德治的第一个背景。

如上所述，统治者对人民的要求，是以刑罚作保证的。现在既将要求转回向统治者自身上去，并且认为由此一转回，便可使人民同归于德，使刑罚归于无用，这是认为德治可以代替刑治，因而要求即以德治去代替刑治，这是提出德治的第二个背景。下面的一段话，将德治与刑治对比得最清楚：

子曰，道之以政，齐之以刑，民免而无耻。道之以德，
齐之以礼，有耻且格。(《为政》)

"政"是要求于人民的政令，"齐"是整齐，"刑"即是刑罚。有一
点特须注意的是，孔子在这里所说的政、刑，是指正常的政、刑
而言，不是指乱政、乱刑而言。即使是正常的政、刑，它所收的
效果，只能使人民苟且免于罪，但并不能使人民有以犯罪为耻之
心，人民依然可以随时犯罪。这即是认为正常的政、刑，其效
果依然是有限的，是不能根本解决问题的。政、刑是由统治者所加
于被统治者的强制力量；孔子对政、刑效果的看轻，实际乃认定
人民的问题是不能靠强制力量加以解决的。这里面含有对当时的
政治在实质上加以否定的意味，所以他希望"无为而治"。

"道之以德"，即是"子帅以正"的"帅以正"，亦即是所谓
"为政以德"。德与政相对，礼与刑相对。礼、刑同是禁民为非的；
二者的分别，《大戴记·礼察》篇说得很清楚：

礼者禁于将然之前，而法者禁于已然之后……礼云礼
云，贵绝恶于未萌，而起敬于微眇，使民日徙善远罪而不能
知也。孔子曰，听讼吾犹人也，必也使无讼乎，此之谓也。
……以礼义治之者积礼义，以刑罚治之者积刑罚。刑罚
积而民怨倍，礼义积而民和亲。故世主欲民之善同，而所
以使民之善者异。或导之以德教，或驱之以法令。导之以
德教者，德教行而民康乐；驱之以法令者，法令极而民哀
戚。哀乐之感，祸福之应也。

礼的观念，经过春秋时代的发展，它的范围已经包括得很广。在孔子，更解消了贵族社会中的阶级意义，而赋与以纯道德的意义，即是以仁义代替了阶级。①且就"齐之以礼"这句话来说，乃是把人伦之道实现于日常生活中的一种"合理的行为方式"；由这种合理的行为方式的积累，而成为社会的善良风俗习惯，此即所谓"化民成俗"。刑是强制、惩罚，而礼是启发、熏陶。由"齐之以礼"，以至"化民成俗"，一方面可以使社会的秩序与自由得到调和，一方面可以鼓舞人的积极向善的精神，此即所谓"有耻且格"。据我的考证，"格"应作感通、感动来解释。儒家政治理想之一，乃是"象刑"，"刑错"。孔子提倡德治，在消极方面，便是要使"无讼"，即是要使"刑错"。所以连季康子"杀无道以就有道"的"杀"，孔子也加以反对。我不知费正清氏以何方法，竟可把德治归结到刑治上面去。

四、德治思想的根据

然则孔子有何根据而能信任德治的效果呢？这里先得说明一点，从孔子"善人为邦百年，亦可以胜残去杀矣"，及"有王者作，必世而后仁"（《子路》）的话看，他并不认为德治会收得到"其应如响"的效果。上面引的许多话，好像孔子把德治的效果说得非常容易，我想，这是为了要扭转当时政治的方向，带着一种鼓励的意思在里面的。但孔子信任德治必然有无为而治的效果，则是

①《论语》："人而不仁，如礼何？人而不仁，如乐何？"又："义以为质，礼以行之。"此即以仁义规定礼之内容。

很明显的。孔子这种信任的根据，先简单地说一句，是出于对人的信赖，对人性的信赖。孔子虽未明说人性是善的，但实际他是认定人性是善的。[①]《诗·大雅·烝民》的诗有谓"天生烝民，有物有则。民之秉彝，好是懿德"，孔子对此诗的解是"为此诗者，其知道乎？故有物，必有则，民之秉彝也，故好是懿德"（《孟子·告子上》）。郑《笺》对上诗的解释是"民所执持有常道，莫不好有美德之人"。美德为人所同有，故亦为人所同好。既为人所同好，则统治者的德，对于被统治者自然会发生启发的作用。孔子说"斯民也，三代之所以直道而行也"（《卫灵公》），直道，是顺着人之所以为人之道，与政治上刑罚诈伪的手段是相对立的。当时的统治者，认为对于人民，必须用刑罚诈伪的手段去统治；孔子意谓，三代盛时，是顺着人民自身之道以治其人民，亦即《中庸》所说的"以人治人"，而无所用其刑罚诈伪。三代时的人民，在本质上与今日的人民无异，然则今日为什么不可以直道而行呢？即是为什么不能用德治呢？在二千五百年以前的社会，我们不难推想，人民对政治的依赖性特别大，统治者所给与于人民的影响也特别强，统治者自己实现其德，即等于实现了人民本身所潜伏的共有的德。孔子是由这种对人性的信赖，发而为对德治的信赖的。这类的话，在儒家典籍中随处可见，而尤以《大学》下面一段话说得更为明显：

所谓平天下在治其国者，上老老而民兴孝，上长长而民兴弟，上恤孤而民不倍；是以君子有絜矩之道也。

---

① 请参阅拙著《中国人性论史·先秦篇》第四章。

上老老、长长、恤孤，是在上者实现其德，此德乃人民共有之德，故人民受此启发而即兴孝、兴弟、不倍。絜矩之道，即是以己身之德为矩，由此以通于天下之人。而天下之人所共有之德，也即是统治者一己所有之德，所以絜矩之道的另一面便是"民之所好好之，民之所恶恶之"。德治者的模范性，是启发的性格，是统治者自己限制自己的权力的性格。所以统治者最高的德，乃在于以人民的好恶为好恶，这是德治的最大考验。一切的极权政治，皆来自对人的不信任，而民主政治的真正根据，乃来自对人的信任。费正清氏认为孔子的德治思想是神话，是因为他缺乏对于人自身的基本信心，他便不了解孔子说这种话的背景及其根据，所以闭着眼睛把孔子和毛泽东连在一起。费氏自己认定中国的人民是"愚昧之人"，却反而说孔子把当时的人民是当作"愚昧之人"。费氏所加于孔子的话，无一不与孔子相反，不能不算是一桩怪事。

五、德治的积极内容

因为费正清氏认为孔子的德治是神话，从神话落实下来便只有靠刑罚。他的这种认定，可能是因为道家的无为思想，结果变成了法家以刑罚为主的政治思想的根据。孔子的德治既然也是无为的政治思想，费氏便认为也会与道家同其结果。我上面所说的，孔子系以对人性的信赖为其德治思想的根据，费氏可以说这是唯心论，乃至只是一种理论，面对现实政治而言，依然是神话。关于这，我再提出三点来讨论。

第一，孔、老提倡无为，是为了极力防止统治者以自己的好恶为标准去统治人民，并不是完全不作事。老子说"为无为，则无不治"（三章）。所谓"为无为"，应当解释作"为而无为"，其真实内容乃是"辅万物之自然而不敢为"（六十四章），"自化"、"自正"、"自富"、"自朴"（五十七章）即系"自然"，"自然"是"自己如此"，有如今日之所谓"自治"，无为的目的，正为了好让人民能根据自己的意见去作事，这是"无为而无不为"的根据。但人民虽然"自然"，仍待圣人的"辅"，辅依然是"为"，不过这种为，是以人民为"主"，而统治只居于"辅"的地位，这便没有统治者的私意夹杂在里面。无私意之为即是无为，所以老子特重视"无私"，无私之实，即是"生而不有，为而不恃，长而不宰"（十章）。"辅万物之自然"的"辅"，在慎到发展而为"因"的观念。他说："天道因则大，化则细。因也者，因人之情也。人莫不自为也，化而使之为我（按指统治者），则莫可得而用。……故用人之自为，而不用人之为我，则莫不可得而用矣。此之谓因。"（四部丛刊本《慎子》页二）无私和因的观念，亦为孔子的德治、无为的思想所涵摄。所以他答子张"何如斯可以从政"之问，特提出"因民之所利而利之"（《尧曰》）的主张。由此可知德治并非不管人民的事，而实际是帮助、启发人民去作人民自己的事。

第二，老子与法家的结合，并非出于老学必然的发展。这种结合，在学术上是出于申、韩有意的依附，在政治上乃来自西汉初年，在感情上因反对秦代暴政而趋向黄老，而在现实上又是继承秦代由法家所奠定的政治制度，于是便形成黄老、申韩互相结合的局面。在秦代则并没有这种结合。所以认为道家的无为必流为申韩，这是由司马迁等而来的误解。[1]

----

① 《史记》将老子与韩非同传。

第三，恐怕费氏对孔子所说的德治的积极一面，缺少基本的了解。这也是中国过去的传注家所不曾尽到的责任，不能仅怪费氏。例如《语类》二十三："为政以德，不是欲以德去为政，亦不是块然全无所作为。但德修于己，而人自感化。然感化不在政事上，却在德上。盖政者所以正人之不正，岂无所作为？"又说："为政以德，是非不用刑罚、号令，但以德先之耳。"按朱熹的最大错误，是把德和政治行为分作两事看。其所以分作两事看，乃是把德只从个人的生活上着想，而不知德乃内外如一的合理行为，凡人君所应作的事，而能内外如一（诚）地合理去作，这都是人君的德。换言之，人君是一个人，应当先在人的条件上站了起来，这是"人的德"；人君又是一个统治者，同时要尽到统治者所应尽的责任，这是"人君的德"。人的德与人君的德是不可分的，在人的德里面即涵有人君的德，如子路问君子，孔子说"修己以敬"，而"修己以敬"的究竟便是"修己以安百姓"。修己之所以能安百姓，必是由修己扩充出去，以善尽其安百姓的责任。哀公问"何为则民服"，孔子的答复是"举直错诸枉，则民服，举枉错诸直，则民不服"（《为政》）。人君最重要的是用人，用人得当，便是人君的德，用人不得当便是人君不德。而人君用人得当不得当，与人君的"修己"有直接的关系，所以修己与用人，对人君来说是不可分的。在舜的"恭己正南面"中，即含有"举直错诸枉"在里面。所以子夏对樊迟"举直错诸枉，能使枉者直，何谓也"之问，而答以"舜有天下，选于众，举皋陶，不仁者远矣"（《颜渊》），而《论语集解》对"无为而治者其舜也与"（《卫灵公》）的解释是"言任官得其人，故无为而治"，这是非常得当的。又：

定公问，一言而可以兴邦，有诸？孔子对曰，言不可以若是其几也。人之言曰，为君难，为臣不易。如知为君之难也，不几乎一言而兴邦乎？曰，一言而丧邦，有诸？孔子对曰，言不可以若是其几也。人之言曰，予无乐乎为君，惟其言而莫予违也。如其善而莫之违也，不亦善乎？如其不善而莫之违也，不几乎一言而丧邦乎？（《子路》）

按上面对定公一言兴邦、丧邦的答复，实际是对君道得失的扼要答复。知为君之难，"则必战战兢兢，临深履薄，而无一事之敢忽"（朱注），这即是德治。惟予言而莫之违，"则忠言不至于耳，君日骄而臣日谄，未有不丧邦者也"（朱注引范氏）。"言"是对于事的共同商讨，要能善其事，必先能使人尽其言，所以听言纳谏为人君要德之一。《中庸》："子曰，舜其大知也与！舜好问，而好察迩言（切于人民利害之言），隐恶（隐其言之不当者）而扬善（宣扬其言之当者。按此乃所以鼓励人之进言），执其两端，用其中于民，其斯以为舜乎？""好问"、"察迩言"、"用其中于民"，在古代只有"恭己"、"正身"的人君，才可以作得到，并且也即包涵在"恭己"、"正身"之内。又"子曰，道千乘之国，敬事而信，节用而爱人，使民以时"（《学而》），这里当然也说的是德治，而是把爱民、养民包含在里面的。概括地说一句，凡善尽人君所应尽的责任的行为，便都是德治，所以德治是有一定的政治内容，如何可称之为神话？

更重要的是，德治是为了反对刑治而提出的。"齐之以刑"的"刑"，是由政府的强制力所施行。"齐之以礼"，便不可诉之于政府的强制力。因为礼固然带有若干的强制性，但发展到孔子，礼的强制性乃发自各人良心的要求，而不应来自政治的压力。"有子曰，礼之用，和为贵，先王之道，斯为美"（同上），"子曰，能以礼让为国乎，何有。不能以礼让为国，如礼何"（《里仁》），礼在政治中的意义，在孔子看来，是以让为主。通过政治压力以实现礼，对孔子而言，这已经不是礼了。所以为了实现"齐之以礼"，孔子便发展了"教"的观念。"教"即是教育，它的方法是启发、熏陶，就人的各种个性以成就各种个性之德，这是由孔子自己施教的实际情形而可以确定的。

> 子适卫，冉有仆。子曰，庶矣哉。冉有曰，既庶矣，又何加焉？曰，富之。曰既富矣，又何加焉？曰，教之。（《子路》）

"富民"、"教民"，是孔子德治的综括性的目的、内容。而先富后教，无形中成为与各种极权主义的大分水岭。极权主义者多是以控制人民的胃，使人民经常在半饥饿状态下以行其极权之教的。对于这一点，此处不作深一层的研究。这里特须提出的是，由于孔子在政治中对教的特别提出，便在以政（号令）刑为主的政治中，开始导入了教育的机能和意义，这是道家所缺乏的观念，正是他们弱点之所在，所以便为法家所乘。在此后二千多年的专制政治中，教育的机能虽然未曾得到充分的发展，但也尽到了保障、培养社会生机的最大功用了。孔子的德治思想，与"教"的观念，是一而非二，所以后来便有"德教"的名词。"子曰，有教无类"（《卫灵公》），这句话的意思，是认为有了教育的力量，便没有智愚、贵贱乃至种族等等各种的分别（类），而人类可同归于善，这是他自己"诲人不倦"的经验，同时也是对于"教"的最大信心。在他这句话里，可以看出他认为教育可以解决人类自身的一切问题。美国目前人种的冲突，站在孔子的立场看，这是美国不曾作过平等教育工作的结果。由教育的发达，而可使政治的强制力归于无用。因此，不妨这样说，孔子在政治上的无为思想，极其究，乃是要以教育代替政治，以教育解消政治的思想。这是德治最主要的内容。

六、德治思想的发展及其在历史中的影响

《论语》是由孔子的弟子及再传弟子所记录，把孔子有关德治的话，散记于全书各部分。我们只有很细心地发现各有关语言的内在关连，始可了解德治思想实际构成了孔子政治思想的完整体系。但在语言表达的形式上，并没组成一个系统。在语言表达的形式上组成为一个系统的，应首推《中庸》"哀公问政"[①]一章，这要算第一阶段的发展。此章以"修身"立基，君臣、父子、夫妇、昆弟、朋友的"五达道"是修身的对象，每一人必生存于此五种基本关系（达道）之中，故修身必须以此"五达道"为对象。知、仁、勇"三达德"是修身的内容，为使五达道能各尽其分，必须有三达德的精神与能力。这是就每一个人的修德（修身）来说的。若推之于政治之上而为德治，则组成了"九经"的系统。"九经"是：

---

① 《中庸》应分为上下二篇，上篇出于子思，下篇出于子思的门人。这里所引的是属于上篇。详细的考证，见拙著《中国人性论史·先秦篇》第五章。

> 凡为天下国家有九经，曰，修身也，尊贤也，亲亲也，敬大臣也，体群臣也，子庶民也，来百工也，柔远人也，怀诸侯也。修身则道立，尊贤则不惑，亲亲则诸父昆弟不怨，敬大臣则不眩，体群臣则士之报礼重，子庶民则百姓劝，来百工则财用足，柔远人则四方归之，怀诸侯则天下畏之。……送往迎来，嘉善而矜不能，所以柔远人也。继绝世，举废国，治乱扶危，朝聘以时，厚往而薄来，所以怀诸侯也。

这里我只说明一点，上面所说的"柔远人"、"怀诸侯"的原则，在今日可能还是国际政治上追求和平的重要原则，这是从《论语》上"远人不服，则修文德以来之。既来之，则安之"（《季氏》）的精神发展出来的。费正清氏所指的德治中的侵略性，到底从何说起呢？

德治思想到孟子而发展为"王道"，王道的具体内容是：

> 五亩之宅，树之以桑，五十者可以衣帛矣。鸡豚狗彘之畜，无失其时，七十者可以食肉矣。百亩之田，勿夺其时，数口之家，可以无饥矣。谨庠序之教，申之以孝悌之义，颁白者不负戴于道路矣。七十者衣帛食肉，黎民不饥不寒，然而不王者，未之有也。

上面的话，孟子说了三遍，可见这是王道最具体的内容，亦即是孔子养民、教民的德治的最具体内容。这里特须注意的是，中国

中国思想史论集

的学校观念，就我考证的结果，是从孟子开始的，这是孔子"教"的观念的大发展。[①] 在国际政治上，孟子提出了"仁者为能以大事小"、"智者为能以小事大"（《孟子·梁惠王下》）的原则，这与《论语》、《中庸》上有关的原则是相符的，这中间有半点侵略的因素吗？

秦以刑罚为治。汉承秦后，因而未改。其刑罚的残酷，略见于《史记·酷吏列传》及《汉书·刑法志》。所以两汉，尤其是西汉的知识分子，都想扭转这一以刑罚为主的政治方向，于是德治的观念特为显著，董仲舒便是一位代表人物。他的"天人三策"，在阴阳五行的神秘外衣中，包含着这一伟大的愿望。他说：

> 然则王者欲有所为，宜求其端于天。天道之大者在阴阳。阳为德，阴为刑。刑主杀而德主生。是故阳常居大夏，而以生育养长为事；阴常居大冬，而积于空虚不用之处，以此见天之任德不任刑也。……王者承天意以从事，故任德教而不任刑……今废先王德教之官，而独任执法之吏治民，毋乃任刑之意与。（《汉书》五十六《董仲舒传》）

所谓"先王德教之官"，指的是主管学校教育，以教化代刑罚之官，这实际是由孔子的"教"，经过孟子所发展出来的观念。又说：

> 夫万民之从利也如水之走下。不以教化堤防之，不能止也……古之王者明于此，是故南面而治天下，莫不以教

---

① 详见拙著《中国人性论史·先秦篇》第九章。

化为大务。立大学以教于国，设庠序以化于邑；渐民以仁，摩民以义，节民以礼。故其刑罚甚轻而禁不犯者，教化行而习俗美也。（同上）

但是他并没有忽视养民的重要，所以在第三策中，特反复要求在上者不可与民争利，好像他已预见到武帝后来所行的各种专利政策。他说："夫皇皇求财利，常恐乏匮者，庶人之意也。皇皇求仁义，常恐不能化民者，大夫之意也。"不过他上述的主张，必有一个基本立足点，这在专制时代，便是当时的皇帝。皇帝不自修其德，则一切无从说起。所以他说：

> 故为人君者，正心以正朝廷，正朝廷以正百官，正百官以正万民。（同上）

政治上的要求"反自贵者始"（同上），正是德治的起点。综合董氏所言，完全是发挥孔子德治的思想，而他的所以特别强调德治，正是对治由秦以来所加强的刑罚之治的。

东汉光武开国，"颇以严猛为政"。[1] 当时的思想家应首推桓谭。他在《新论·王霸》第二中有谓：

> 夫王道之治，先除人害，而足其衣食，然后教以礼义，使知好恶去就；是故大化四凑……霸功之大者尊君卑臣，权统由一，政不二门，赏罚必信，法令著明，百官修理，

---

[1]《后汉书·第五伦传》褒称盛美以劝成风德疏中语。

中国思想史论集

威令必行，此霸者之术。王者纯粹，其德如彼；霸道驳杂，其功如此。（《全后汉文》卷十三）

按桓谭上文之所谓"王道"即是德治，所谓"霸功"即是与德治相对的法家之治，也即是当时立国的精神。

杜林奏谏从梁统增科禁①（言）疏谓：

夫人情挫辱，则节义之风损。法防繁多，则苟免之行兴。孔子曰，导之以政，齐之以刑，民免而无耻。导之以德，齐之以礼，有耻且格。古之明王，深识远虑，动居其厚，不务多辟（刑）。……大汉初兴……蠲除苛政……人怀宽德（按此指西汉而言；乃立言时之方便，非事实）。及至其后，渐以滋章，吹毛索疵，诋欺无限。果桃菜茹之馈，集以成臧（赃）；小事无妨于义，以为大戮。故国无廉士，家无完行。至于法不能禁，令不能止。（《后汉书·杜林传》）

按杜林的话是以当时的事实，为孔子德治的主张作证明。历史中像这类的议论，不可胜数。我在这里试作两点结论：

（一）孔子德治的思想，在中国尔后两千多年的历史中，尽到了"思想"所能尽的影响，因而在专制政治的历史中，也尽到了补偏救弊的责任。德治思想实通于民主政治，也要在彻底的民主政治中才能实现。若因其在过去历史中未曾完全实现，即目之为神话，是油漆，这是由于根本不了解理想性的思想在人类生活中

---

① 增科禁，即是增加刑罚的条文。

的意义，也是根本不了解理想对现实生活的意义。没有理想的现实，乃是没有照明的漆黑一团的现实。

（二）德治是对刑治所提出。德治纵然不能一下子根绝刑治，但它是要由减轻刑治以达到"必世而后仁"（《子路》）的"仁"的社会，即是"刑错"的社会，则是决无可疑的。我真不了解费正清氏何以会把它和刑罚连结在一起，更和毛泽东思想连续在一起。

费正清氏的错误，假定是来自他学力的不足，那是可以原谅的。因为有许多负有声誉的中国知识分子，对自己的传统文化，也是一无所知，何能遽以之责备一个美国的所谓"汉学家"。假定是来自他预定的政治立场，便不惜故作违心之论，那便是他缺少了学术的良心，结果不仅想害中国，实际上也将先害他自己的国家。中国不论怎样变，决不可能变到殖民主义上去，这是费正清氏及靠费正清氏吃饭的人应当弄清楚的。不过，费正清氏认为，包括共产党在内的大陆，不论怎样，也会受到传统文化的影响，这一点是正确的。可是，传统文化的影响，必然是反对毛泽东思想而不是维护毛泽东思想，这是目前大整肃运动所证明。我不知费正清氏面对这种铁的事实，再会提出什么说法。

按此文先发表于《孔孟月刊》，此系根据《民主评论》十七卷九期所载。

《论语》"一以贯之"语义的商讨

一

《论语》有两处说到"一以贯之"：

> 子曰，参乎，吾道一以贯之。曾子曰，唯。子出，门人问曰，何谓也？曾子曰，夫子之道，忠恕而已矣。(《里仁》)
>
> 子曰，赐也，女以予为多学而识之者与？对曰，然，非与？曰，非也，予一以贯之。(《卫灵公》)

何晏《论语集解》对"参乎"章的"一贯"无解，邢昺疏："吾道一以贯之者，贯，统也。孔子语曾子，言我所行之道，唯用一理以统天下万事之理也。"邢疏盖采自皇侃《义疏》。但皇疏谓"贯犹统也，譬如以绳穿物，有贯统也"，在训诂上语意更明。《集解》对"赐也"章谓："善有元，事有会。天下殊涂而同归，百虑而一致。知其元，则众善举矣，故不待多学而一知之。"

朱元晦《集注》对"参乎"章谓："贯，通也……圣人之心，浑然一理，而泛应曲当，用各不同。曾子于其用处，盖已随事精察而力行之，但未知其体之一耳。"又谓："盖至诚无息者，道之体也，万殊之所以一本也。万物各得其所者，道之用也，一本之所以万殊也。以此观之，一以贯之之实可见矣。"

何晏、皇侃深受老子思想的影响，所以他两人之所谓"理"，在内容上与朱子所说的不同。而何晏"不待多学而一知之"之语，尤与孔子原意不合，亦与朱元晦之用心不同。但若仅就语义的形式上说，则没有多大的出入。自此以后，对"一贯"之内容，有各种不同的说法，但对"一贯"语义的形式解释，却没有多大的出入。可是自王念孙之说出而情形为之一变。

王念孙《广雅疏证》在《释诂二》"贯，行也"下说："……一以贯之，即一以行之也。《荀子·王制》'为之，贯之'，贯亦为也。《汉书·谷永传》云'以次贯行，固执无为'，《后汉书·光武十王传》云'奉承贯行'，贯亦行也。《尔雅》：'贯，事也。'事与行义相近，故事谓之贯，亦谓之服；行谓之服，亦谓之贯矣。"按《荀子·王制》"为之，贯之，积重之，致好之者，君子之始也。"四"之"字逗句，各为一义，故杨注："贯，习也。"若如王氏"贯亦为也"，则"贯之"两字为虚设，很明显地与荀子原意不合。《谷永传》的"以次贯行"，师古注："贯，联续也。谓上所陈众条诸事，宜次第相续行之。"《光武十王传》的"奉承贯行"，章怀注："贯行，谓一皆遵奉也。谷永曰，一以贯行，固执无违。"是两"贯"字皆由贯穿之"贯"所引申（参阅后文），实为确诂。若如王氏"贯亦行也"之说，则成为"以次行行"，可谓不辞。凡以同义二字所组成之复词，必系当时之通行语，而"贯行"二字并非通行语，由此可知王氏所援引以为立说之例证者皆有问题。故以"一以行之"释"一以贯之"，其根据实甚薄弱。"且周金文不记月中齋有'王令中先相南或（国）串（贯）行'之语，吴闿生、杨树达皆以"通"释"贯","贯行"即"通行"（杨著《积微居金文说》卷五，页一二九）。尤可证"贯行"之"贯"，不应释作行。但反宋儒为乾嘉学派的主要目的。王氏之说，可作反宋儒的重大工具，遂为阮元等所承述。刘宝楠《论语正义》即采焦循与王念孙、阮元诸说，而谓"求之经旨皆甚合"。焦说与王、阮之说，在反宋儒的这一点上固然相同，但在训诂与内容上甚不相同，刘氏亦不能分辨。流衍迄今，王、阮之说，几形成此语解释上的主流。此一解释的得失，不仅是训诂上的问题，实际也是学风上的问题，所以我想提出作一彻底的商讨。

二

首先，应从"贯"字的训诂问题着手。

许氏《说文》有关"贯"字的收有四字。七上："毌，穿物持之也。从一横毌，㕚（此从段注补正）象宝货之形。凡毌之属皆从毌，读若冠。"又："贯，钱贝之贯，从毌、贝。"二下："遦，习也。从辵，贯声。"十二上："掼，习也。从手，贯声。《春秋传》曰，掼渎鬼神。"按此语见于《左传·昭公二十六年》，今本作"贯"。此外，未收者二字。"串"，或谓"即毌字横书之：《诗》，串夷载路。又'患'字从串，故知古有此字而《说文》漏收"。"掼"乃遦、掼后起之俗字。《说文》所收四字之关系，是"毌"为本字，由"毌"而孳乳为"贯"，"贯"行而"毌"废。其本义为货贝之"贯"，《汉书·食货志》"都内之钱，贯朽而不可用"，即其本义。货贝必穿而通之，故许氏即以穿为"毌"义。我们可以说，钱贝之"贯"，为狭义的本义，"贯穿"为广义之本义。皇疏、朱注对

"贯"字的解释皆切近本义，而加以引申的。

"古有习贯之语，而无专字，借贯为之，后乃作遺、惯以为专字。写经者苦其繁，故今本仍作贯"（王筠《说文句读》），故许氏所见之左氏为"惯渎鬼神"，而今本则作"贯渎鬼神"。《说文通训定声》以作"习"解之"贯"，皆"遺"、"掼"之假借，这是很正确的。由此也可以知道，"贯"与"遺"、"掼"在意义上原属两个系统，"贯"与"遺"、"掼"的关系，仅有"遺"、"掼"从"贯"得声的关系。此两系统之混淆，乃来自"贯"常假借为"遺"、"掼"。

因为"贯穿"为"贯"字的广义之本义，所以早期的"贯"字多用此义，或由此义稍加引申。《易·剥卦》六五"贯鱼以宫人宠"，王注："贯鱼者谓此众阴也。骈头相次，似贯鱼也。"《书·太誓》"商罪贯盈"，《正义》："纣之为恶，如物在绳索之贯，其恶贯已深矣。"《诗·何人斯》"及尔如贯"，笺："我与汝俱为王臣，其相比次，如物之在绳索之贯也。"《诗·猗嗟》"射则贯兮"，传："贯，中也。"中于正鹄，即穿于正鹄。《仪礼·乡射》"礼不贯不释"，《左传·僖公二十七年》"贯三人耳"，《左传·宣公四年》"汰斩以贯笠毂"，宣六年"以盈其贯"，《礼记·礼器》"贯四时而不改柯易叶"，《荀子·劝学》篇"诵数以贯之"及《王霸》篇"贯日而治详"，《列子·周穆王》篇"贯金石"，《离骚》"贯薜荔之落蕊"，无不作贯穿解。

至于《诗·硕鼠》"三岁贯女"，传："贯，事也。"《论语》"仍旧贯"，朱注："贯事也。""贯"释为事，只有由两条线索来加以了解：一种是如段玉裁之说，"贯亦借为宦字，事也。如《毛诗》之'三岁贯女'，《鲁诗》作'宦'是也"（《段注说文解字》）。若如此，

中国思想史论集

则作"事"解之"贯"字,本应当作"宦"字,与"贯"之本义及"贯"之引申义无关。一种是"遦"、"遺"两字皆作"习"字解,习的对象是事,是一件事情的反复,因此而引申为事。所以郝懿行《尔雅义疏》在"贯,事也"下谓"下文'贯,习也',习与事义亦近",是"事"义由"习"义引申而出。若如此,则"贯,事也",实际是"遦"、"遺"两字的引申义,而非"贯"字的引申义。

在《广雅》以前,没有将"贯"作"行"字解的。王念孙、阮元引作"行"解的例证,实皆不应作"行"解,前面已稍稍提过。若承认"贯,行也"之义,只有如李富孙《说文解字正俗》之说:"按遺与遦虽均训习,然一为行之遺,一为事之遦。"是"行"义应由"遺"字引申而出。不论如何,"贯穿"之"贯",引申不出行的观念。"贯行"之"贯"乃"行"之副词。然即使是由"遺"而得"行"之义,此行乃如今所谓"惯行犯"之"行",指的是习惯性之行为,与一般所谓"行"的观念不同。王念孙所谓"一以行之"的"行",应当是一般所谓"行"的观念,而不是"惯行"的观念。

大约王念孙、阮元们虽为"贯,行也"引了若干牵强附会的例证,但在古典中实在找不出确切的例证,所以因《尔雅》有"贯,习也"之外,又有"贯,事也"一语,他们便都强调"事与行相近",凡是把"贯"作"事"解释的,即转移作"行"解释。首先我应说明,古典上的"贯"字,绝对多数是作"贯穿"(毋、贯)及"习"(遺、遦)解释,其作"事"解释的,非常之少,可能只有"三岁贯女"及"仍旧贯"和《周礼·职方氏》"使同贯利"三例。事与行虽有密切的关系,但事是行的客观对象,行是属于主观的努力，两字不应轻易互换使用，尤其是"行"字不可轻易改换为"事"字。如《论语》"行有余力"，不可说成"事有余力"；"子张问行"，不可说成"子张问事"；"行之必可言也"，不可说成"事之必可言也"；"文行忠信"，不可说成"文事忠信"。再从"事"字说，也不可轻改换为"行"字。"事父母"，不可说成"行父母"；"生事之以礼"，不可说成"生行之以礼"；"成事不说"，不可说成"成行不说"；"好从事而亟失时"，不可说成"好从行而亟失时"。因此我可以得出这样的结论，以"行"释"一贯"的"贯"，违反了作贯穿解的"贯"字的本义及其引申义。"贯，事也"之"贯"，应为"宦"之假借，或为"掼"的引申。"贯，行也"之"贯"，应为"遦"字的引申。在《广雅》前，无以"行"释"贯"之文。以古典中"贯，事也"之例证，转而作为"贯，行也"的例证，这不是采证的妥当方法，所以实在没有作证的资格。因此，王念孙们对"一贯"的解释，是因成见作祟，采用了混乱歪曲的训诂方法。至于附和者如洪颐煊之徒，"忠即是一，恕即是贯"，真不知说的是什么。而他引"董子云，一贯三为王。《庄子·德充符》云，以可不可为一贯"，分明皆应作"贯穿"的贯通解，但他却引作"古人解贯字皆属行说"的证据（见其《读书丛录》），真不知何以幼稚至此。皇疏"贯，犹统也"，朱注"贯，通也"，这在训诂上的基础，非王、阮之说所能动摇于万一。朱骏声《说文通训定声》，即以贯穿之义释"一以贯之"。焦循《雕菰楼集》中对"一贯"的解释，乃是以混乱的词意攻击宋儒。他一面以"容"字释"贯"字（在训诂上毫无根据），但终于也说出"贯，通也"的话。可惜他的文字理路是完全不通的，他也不知道在自己的文字中含有许多矛盾。

且"行"为孔门非常流行的观念，是所有的学生听了都懂的观念。若孔子的意思，真如王、阮所云，则他何以不干脆说一个人人皆懂的"吾道一以行之"的"行"字，偏偏要用一个生僻的"贯"字呢（"贯"字不生僻，但"贯"字作"行"解，便非常生僻）。简朝亮《论语集注补正述疏》说："然道在行事，二三子宜即告也；门人皆在，何为独呼曾子以告乎？夫孔子称予学而问子贡也，则子贡为从学久矣。其曰，女以予为多学而识之者与？而乃对曰，然，非与？是子贡久学竟未曾言有行也，岂不知弟子行有余力者乎？"此对以"行"解释"贯"的批评，极为深切。

三

然则王、阮们在训诂上为什么走上那样混乱歪曲之路呢？因为他们不相信有贯通一切之道。他们认为宋儒喜欢讲"一贯"，只是玄虚不实的禅。他们把宋儒所讲的"一贯"之道，从训诂上推翻了，便证明宋儒是禅而非儒，这便把宋儒的地位推翻了。

孔子的所谓"道"，包括由闻见而来的知识，及形成人格、诱导行为的最高原则而言。此最高原则，被人以工夫加以吸收融化时，则成为一个人的精神状态。孔子是把知识归结向形成人格的精神状态这一方面。凡是可称为知识的，一定有其条贯性，一定有其系统性，否则不配称为知识。某种知识的条贯之所到，系统之所到，即某种知识一贯之所到。不过这种一贯，都是以其知识的范围为范围。贯穿一切的　贯知识，这是形而上学的知识。何晏、皇侃们所说的"一贯"的"理"，即是形而上的理。他们是受了老子的影响，以形而上之道、形而上的知识，来解释孔子"一贯"之道。形而上的知识是否是真？形而上的一贯是否是真？当然是可以争论的问题。但人类自身即是形而上的存在，所以人有追求形而上的倾向，有追求一贯的倾向。二十世纪的哲学思想，一面是彻底反形而上学，一面又是形而上学的复兴，便是这种原因。我们可以反对形而上的一贯，但不能反对一般学问知识上的一贯，因为若是如此，便反对了学问的本身，反对了知识的本身。我经常说，乾嘉学派的人们只有饾饤的"认知"活动，而缺少系统的知识的自觉与努力，所以三百年来，顺着此一系统下来的，皆不成其为学问，不成其为知识，这从他们彻底反对有一贯之道的这一点上，也可以得到一个大概的说明。

人的行为，是从适应环境开始。但只求生存利益而不求生存价值的人，便没有作人的基本观念与立场，此时作为行为动机的精神状态，都是随机取巧，机不同，取巧的态度也不同，这种人的确没有统一的精神，没有统一的人格，因之，自然没有一贯的精神状态。这实际便是人格分裂的人。人格形成的过程，乃是人生价值把握的过程。把握到一分价值，此一分价值的精神，便要贯通到一分的生活行为；把握到十分价值，此十分价值的精神，便要贯通到十分的生活行为。人生价值的内容，儒、道、佛各不相同，但他们都各以其所认定、所实现的人生价值，贯通天人、物我，则毫无二致。朱元晦谓"圣人之心，浑然一理"，实际是就孔子人生价值完成的精神状态说的。朱在此处，把层次说得稍为高了一些，但决没有脱离孔子说此话的基线。不承认人格上有统一的，因而不承认是有一贯的精神状态的，实际即是精神分裂的人。所以在阮元这一系派及其后裔中，出不来一个堂堂正正的人。这更是中国三百年来学术的大悲剧。

孔子所谓"一贯"的"一"，在告诉子贡的话中，分明与"多学"的"多"相对。孔子是非常重视多闻多见的。但从知识上说，多闻多见，在由"学"到"思"时，便应可以发现多中之一，发现了多中之一，此一便可贯穿于多。至于他在人格形成的过程中，更会得到各种层次不同的精神统一，亦即会有各种层次不同的一贯。他说："人而不仁，如礼何？人而不仁，如乐何？"这即是以"仁"一贯于礼乐的玉帛钟鼓之中。他说：《诗》三百，一言以蔽之，思无邪。"这即是以"思无邪"一贯于三百篇之中。他说："君子之于天下也，无适也，无莫也，义之与比。"这即是以"义"一贯于与天下相肆应之中。他说："博之以文，约之以礼，亦可以弗畔矣夫。"这即是以"礼"一贯于"博文"之中。他说："言忠信，行笃敬，虽蛮貊之邦行矣。"这即是以"忠信"、"笃敬"一贯于一切言行之中。所以他又说："主忠信。"以忠信为主，即是以忠信的精神贯穿一切。但以上都是应机分提的，而对曾子、子贡则是总提。孔子总提一贯之道，应当即是"仁"。他说："君子无终食之间违仁，造次必于是，颠沛必于是。"可见仁是贯穿于人的整个生命生活之中。在孔子，仁是工夫，是一切学问行为的总动力，又是本体，是一切学问行为的总归宿。仁有各种层次之不同，而关键在于一念之提撕自觉。当人努力于多闻多见以追求知识时，好像是与仁并不相干。这便是一般做学问的态度。但孔子则要求将仁贯穿于闻见之中，亦即是使知识融入于人格之中，成为人格升进的一种助力，及由人格所发出的一种作用，所以他便向曾子、子贡加以提醒，而曾子应门人之问，当下即将一贯的内容——忠恕，具体指出来。忠恕是为仁之方，其本身也是仁之一体，仁是一种精神状态，忠恕也是一种精神状态。一以贯之，即是以仁——忠恕——的精神，贯通于求知与立行之中。这是孔子把平日分提的话，在此处作一总提，本无所谓最后一悟，也无所谓把自己最高的境界剖示出来以传道的意思。此语与"君子无终食之间违仁"及"主忠信"等语，并无两样。所以我说朱元晦把层次说得太高了一点。

阮元把"一"字作"皆"字解，"吾道一以贯之"，即吾道皆以行之，把"一"解作"皆"，这在训诂上可以说得过去，但与孔子的立教不合。孔子把言行对举时，固然总是要求"先行其言而后从之"，但"子以四教，文行忠信"，"行"乃四教中之一，不能说"皆以行之"。并且即使是"皆以行之"，而在"行之"后面，没有作为行的基本动力的统一精神、统一观念，以一贯于"皆以行之"之中，则与一般动物何以异？以一个道理、观念，以一种精神状态，贯穿一切，这是儒家的大统。《中庸》上篇以中和或中庸贯通一切，下篇以诚贯通一切。又说："君臣也，父子也，夫妇也，昆弟也，朋友之交也，五者，天下之达道也。知、仁、勇，天下之达德也。所以行之者一也。"又谓："凡为天下国家有九经，所以行之者一也。"孟子谓："夫道一而已矣。"又谓："三子者不同道（按此指伊尹、伯夷、柳下惠三人立身处世之态度不同。此语之'道'字，与所引上一语之'道'字，不属于同一层次），其趋（归结）一也。一者何也？曰仁也。"荀子"以类行杂，以一行万"（《王制》篇）。《中庸》、孟子之所谓"一"，偏于一种精神状态。荀子之所谓"一"，则指的是礼，亦即是理。在知识与人格上，没有"一贯"之"一"，便不成其为中国文化。西方的哲学家都自成其为系统，即无一不有其一贯之道。古今中外的大文学家、大艺术家，也必通过人格内部的对立，以达到统一谐和，形成他们精

　　　　　　　　　　　　　　　　　　中国思想史论集

神、观念的一贯。一贯之一，并不排斥多，并且须由多中提炼而出，也自然向多中流贯而去。但提出问题时，有时重点是放在多的方面，有时则是放在一的方面。由王念孙所引起的"一贯"之争，只说明从训诂上，他们是以主观的成见，歪曲了客观训诂的学风，而从内容上，则他们的这一歪曲，乃中国文化向下堕落的一大标志。

一九六八年七月一日于大度山寓

原人文

  Humanism 一词，在西方的长期发展中，含有多方面的意义。所以用中文加以意译时，有人性、人道、人文、人本等不同的名称，而以"人文主义"一词用得最为普遍。但 humanism 在西方文化中，范围狭而特性易显，人文主义在中国文化中，范围广而其内容亦不易遍举，于是一般人一谈到中国的人文主义时，立即联想到西方的 humanism，无形中在二者之间，画上一个等号，这便会引起许多误解。本文即在推原中国所谓"人文"的初义，以便对中国之所谓"人文"，能作根源性的把握。

  "人文"一词，首见于《易》贲卦彖传："彖曰，贲亨，柔来而文刚，故亨。分刚上而文柔，故小利有攸往，天文也。文明以止，人文也。观乎天文，以察时变；观乎人文，以化成天下。"

  彖传，我以为是出于孔门的后学，其成立当在阴阳观念尚未介入《易》义之前。欲了解此处所谓"人文"的意义，当首先了解"文"的意义。

  从《论语》看，"文"有的是指典籍，如"则以学文"者是。有的是指文字及文字纪录，如"吾犹及史之缺文"者是。有的是指文饰，如"文质彬彬，然后君子"者是。从《说文》"文，错画也，象交文"的解释来看，交错而画之乃成文，则文饰似为其本义。《易·序卦》"贲者饰也"，则以文饰释"人文"之"文"，与卦义相合，似无问题。但这样的解释，过于空泛，我们应当作进一步的探索。

首先我们要想到，周初的武王、周公，把他们的父亲文王，抬高为天的代言人的地位，而即谥之以"文"，而周公亦谥为文公，则"文王"之"文"决非以文饰为了义。《论语》"文王既没，文不在兹乎"，既不应以文饰作解释，也不能以《诗》、《书》等典籍为解释，因为《诗》、《书》文王时尚未成立。于是《中庸》便进一步解释说：《诗》云……于乎不（丕）显，文王之德之纯。盖曰文王之所以为文也，纯亦不已。"这里所作的解释，我认为是适合于武王、周公们谥其父为"文"的用心，也与孔子所说的"文不在兹乎"之"文"的意义相合。这便说明在西周初年，"文"已突破了文饰的限定，而赋与以更深的意义。但这种意义，在人生境界上太高，在观念把握上太抽象，仍不适于一般立教之用。我们还应当进一步去探索。

《论语》上对"文"之一字，有若干特殊的用法。如孔子说孔文子"敏而好学，不耻下问，是以谓之文也"，又"公叔文子之臣大夫僎与文子同升诸公，子闻之曰，可以为文矣"。但最具体而切至的用法，则以礼乐为"文"的具体内容。如"周监于二代，郁郁乎文哉"，朱注"言视其二代之礼而损益之"；"文不在兹乎"，朱注"道之显者谓之文，盖礼乐制度之谓"。朱子的解释，较《中庸》为落实而亦可相涵。"焕乎其有文章"，朱注"文章，礼乐法度也"。法度实际可以包括在礼里面，朱子在这种地方，实际是以礼乐释"文"。尤其是"子路问成人，子曰，若臧武仲之知，公绰之不欲，卞庄子之勇，冉求之艺，文之以礼乐，亦可以为成人矣"

的一段话，更分明以礼乐为"文"的具体内容。"文之以礼乐"的"文"作动词用，"文之以礼乐"的结果，"文"便由动词变而为名词。因此，可以这样地说，《论语》上已经有把礼乐的发展作为"文"的具体内容的用法。

再看《易·贲卦》的象传说"文明以止，人文也"，吴澂对"文明"的解释是"文采著明"，约略与文饰之义相当；"止"是节制，文饰而有节制，使能得为行为、事物之中，本是礼的基本要求与内容，则所谓"文明以止"者，正指礼而言。古人常以礼概括乐，《易正义》谓："言圣人观察人文，则《诗》《书》礼乐之谓。"《诗》《书》礼乐"成为连接在一起的习惯语，实则此处应仅指礼乐，而礼乐亦可以包括《诗》《书》。"观乎人文，以化成天下"，实即是兴礼乐以化成天下。《贲》象辞曰"山下有火贲。君子以明庶政，无敢折狱"，即孔子之所谓"齐之以礼"，以与"齐之以刑"相对。因此，中国之所谓"人文"，乃指礼乐之教、礼乐之治而言，应从此一初义，逐步了解下去，乃为能得其实。

并且以礼乐为"人文"的具体的内容，与"贲，饰也"之义亦相呼应。我国每一重要名词，率皆有广狭、浅深的不同，而又可相通之义。《荀子·礼论》："凡礼，事生，饰欢也。送死，饰哀也。祭祀，饰敬也。师旅，饰威也。"这都是"饰"字的广义与深义。广义、深义之"饰"，与"文之以礼乐"的广义、深义之"文"，是恰相一致的。

由上面的疏导，可以知道，要了解中国所谓"人文"的基本意义，即等于要了解中国礼乐的意义。乐的起源甚早，而乐的意义，常须通过礼的意义以显。所以《论语》言礼多于言乐。礼是在封建政治中所发展起来的，我已在另一篇文章中说到。但礼的本身是不断在演变，此一演变，至孔子而奠定了新的基础，并赋予以新的意义与新的作用。近百多年来，谈到此一问题的人，粗疏浮薄，不能从演变中来加以把握，而只胶执在封建政治社会的秩序维持，于是孔子的重视礼，即等于孔子是主张维持封建政治社会，这样一来，当然会说出礼教是吃"人的"，而中国的人文也是吃人的。

即使在封建时代，礼也是维系人的地位及人与人的合理关系，而不是吃人的。封建的宗法制度，主要是靠亲亲与尊尊两种精神，礼即是把两种精神融合在一起，以定出一套适切的行为规范。这与由法家只有尊尊而没有亲亲的精神所定出的秦代礼仪，绝不相同，在实际上大大缓和了政治中的压制关系。汉儒多反对叔孙通取秦仪以定汉仪，而思另有所制作，其根本原因在此。

封建政治中的家族身份制度，是罪恶的源泉，也是封建时代的礼的黑暗面。孔子在政治中提出"选举"的观念（如《论语》"选于众，举皋陶"，即是由孔子所倡的"选举"观念而来）以彻底推翻封建政治中的家族身份制度，因而对礼的基础自然也作了一个大的回转。他说"义以为质，礼以行之"，这很清楚指出礼的基础内容是义，而决不是封建社会中的一套身份制度。《论语》中的所谓"义"，常与"利"对举，如"君子喻于义，小人喻于利"，由此可知义是事物之所当然，而决定事物所当然的客观准则是与私利相反的社会共同利益。在实现广义的、社会共同利益的要求之下，规定出一套与其相适应的立身处世的行为形式，这即是孔子所说的礼。此一礼的新的内容、基础，乃发于内心的仁，亦所以实现内心的仁，所以他才说"人而不仁，如礼何；人而不仁，如乐何"的话。至于孔子对于音乐，则将"郑声"与"雅乐"划

分清楚．而将最高的标准安放在舜的《韶》乐上面，因为他认为
《韶》乐是由天下为公而来的和平中正之音，其意境是与仁相通。
这是音乐方面所作的大抉择，在抉择中作了超越表征三代家天下
的不纯不备之音。在上述的转变与抉择中，于是孔子才可以说出
"兴于《诗》，立于礼，成于乐"的人生教养的历程，而《易》象
传才可以说"观乎人文，以化成天下"。

一九七〇年六月一日《华侨日报·人文双周刊》

谈礼乐

　　我在《原人文》一文中，曾说明我国在战国中期前后所出现的"人文"一辞，指的是礼乐的教养，并说明孔门所说的礼乐，在内容上实际赋予了一个大的转变。现在再进而略谈礼乐的意义，以见中国人文主义的特性。

　　礼乐的意义，包罗广大，这里仅先指出它的意义的一端，乃在于对具体生命中的情欲的安顿，使情欲与理性能得到谐和统一，以建立生活行为的"中道"。更使情欲向理性升进，转变原始性的生命，以成为"成己成物"的道德理性的生命，由此道德理性的生命，以担承自己，担承人类的命运。这便可以显出中国人文主义的深度，并不同于西方所谓人文主义的深度。

　　礼乐的作用表现在三方面，一是表现在政治方面，此即孔子所说的"礼治"。孔子所说的"礼治"，汉儒在亲历当时所继承的秦代法治的残酷中，体会得最为深切。司马迁首先以感愤之情，特于《史记》中写出《礼书》、《乐书》（二书有残缺，而决非出于他人之手）。针对当时政治的情形，以发其"人把人看待"之义，这是了解礼治问题的基础。在这篇短文中，只好从略，

　　礼乐在社会方面的意义，是要建立一个"群居而不乱"（《荀子·礼论》），"体情而防乱"（《春秋繁露·天道施》），既有秩序，

又有自由的、合理的社会风俗习惯。每一个人，生活在合理的风俗习惯中，可改过迁善于不知不觉之中，以遂其生、养其性，大家相互过着"人的生活"。孔子主张"礼乐征伐自天子出"，不仅是要求政治的统一，更进一步是要求对礼乐征伐的审慎。汉儒坚持治定制礼，功成作乐，因为治不定、功未成所制的礼乐，常是统治者把一时诞妄便利之私的变态心理，通过礼乐的形式，以强加于群体生活之上，这对群体生活是最深刻的损害。礼乐在社会生活中的具体意义，或者可以荀子《乐论》中"乐合同，礼别异"的两句话加以概括。群体中的各组成分子，潜伏着共同的情感，通过共同的情感，以发挥群体之爱，凝集群体之力，这对群体生活的维持、推进是非常重要的。这种潜伏在各人生命里的共同情感，是要通过乐的作用来加以发抒和合的。这即是所谓"乐合同"。群体中的各组成分子，有各异的地位，有各异的年龄，有各异的责任，以组成一个分工合作的有机体的社会。分工合作得好，社会的功能便得以发挥；分工合作得不好，便秩序混淆，以至相妨相克。礼便是根据合理的原则、方式，把群体中的"异"来作合理的分别，使每一组成分子，能各尽其"异"之"分"，以完成一个分工合作的社会机能的。这即是所谓"礼别异"。乐所以能合同，因为乐是"中声之所止"（《荀子·乐论》）；礼所以能别异，因为礼是"立中制节"（《荀子·礼论》）。而礼乐互相为用，使同而不流，异而不离，更是能得其中的群体生活形态。社会生活，在合乎中道上运行，这才真是人己各得其所的"人的生活"。

礼乐的第三意义，是个人的修养。这本是前两种意义的根基，但春秋时代所流行的礼，多是表现在人与人及人与事的关系之上。把人自己的生命作为对象，以发挥礼乐的意义，可能也是始于孔子，或至孔子而这一方面的意义特显。

孔子对礼乐在个人修养上的意义，以《论语》"兴于《诗》，立于礼，成于乐"三句话说得最完整。这三句话，说明了一个人的修养过程。此外，他又曾说过"不学礼，无以立"、"不知礼，无以立"的话。"成于乐"，定要通过"立于礼"而始能得到保证的。"立"是自己站得起来的意思。所谓"站得起来"，并非指熟习与人相接的礼仪，因而能与人相处而言。因为若仅如此，乃是应顺世俗人情的生活，应顺世俗人情，即是依赖世俗人情，这正是自己站不起来的生活形态。所谓"立"，乃是自作决定，自有信心，发乎内心的当然，而自然能适乎外物的合理趋向，亦即是自己能把握自己而又能涵融群体的生活。要达到这种生活，只能靠情与理相谐，以得情理之中的礼的修养。人的修养的根本问题，乃在生命里有情与理的对立。礼是要求能得情与理之中，因而克服这种对立所建立的生活形态。宗教常主张断情，这可以作人生向上的标本，但不能作人生向上的具体生活内容。因为情也是生命中所固有，断情，便把生命的完整性破坏了。礼所以制情与理之中，实即是以理制情，使情在理的许可范围之内发抒，而并不是把生命中之情加以断绝。久而久之，情随理转，情可成为实现理的一股力量，而情亦是理。完整的生命，便在这一修养过程中升进。亦即是由"克己（情欲），复礼"，而实现人我一体的仁。仁是人己俱成的"人的主体"。但在立于礼的阶段中，仍有以理制情的要求，生命中的对立尚未完全泯去。"成于乐"则情理相融，生命通过对立的克服而重新归于纯一，归于彻底的谐和统一。以一个原始生命为立足点，再加知能的发挥的西方人文主义，始终是人己相克，我看是"立"不起来的。

　　后儒深通礼乐之意的，无过二程。他们曾主张因民俗以制乐，因民情以制乐，恢复礼乐在社会中的意义，这本是战国中期以来言礼乐的通义。而伊川在《明道先生行状》中，说出明道由佛、老转回到儒家的内容是"知尽性至命，必本乎孝弟；穷神知化，由通于礼乐"。"通于礼乐"，生命在礼乐中不断升进，这才是生命亲历的"穷神知化"。仅凭思辨以言"穷神知化"，这在今日势必落入于西方形上学的窠臼，正是明道所讥王荆公坐在塔的对面来说塔顶上的相论的情形，纵使说得善巧，生命仍是干枯的。二程的敬义夹持，是根原性的礼；观喜怒哀乐未发时气象，以体得生命里中和之实，是根源性的乐，其意义是非常深远的。

现代文化的危机，根源非一，但人的情感因得不到安顿以趋向横决，人的关系因得不到和谐以致于断绝，应当也是主要的根源。我这时提出中国人文的礼乐之教，把礼乐的根源意义在现代中重新加以发现，或者也是现代知识分子，值得努力的课题之一。

一九七〇年六月廿九日《华侨日报·人文双周刊》

心的文化

中国文化最基本的特性，可以说是"心的文化"。我讲这个题目的目的，是为了要澄清一些误解，为中国文化开出一条出路。因为目前对于中国文化的误解，许多是从对于"心"的误解而产生的。由于这些误解所形成的局面，使人感到中国由几千年来所积累的传统文化，好像已经逼得走投无路。

一、人生价值的根源

首先，我们应承认，在人类文化发展的过程中，很多人在寻求解决人生价值的根源问题。因为一个人必须有他最基本的立足点，否则便会感到漂泊、彷徨，没有方向，没有力量，故必要求有一立足点，然后才有信心、有方向、有归宿。"人生价值由何而来，由何而评定"的根源问题，实际便是人生最基本的立足点的问题。人生价值的根源，有的以为是神、是天，有人以为是一个形而上的东西，有如理型、绝对精神，也有人以为是人与人相互间之利害及对环境的刺激反应，或如美国一位生物学家，追溯到原生质上面去。那么，中国文化以为此人生价值根源是在什么地方呢？

中国文化有数千年的历史，而且中华民族是一个伟大的民族。

在现实生存中，经过了长的历程，在长的历程中自然有很多曲折，因此在文化摸索中也有很多曲折，正如黄河的水一样，挟带着泥沙而俱下。换言之，在中国文化中，有许多分歧而夹杂的东西，对人生价值根源的问题也有各种各样的解答。但是，从这个历程追到底，把其中的曲折夹杂去净，便可以简截地说：中国文化认为人生价值的根源即是在人的自己的"心"。这个基本的肯定，除二十世纪西方若干思想家正在作同样方向的努力，而尚未能"一针见血"之外，可说是中国文化的特性是其他民族所没有的。

中国文化所说的"心"，指的是人的生理构造中的一部分而言，即指的是五官百骸中的一部分；在心的这一部分所发生的作用，认定为人生价值的根源所在。也像认定耳与目是能听声辨色的根源一样。孟子以耳目为"小体"，因其作用小，说心是"大体"，因其作用大，但不论作用的大或小，其都为人身生理构造的一部分则一。可以把生理构造的这一部分分说成西方唯心论的"心"吗？西方唯心论的"心"，指的是人身上生理构造的一部分吗？所以把中国文化中的"心"，牵附到唯物方面去，还有点影子，因为生理本是物，心的作用正是生理中某一部分的作用。牵附到唯心方面去，便连一点影子也没有了。还须要附带说一说的，《易传》中有几句容易发生误解的话："形而上者谓之道，形而下者谓之器。"这里所说的道，指的是天道，"形"在战国中期指的是人的身体，即指人而言，"器"是指为人所用的器物。这两句话的意思是说在人之上者为天道，在人之下的是器物，这是以人为中心所分的上下。而人的心则在人体之中，假如按照原来的意思把话说完全，便应添一句"形而中者谓之心"。所以心的文化、心的哲学，只能称为"形而中学"，而不应讲成形而上学。

现代科学的发展，并不足以否定中国的心的文化。因为，问题不在于这种作用到底是心还是大脑，而是在于人的生理中究竟有没有中国文化中所说的这种作用，亦即是有没有孟子所说的恻隐、羞恶、是非、辞让等作用。如果在生命之中，没有这种作用，则无话可说；如果我们确能体认出有恻隐之心、是非之心，羞恶之心、辞让之心，则证明在我们身上总有一处具有这种作用。正如有些人认为现代的心理学不能证明文学中的心灵活动，但在心理实验操作中不能证明这种心灵活动，这是心理学自身的问题，关键在人的生命中是否有这种心灵的活动。如果在人自身中体认出有这种作用，则中国的心的文化，乃是具体的存在，这与信仰或由思辩所建立的某种形而上的东西，完全属于不同的性格。

二、对于"心"的误解

很多人以为传统中国文化中一提到"心"，便是一种唯心论，而唯心论在政治上又必然是反动的。唯心唯物，在政治上是否即是反动与革命，我还没看到有人从历史上拿出确切的证据，建立坚实的理论，其是非暂存而不论。我所要澄清的是，中国文化的"心"，根本不是唯心论的"心"，与唯心论完全无涉。中国文化中之唯心论，有如"三界唯心，万法唯识"，是从印度佛教传过来的。唯心论、唯物论在西方哲学的本体论中很早已有争论，到底是精神在先，还是物质在先？到底是精神创造物质，还是物质创造精神？精神就是心。简单地说，唯心论就是认定心在物质之先，心创造物质。这是宗教所延续下来的问题。但这个问题并不是在每个文化系统中都出现的，在中国文化中，并没有把这当作一个重大问题来加以争论。

其次，把中国所说的心，附会到唯心论上去，可以说是牛头不对马嘴。周予同在《汉学师承记选注》序言中说："陆九渊为'心即理'论的主张者，以为一切现象都由心生，离心则一切现象无存在的可能。……"我曾写过《象山学述》一文，读过陆象山的著作多次，陆象山以至其他主张"心即理"的人都认为伦理之理乃由心而出，所以极究地说，便说"心即理"：一切现象（即是经验世界），与象山所说的伦理之"理"，风马牛不相及。把"心即理"这句话解释为"一切现象都由心生"，那完全是胡说八道的话。但是，这种胡说八道，现在有些弄思想史的人，竟还停顿在这种程度。他们有一个大前提：哲学不是属于唯物的，就是属于唯心的，属于唯心的即是反动的，属于唯物的才是革命的。中国哲学中所说的"心"，像周予同一样，分属到唯心论方面去，这么一来，中国文化在最根源的地方便逼得走投无路。他们一方面不能真正了解西方的唯心论，而对中国的东西也没有认真读懂，一味牵强附会，于是把中国文化最重要的部分非完全抹煞不可。

三、心的作用所表现的各种价值

人生的价值，主要表现于道德、宗教、艺术、认知等活动之中。中国文化，主要表现在道德方面。但在很长的时间中，对道德的价值根源，正如其他民族一样，以为是在神、天。到孔子才体认到道德根源乃在人的生命之中，故孔子说："仁远乎哉？我欲仁，斯仁至矣。"又说："为仁由己。"这些话都表明价值根源不在天，不在神，亦不是形而上的，否则不能这样"现成"。但孔子并未说出是在生命中的哪一部分，亦即是未点明是"心"。孔子所说的"心"，仍是一般意义的"心"。

《中庸》首句说："天命之谓性。"这可说是一个形而上的命题。但是，此形而上的命题有一特点，即是当下落实在人的身上，而成为人的本质（性）。性是在人的生命内生根的。因此，《中庸》并不重视天的问题，而仅重视"性"的问题。到孟子才明确指出道德之根源乃是人的心，"仁义礼智根于心"。孟子这句话，是中国文化在长期摸索中的结论。这不是逻辑推理所推出的结论，而是"内在经验"的陈述。这句话说出来以后，使夹杂、混沌的生命，顿然发生一种照明的作用，而使每一人都有一个方向，有一个主宰，成为人生的基本立足点。以后，程明道、陆象山、王阳明等都是从这一路发展下来的。

老子的"道"，是形而上的性格，要求人去"体道"，是以在道之下的人，去合在人之上的道。不能说道是在人生命之内所生出的。但中国文化总是走着由上向下落，由外向内收的一条路。庄子即把老子之形而上的道，落实在人的心上，认为虚、静、明之心就是道。故庄子主张心斋、坐忘，使心之虚静明的本性呈现出来，这即是道的呈现。人的精神由此而得到大解放。

我所写的《中国艺术精神》，一个基本的意思，是说明庄子的虚静明的心，实际就是一个艺术心灵，艺术价值之根源，即在虚静明的心。简单来说，艺术要求美的对象的成立。纯客观的东西，本来无所谓美或不美。当我们认为它是美的时候，我们的心此时便处于虚静明的状态。故自魏晋时起，中国伟大的画家，都是在虚静明之心下从事创造。唐代有名的画家张璪说："外师造化，中得心源。"这两句话便概括了中国一切的画论。而外师造化，必须先得虚、静、明的心源。唐末张彦远之《历代名画记》一书，指出在唐人心目中王维的造诣实不及张璪，这表示中国是以心为艺术的根源。

在知识活动方面，《荀子》的《解蔽》篇可说是中国古典性的认识论。荀子说："心何以知道？曰，虚一而静。""虚"是说心永远能接受能容纳，"一"是说在认知活动中不能同时认识两个以上的对象，只能集中在一个对象上，而心便自然集中在一个对象上。要把对象认识得清楚，必须在"静"的状态，而"心"在作认识活动时，便自然会平静下来。换言之，荀子很早便知道心是知识得以成立的根源。

在宗教方面，中国因为人文精神发达，很早便消解了原始宗教，慢慢以人文精神代替了宗教。但是，在现实中，人生有许多不能解决的问题，如生死、最后归宿等问题。因此，对宗教的要求，在一般人中间还是存在着。也因为这样，佛教东来，很容易为中国人所接受。佛教认为人通过对佛的信仰可以超越生死轮回，升天成佛。这是通过信仰向上向外的追求，以满足人的宗教要求。但到了禅宗出来，认为"明心见性"，"见性成佛"，这实际是认为本心即是佛，不应向外、向上追求。换言之，佛教在中国发展到禅宗，即把人的宗教要求也归结到人的心上，所以禅宗又称为"心宗"。这个意思在印度也有，但到中国才发扬光大。禅宗后来演变到呵佛骂祖，只在心上下工夫，便完全没有宗教的意味。因而有许多大德，主张以净土救禅宗的流弊。净土即西方极乐世界，这是人现实生命生活之外之上的。但是，净土宗发展下来，又以为，净土即在人心，心净即是净土，心秽即是秽土。这说明了中国文化立足于心的力量是太强了。

四、由工夫所呈现出的本心是了解问题的关键

要注意的是，以上所说的心的活动，与一般所说的心或心理学上的"意识"，并不相同。在与其他的生理作用混淆在一起活动时，心不但不能发挥它本有的作用，反而在由其他生理而来的欲望中，成为这些生产欲望的帮凶或奴隶。换言之，这时的心不是本心，不是心的本来作用，当然不能在此建立人生价值的根源。这是属于今日心理学所研究的范围。孟子、庄子、荀子以及以后的禅宗所说的心，是通过一种修养工夫，使心从其他生理活动中摆脱出来，以心的本来面目活动，这时心才能发出道德、艺术、纯客观认知的活动。所谓"其他的生理活动"，即儒家所说之"私欲"，所以孟子说"养生莫善于寡欲"。"寡欲"就是减少其他生理作用的干扰，这样，心的本性才能表现出来。道家更进一步说"无知无欲"，"知"指的是成见。摆脱这些成见与私欲，才显出心的本来作用，由心的本来作用主宰知与欲，转化知与欲。在这里，心才是人生价值的根源。

一般人并不做什么"工夫"，本心便不发生作用吗？这种说法是错误的。本心既在人的生命之中，则任何人随时随地都有本心的作用，否则是心理变态之人。但一般人所发生的本心的作用，是间歇性的、混淆性的，由此所表现的人生是"善恶混"的人生。其中受成见私欲之累轻的，本心呈现的时候多；成见与私欲多的，本心呈现的机会少。穷人与体力劳动者的道德，往往较富人与知识分子为高，原因在此。

更深一层来看，心为何是道德、艺术、认知的根源？这涉及

许多一直到现在还无法解答的问题。古人对这种无法解答的问题，常以形而上学的命题来作交待。孟子说"此天之所与我者"，程伊川说"良能良知，皆无所由，乃出于天"，这都是把心的问题转到形而上方面去。一个问题追到最后不能解答时，近代学者往往就建立一种基本假设，古人便往往把它挂在形而上学上。但程明道说"只心便是天"，这便在由工夫所得的内在经验中，把虚悬的形上命题，落实到自己的生命之内。"只心便是天"，是他真正体验的工夫到家，然后才敢说的。

中国文化是心的文化，有人乃以为中国文化是主观性文化，道德是主观性道德，是与客观相对的。这是很大的误解。人心是价值的根源，心是道德、艺术之主体。但"主体"不是"主观"。普通所说的"主观"，是指一个人的知、欲方面而言。而本心之显现，先要"克己"，要"无知无欲"，要"寡欲"，即是通过一种工夫，把主观性的束缚克除，心的本性才能显现。因此，心之为价值根源，须在克服主观性之后才能成立的。此时，客观的事物不致被主观的成见与私欲所歪曲，才能以它的本来面貌，进入于人的心中，客观才真正与心作纯一不二的结合，以作与客观相符应的判断。可以说，人的价值主体呈现时，才能使客观的事物站到自己应有的地位，得到真正的价值。未被成见、私欲所缠缚着的心，不但能分辨善恶，实在也是好善而恶恶的。这从看一部成功的伦理或纯情的巨片时直觉的反应，当下即可得到证明。在看电影时，总是希望善人得到好报，恶人得到恶报的。就不约而同的总倾向来说，不管生活条件如何，总是"人同此心，心同此理"的。

五、总结——心的文化的特点

可以总结"心"的文化的几个特点如下：

甲，心的作用是由工夫而见，是由工夫所发出的内在经验，它本身是一种存在，不是由推理而得的（如形而上学的命题），故可以不与科学发生纠缠。

乙，心可以主宰其他的生理作用，但是亦不离开其他生理作用，而且心的作用，须由其他生理作用来完成，此即孟子的所谓"践形"。因此，心的作用一定是实践的。所以孟子强调"必有事焉"，王阳明强调"知行合一"。只是空谈，便如王阳明所说，是被其他私欲隔断了。

丙，人生价值的根源在心的地方生根，也即是在具体的人的生命上生根。具体的生命，必生活在各种现实世界之中。因此，文化根源的心，不脱离现实；由心而来的理想，必融合于现实现世生活之中。由生命所发，由现实世界所承，由五官百骸所实践的文化，必然是中庸之道。凡过高过激的文化，都是由冥想、热情或推理而来的文化。

丁，任何人在一念之间能摆脱自己所有的私念成见，即可体验到心的作用。故心的文化是非常现成的，也是大众化、社会化的文化。王阳明曾叹息说他在龙场驿讲学时，乡人野老都能明白，反而回到中原后不能为许多人所了解，因中原士大夫都各有成见，不及龙场驿的人，都是非常纯朴，能自然与自己之心相合。

戊，人生价值根源就在自己的"心"，所以程明道便说："每个人都是天然完全自足之物。"如此，才真有人格的尊严，真有人的信心，并且每个人在心的地方开辟一个内在世界，在心上得到人生的归宿，不需外在的追求和斗争。所以这种心的文化，是和平的文化。

己，研究中国文化，应在工夫、体验、实践方面下手，但不是要抹煞思辨的意义。思辨必须以前三者为前提，然后思辨的作用才可把体验与实践加以反省、贯通、扩充，否则思辨只能是空想。

最后引王阳明诗一首作本讲的结束：

人人自有定盘针，万化根源总在心。
却笑从前颠倒见，枝枝叶叶外边寻。

附录一
五十年来的中国学术文化

一

从辛亥革命，民国成立，迄今已五十年。辛亥革命是民族主义、民权主义的共同结晶，也是鸦片战争以后，学术文化活动的总结果。在辛亥前期，学术文化活动的特色，走的是以康有为的今文学派为中心、作桥梁，共同迎接西方的科学与民主的大方向。他们所讲的今文学的本身，是否站得住脚，此处不论。但有一个重大的意义却为人所忽略，中国传统的学问，本是以经世致用为目的的，因此，中国学问的本身，二千余年来，本是以对现实问题负责所形成的"思想性"为其主流的。中国学问的活动，自先秦以来，主要是"思想"的活动。但在满清统治之下，知识分子受到异族与专制的双重压迫，乃不得不离开思想的主题——现实问题，而逃入到零碎的训诂、考据中去，使中国传统文化，对人生社会，完全成为无用的东西。同时，搞考据的一般人，自戴东原以下，皆是矜心庆气，互为名高；凡不合他们口味的，排挤不遗余力。他们的"实事求是"，最大限度，也只能以两汉经生之所是，代替先秦诸子百家之所是。不仅把唐、宋、元、明历代学术文化中的思想性完全排除了，连先秦诸子百家乃至两汉中凡是有思想性的东西，也都给他们整死了。以康有为为代表的今文学的兴起，尽管他们猖狂附会，但把中国传统学术文化中的思想性，经过他们这一转手而复活起来，重新对时代的问题，负起了学术文化所应负的责任，依然是有某一限度的意义。他们之所以能如此，并非出于对文化自身的自觉，而是有两个重大的外在原因。一是外患的刺激；一是满清的统治权威，已因外力压迫而下坠，知识分子在心思的运用上，无形中得到某程度的精神解放。他们有许多话，假使是在乾嘉及其以前的时代说出来，便会惹起许多文字的大冤狱。中国传统的学术文化，在精神上复活了，以此而迎接西方文化，不论康、梁也好，不论中山先生所领导的革命势力也好，并没有发生中西文化冲突的问题，而辛亥革命的成功，也可以说是中西文化自然合作的初步的成功。

二

辛亥革命后，接着便是袁世凯的窃国，及北洋军阀的割据；天下聪明才智之士，奔走国事者多，从事学术工作者少。但蔡元培长北京大学，气象恢宏，规模远大，对学术不立门户，对人才不分畛域，兼容并收，蔚为一时之盛。五四新文化运动，北大登高一呼，四方响应，一方面是时势造成，一方面也是由蔡元培开明阔大的精神所造成的基础。只有蔡元培才能代表北大精神。后来蔡元培精神从北大逐渐消失，亦意味着北大对全国学术影响的消失。

从历史发展来看五四新文化运动，它是由辛亥革命成果的落空，政治上空前的混乱，一切没有得到正常发展，知识分子的心灵，抑郁而无可宣泄，因而以对外问题为导火线所爆发起的运动。从此运动的本身看，实含有政治革命的强烈因素。但因当时国民党未能接上此一运动，亦无其他政治势力可以拥抱此一运动，于是对当时现实政治，未能发生积极的作用，只有完全落在文化运动方面。因此，便发生两种结果：一种结果，五四的新文化运动所走的路，不是正常的学术文化发展所走的平实的路，而是走的带有火药气味的文化革命的路，因而其本身的命运，注定了破坏性多于建设性。另一种结果，则是国民党及后起的共产党，直承五四运动的政治革命情绪，另作现实政治活动的展开，使它在政治方面的后果，与作为此一运动标志的"科学与民主"脱了节。即是它是给予了尔后政治的发展以影响，但所给予的却不一定是科学与民主的影响。

三

从纯学术发展来看此一运动，我们可以简单提出几个特点：

首先，辛亥前由今文学派所诱导的中西融合趋向，因为不是发于真正文化的自觉，所以今文学派中，到了民国初年，除了梁启超等极少数人，依然能保持其文化的思想性以外，其余受今文学派影响的人，又转落到考据的窠臼中去，而特出之以怪诞，这便助长了五四运动时以诬蔑方式反中国传统文化的气焰。

第二，五四文化运动，应当是康梁维新运动以后的继续发展，但事实上，则是以突变的姿态出现，而以"打倒孔家店"的口号否定中国传统文化的一切。

第三，文学大众化是近代的总趋势，所以胡适等的白话文运动很收到了成功。但他们似乎停顿在"白话即是文学"的阶段，直接在胡适旗下的人们，在文学方面都没有成就。这一重大部门的空隙，完全留待以后的左翼作家来填补。

第四，胡适们不仅拿"科学方法"来打中国传统的文化，并以此来打西方素朴的实在论以外的一切哲学，尤其是与道德有关的价值哲学。"科学与玄学"之战，实际是初步的、素朴的实在论，对康德系统哲学之战。他们用"玄学鬼"三个字否定了一切文化中的价值系统。张东荪、张君劢对西方学术的了解，远在胡适们之上。但因为"玄学鬼"这三个字的魔术力量，始终把他们排斥在学术王国的边缘。此一混战，以吴稚晖的"黑漆一团的哲学"收场，这即说明作为五四运动的主将们，因褊急、浅薄而精神完全坠入于幽暗的虚无主义之中。

第五，陈独秀与胡适分途后，胡适这一派，从谈西方学术掉回头来整理国故，提倡乾嘉考据学派。他们与乾嘉学派不同之点，一是他们为了打倒国故而整理国故；二是他们的考据，较之于乾嘉诸人远为"速成"而大胆。

总结地说，以胡适这一派为中心的五四运动，是以革命的气氛开始，以怀疑的虚无主义告终。以科学、民主开始，以整理国故告终。但在社会大转变的时代，毕竟不能没有思想的指导。对西方文化的吸收，也不能等他们把国故打倒之后。于是以民国十五年国民革命军的北伐为一转机，学术文化展开了另一局面。

四

五四运动的大本营是北平，而北伐的大本营是广东，这一地理上的悬隔，也意味着学术与政治之间的距离。此即一般所说的三民主义与自由主义者之间的距离。此一距离，由胡适派的大量加入国民政府，似乎已得到了弥缝。但事实上，三民主义与自由主义者之间的距离，并不是思想本身的距离，而是扛着主义招牌以维护现实权益者之间的距离。因此，他们在政治上的合作，也未曾意味着思想本身的融合，而是现实权益间的调剂分配。以北大、清华乃至其他各大学为中心的纯学术性的研究工作，由北伐成功以后，一直到对日抗战发生以前，已经渐渐地展开，已经渐渐地有了基础。学术在由五四的宣传时代，进入到北伐以后的研究时代，中西文化对立的形势也已渐渐地消失，"打倒孔家店"这一派的人，已失掉了对学术界的影响力。因为这种对立，在最主要之点，并不是来自中西文化的自身，而系来自宣传者的意气与利益。真正的研究工作开始了，宣传者的标语便自然由研究者的成果所代替。冯友兰的《中国哲学史》并不是成熟的东西；但立刻取胡适的《中国古代哲学史》而代之，胡氏在北伐前风行一时的大著，至此而被金岳霖、陈寅恪们说得一钱不值，即系表示此一事实的具体证据。甚至可以这样说，由五四运动而参加政治的人物，不断拿这些纯学术研究工作者来作自己政治活动的本钱，而真正从事学术研究的学人，早已把五四时代的人们遗弃在时代的后面。

北伐以后的国民党，似乎始终没有一个正确的文化政策，而只是想以组织活动加在学术工作的上面，这便与纯学术工作者始终保持一个距离。国民党人开始似乎只信任在组织以内的学术文化工作，继则许多人凭借组织之力以夺取学术文化中的地位。其结果，便是以组织代替了学术。这样一来，学术研究工作者，不断感到国民党对学术是一种干扰、压迫；真正读书的人，在国民党势力范围之内并不能出头，于是由抗战所形成的全国大团结的良机，不久即演变为国民党与绝大多数学术工作者的对立，这可以用西南联大与国民党的关系演变作代表。政府的政治情势恶化，学术界对国民党平日所蕴蓄的恶感也表面化。结果，当然是两败俱伤的。

把上面的话总结一句，中西文化冲突的局面，在学术工作者中已渐消解。但由五四运动起家的人们，却以各种方式带入到政府里面，抵消了政府对学术文化所应把握的方向。尤其因国民党的组织观念，使学术疏隔了政治，政治也疏隔了学术，于是民国十五年北伐以后，学府中的学术思想，对现实社会互相脱节，这便造成了共产党利用文化的机会。民国十五年以后，领导社会思想的学术文化活动中心，既不是南京，也不是北平，而是上海。这批左翼文化工作者，他们所倡导的不是考据，而是思想，不是白话，而是文学，他们活动的对象不是自己个人，而是社会大众。这和完全失掉了思想性、社会性的五四老牌们比较起来，当然摧枯拉朽一样地夺取了青年领导的地位。这一不幸的发展趋向，究竟应怎样加以解释呢？

五

神州陆沉以后，大家来到台湾，是政治重建的机会，也是学术文化重建的机会。学术文化最主要的土壤是学校。自从陈雪屏当教育厅长，大量起用过去三民主义青年团的干部，接充各校校长，此一趋向方针，为历任教育厅长所遵循而不易。所以大陆是党化教育，台湾则是"团化教育"。在团化教育的人事中，也有不少有能力的干部，但学术文化，在这十一年的岁月中，已不断从省立各级学校中退潮，大概是可以承认的事实。国民党以阳明山庄为中心，对学术文化，十年来也作了很大的努力。但在大溃大败之后，把现实政治向学术文化上提，则政治有出路，学术也有出路。若把学术文化向现实政治下拉，则学术是绝路，政治也是绝路。他们走的是哪一条路，我因为从来不曾上过阳明山，不敢臆测。

傅斯年把中研院历史语言研究所抢搬到台湾，并抢救了一部分学人到台湾大学，这是他很大的功劳，所以谈台湾今日的学术文化，不能不重视这两个学术机构。傅斯年过去以不谈仁义礼智自豪，但他充台大校长后，却规定以《孟子》及《史记》为大一国文教材，这可能是表现由他们过去无思想性的学风的一种转向。傅氏是带有点豪气、霸气的人，可能作这种转向。可惜他死得太快了。十年以来，这批学人，若从学术的思想性来说，有点像寺院里的尼姑，高贵而没有生育。胡适回台长中研院，颇要有所作为。但他自己似乎还憧憬于他的民国十年前后的黄金岁月，而不知那些岁月已经是不留情地溜走了。他所选的中研院的院士，在人文学科方面似乎只注重做了若干整理资料、校对若干文献的学者，他们始终以一个研究者的助手所作的工作为自己最高的殿堂。不思不想，势必激起另一方面的胡思乱想。从学术思想来看，中国的前途真要算是任重而道远了。

一九六〇年十二月二十五日于东海大学

附录二
中国历史运命的挫折

一

客观地看，回顾中华民国五十年的历史，只能说明我们历史
的运命，正受了最大的挫折。我所说的挫折，与政权的递嬗并无关
系。不仅在民主时代，政权由甲党递嬗到乙党，乃是理所当然。即
在专制时代，王朝的兴亡，若把它兴亡的其他背景置而不论，也与
历史的进行，略无本质上的意义。我所说的"挫折"，乃指中山先
生所倡导的民主政治，不断地受到阻扰，最后使整个大陆，沦入于
极权政治的铁幕而言。中国两千年的专制，乃中华民族一切灾祸的
总根源。中山先生所领导的打倒专制，建立民主共和的运动，这不
是刘邦、刘秀们为个人打天下的运动，而是为中华民族开万世太平
之局的运动。人类只有在民主政治之下，才可以根据自己的意志，
选择自己的政府，政权可以在人民自由选择之下作和平的递嬗，才
能保证因争夺政权所发生的杀伐虔刘之祸，使人类在精神上、在物
资上得到不断的发展。因此，民主政治的建立，是表现中国历史运
命的飞跃的展开。而民主政治的没落，是表现中国历史运命的总挫
折。这大概只要是头脑正常的人，总可以共同承认的。

使我们历史运命受到总挫折的原因很多，尤其是由袁世凯以下的军阀，及以日本为代表的晚期帝国主义，对于我们所作的罪恶真是擢发难数。不过，我在这里所想说的，只就作为文化担当者的知识分子，对于此一挫折所应负的责任，作一点反省，也是古人所说的"思不出其位"的意思。但是，有一点也得事先申明一下：我在这里所说的"知识分子"，仅指的是在文化上曾经作过若干努力，并发生过若干影响者而言。至于停顿在各式八股程度上的分子，根本没有文化上的任何意欲，也不受文化上的任何影响，乃是唯利是视、无所不为的一种人，所以并不包括在我这里所说的"知识分子"范围之内。

二

中国近代知识分子的性格，就一般的来说，在消极方面，缺少分析思考的能力，缺少艰苦实践的精神；在积极方面，则常以浪漫的情调，与彻底自私的现实主义，作不调和的结合。这两个方面，实际只是一个性格的两面。在这种性格之下，很容易接受什么，在接受时不愿多作考虑；也很容易抛弃什么，在抛弃时决无半毫顾惜。而最后的立场，亦即最后决定其意志的，却只是自己的名、自己的利，为了这可以不顾一切。正因为知识分子的这种特殊性格，便缺乏了担当建立民主政治的真正文化上的努力，因而在我们历史运命的总挫折中，应当分担一部分，甚至是一大部分的责任。

上面这种性格，可以简单地举出两个人作代表。第一个是康有为先生。他在学问上，可以一下子把古文学家的经典，说成完全是出于刘歆的伪造，而把今文学家的残编断简，夸张到包天盖地。在政治上，他抓住《礼运》的"大同"章作任意的解释，而主张打破一切限制的彻底自由、平等的大同世界。但结局，却和张勋通声气，要恢复满清的余孽。第二个，我可以举吴稚晖先生。他在学问上，要把线装书丢到厕所去，但一生却写线装书中的篆字；在写的篆字中，摘录线装书中的一些断章零句。在政治上，他把无政府主义、三民主义、现实主义具备于一身，几乎可称为古今完人。这两位先生，实可作许多人的写照。不过，他两人的私生活，似乎相当干净。我于辛亥革命那一年在乡下发蒙读书，留给我最深刻的印象是，乡村的知识分子忙着到庙里去打菩萨，过了几个月，再做捐启募捐重建。后来认识吴礼卿先生，在谈天中知道，辛亥革命成功后，他当南京的警察总监，在他的回忆中，最热烈的一幕也是革命党人的打菩萨、毁庙宇的一幕。当时以为这样做了，便可以洗涤旧染之污，宏开万年之盛。

百十年来，一直到现在，我们的知识分子，可以不好好地读通一部书，却能上下古今，无条件地恭维什么，无条件地打倒什么，信口开河，而毫无愧色。逐风气，赶热闹，逞口快，无责任心，其归结则止于个人的私利。民主主义的性格，只是"庸言之信，庸行之谨"，以忠自处，以恕待人的性格。并且任何学术、思想、主义，都离不开"择善固执"、"锲而不舍"的精神，才能有所成就，才能发生影响。而近百十年来的知识分子，却多是想不费半分气力而即可以得到一切的大聪明人。最聪明的办法，便是由骂倒一切，以反映出自己是知道一切。口口声声骂中国文化是毫无价值，这便会使人觉得他该有多大的西方学问。其实，"这山望见那山高"的人，只是捧场、看热闹，

312

中国思想史论集

对什么学问也不肯费力气的人。这是近代中国知识分子的性格。这种知识分子，万事不生根，如何能在文化上担负得起民主主义的启蒙责任？

从政治方面看来，则在国民党的历史中，总算集结过不少优秀的知识分子。但民国十三年，则一窝蜂地向左转，左到非马列不可；民国二十年前后又一窝蜂地向右转，右到非莫、希不可。到了台湾以后，一下子是王阳明思想，于是七十岁的老教授，根本不知道王阳明所说的"知"、"行"是什么，也在报纸上大写"知行合一"的文章。一下子又是基督精神，于是连道德也要跑到外国去才能重整。一下子又是自然科学，于是使学文史四五十年的人，顿觉自己所学的一无价值，暗中饮恨，悔不当初。大家对于学问，和跑到飞机场上挤得汗流气喘，以一睹走红的女明星一眼为快的心情毫无两样。假定说国运与知识分子有关，则国运跟着这些知识分子左飘右荡地飘荡到什么地方去呢？

三

现在想稍稍追溯一下，近代知识分子上述的性格，仅从文化上说，是怎样形成的。这便不能不稍说远一点。

第一，清代学术的主流，大家都知道，是以乾嘉时代为中心的训诂、考据之学。他们对宋学而言，自称"汉学"，他们的意思是继承两汉的学问。最重要的理由是两汉近古，由两汉以通经最为可靠。但两汉凡是第一流的有思想的知识分子，皆求大义而不在训诂上落脚，所谓"大义"，用现在的话说即是"思想"。《汉书·扬雄传》"雄少而好学，不为章句"，《后汉书·桓谭传》"遍习五经，皆训诂（此处应作动词解释）大义，不为章句"，《王充传》"好博览而不守章句"，《张衡传》"遂通五经，贯六艺"，我想这也会是不守章句的。因为仅守章句，便不能"通"、"贯"。所谓"章句"，据章怀注"谓离章辨句，委曲枝派也"，这即是两汉二流以下的儒生的专业。这种儒生的专业，在当时的评价是"通人鄙其固焉"，"诐诐之学，各习其师"，"而迂滞若是矣"（皆见《后汉书·儒林传》论）。清人所张皇神圣的正是这一流学问，这在两汉，是第二流以下的学问。

第二，汉代知识分子的真正精神，可以说是完全落在现实政治之上。西汉第一流的知识分子所争的是要以儒家的德治，代替汉承秦后的法家的刑治，更进而争政权的天下为公。东汉则主要表现为对外戚、宦官之争，对政治言论自由之争。不了解两汉知识分子的真正精神是在当时现实政治之上，便根本不了解两汉的学术。但乾嘉的汉学，正是作为逃避现实政治的护身符而成立的。

第三，以阴阳配合五行之说，在秦代才慢慢抬头，至西汉而大盛，到东汉则更堕落而为谶纬。这都为先秦诸子所未有，更为六经所绝无。我最近对此曾写了一篇考证性的文章，大概可以得出这样的结论。但两汉的经生，却常常是通过阴阳五行之说，以解释先秦经典的内容，事实上只是胡说八道。所以许氏《说文》，凡解释有思想性的文字，十有九错。但清儒固陋顽鄙，却硬要套在这一套架子里面去，以通先秦经典，这未免太可笑了。随便举一个例子吧，在作为当时大宗师的阮元的《揅经室集》里面，十有八九便是胡说。钱大昕，总算是最为通达的，但他硬把《诗经》

中国思想史论集

中的"古训是式"解释成连周宣王时的仲甫也在讲训诂之学（见《经籍纂诂》序），以张大他们的门户。

综合上述三端，可以了解乾嘉学派所讲的汉学，是讲的两汉学术中最没有出息的一方面的东西。所以他们是完全没有思想的学派。再加以他们为了张大自己的门户，便无条件地反对宋学，而实际则与今人相同，只是以此掩护自己生活中的疮疤，预防由自己良心发现而来的不安的感觉。中国学问，自西周初叶以迄清代初叶，虽然其中有注重求知识，因而开有研究自然科学之门的这一方面，但这一悠久的传统文化，其中心乃在追求人之所以为人的道理，包括人与人之间，如何可以谐和共处在里面，并加以躬行实践，这只要稍有常识的人便可以承认的。但这一文化传统，在乾嘉学派手上完全被否定了，这还有什么中国文化可言？但今日高踞学术坛坫的人，依然是以能作乾嘉学派的余孽而自豪自喜，这还有什么学术可言呢？

作为清代学术主流的乾嘉学派，既无思想，又不承认由躬行实践以建立人格的意义，这在太平盛世，躲在盐商巨宦的门下当清客，东抄西摘一阵，原无不可。不幸而西方的势力挟坚甲巨炮以俱来，使大清帝国摇摇欲坠，其势非惊醒太平的美梦，使其中尚有良心血性之士，必须面对此一惊奇局势，想出办法来应付不可。但当时的学术气氛，在对事物的思考和人格的建立上，所能给予他们的都是一种负号，这便自然形成他们只能以浪漫的情调来看问题，来处理问题。浪漫没有结果时，只有转落到完全自私中去了。许多良材美质，便在这种情形下斲丧掉。

今日的文化问题，不仅不应当有汉宋之争，实际也不应当有中西之争。好学深思之士所应切实把握的，是文化自身有些什么问题，当前人类有些什么问题，守住中国"以天下为己任"的传统，尽其一己之诚，既不曲学阿世，亦不哗众取宠，使学术工作走上开明坚实之道，国运或者可以慢慢地转移过来的。

一九六一年十月十日《征信新闻》

附录三
在非常变局下中国知识分子的悲剧命运

此文系应香港某报之请，为其二十五周年纪念所写的一篇文章。结果该报并未刊出，乃由《中华杂志》改标题，刊出于（一九六三年八月）创刊号。

一九六七年九月廿六日补记

一、中国传统知识分子性格的现实与理想面

距今前二十五年的八月，是民国二十七年，即中国对日抗战的一周年。本文愿首先指出，民国二十六年，政府奋起对日抗战，是此一时代的大标志。由抗战迄今的中国政局，乃是逸脱了历史发展常态的非常变局。对此一变局，可以从各个角度，提出各种不同的看法，导出各种不同的结论。本文的目的，则在从我个人所感受到的直接印象，略述中国知识分子在此非常变局中悲剧的命运。我的话，是表示我在个人的良知良识所及的范围之内所能得到的对时代的感触。因此，这是对我自己的良心负责。假定我所说的有什么错误，乃是出于我的感触和认识能力的不够。

传统的、很严正的中国知识分子，在人生上总是采取"忧以

天下，乐以天下"的态度。齐家、治国、平天下，在中国知识分子的人生观中，认为这是修身所要达到的目的；亦即是认为家、国、天下与自己之一身，有不可分的关系，因而对之负有连带的责任感。这种情形，若暂时不从理想方面去看，而只从现实方面去看，即可了解中国的知识分子，特别与政治有胶固而不可解的关系。加以古代宗教，就今日文献可以考见的情形来推论，一开始便不像其他民族一样，似乎没有独立的僧侣阶级，和独立的传教组织。到了春秋时代，古代遗留下来的僧侣（在中国古代，则称之为巫祝），已逐渐向社会知识分子演变，更完全没有与政治权力相抗衡的地位。僧侣阶级从某一角度讲，可以说是最早出现的知识分子的集团。中国古代没有独立性的僧侣阶级，以及此一阶级的迅速没落，这在文化发展上，虽然可使理性的光辉容易得到发挥；但另一面，却更把知识分子与政治的关系，紧紧地束缚在一起。大约以孔子作起点，发展为战国时代的游士，是偏重在政治方面的。两汉整个知识分子的趋向，更都是政治性的。东汉末年有党锢之祸，接着是曹氏与汉室的政治斗争，司马氏与魏室的政治斗争，更继之以八王之乱，知识分子在现实政治中的打击，受得太惨重了。于是纷纷趋向玄学，以求逃避现实；但他们的"门第"基础，还是政治性的。佛教开始流行于东汉之末，至六朝而始盛，至隋唐而极隆，其中吸收了许多有智慧的知识分子。再加上自春秋末以来的一部分山林枯槁寂寞之士，这都含有从政治中求解脱的真实意味在内。但在历史中，此种新因素的介入，决不曾缓和知识分子对政治依附的趋势。

其次，从文化理想上塑造中国知识分子性格的，很粗略地说，有两大重要因素：一是儒道两家"为人民而政治"的政治思想。由此一思想所建立的政治主权的理想，其归结必然是"天下为公"。二是儒家有"大众实践性"的"中庸"思想，道家则有避免与大众冲突的"恬淡"思想；二者后来常互相结合，以形成知识分子处人处世的人生观。某一个知识分子，因其自身有某种程度的自觉，而呈现出上述的理想时，假使是儒家思想居于主导地位，则必将趋向积极的一面。假使是接受道家思想的影响较深，则多趋向于消极的一面。儒家有关政治主权问题的思想，到了秦代，开始受到以法家思想为主干的专制政治的压迫。但由《吕氏春秋》所代表的政治思想，依然是由儒道两家所和合的"公天下"的理想。吕不韦之被杀，对于当时现实政治性格的塑造而言，有决定性的意义。首先与专制政治妥协的，是西汉初年的道家。尔后道家思想在政治中变质为阴柔苟且之术，成为官僚典型的塑造者；但元道士邓牧，犹能远承天下为公的坠绪。秉承儒家思想的人，在西汉两百零五年间，一直还以各种形态，守住"天下为公"的大原则；后来，许多人上书拥护王莽做皇帝，并不是如后人所说的，这是出于他们的"无耻"；乃是他们认为汉德既衰，在道理上便应当把天下让给有德者去作；而王莽当时之谦恭下士，及通过《周官》所表现的政治理想，大家认为是可以做皇帝的。天下为公的政治理想，以班彪的"王命论"为大转换点。后来，除了邵康节、朱元晦、陆象山、黄梨洲等十几位大儒能深切体会到此问题以外，一般的知识分子，从东汉起，早已把它放弃了，转而承认专制为唯一的合理政体。这是中国历史悲剧的总根源。但是在长久的专制的历史大流中，中国稍有自觉的知识分子，在政治上一直还坚持三个比较低级的原则，不稍放松：一认为天下纵可私之于一家一姓，但实际治天下的官吏，还须以天下共同承认的

"贤"与"不肖"的标准，公之于天下的知识分子。凡仅以言词、颜色取悦于皇帝一人，以取得政治地位，有如今日之所谓 Yes man 者，在伟大的史学家司马迁的《史记》中，特为其安设一《佞幸传》的位置。中国稍微自爱的知识分子，对于历史中此一系列之人，视其品格之卑污，还远在权奸盗窃之下。二认为政治的基本任务，乃在于"爱民"，而为了达到爱民的目的，人君的听言纳谏，乃其最基本的责任，是判断人君贤否之不可动摇的准绳。三认为他们希望朝廷的赏罚，能合于是非的标准；但决不曾以朝廷赏罚的自身，无条件地当做评判是非的标准；而努力树立、追求在政治地位以外的人生价值。西汉人尊孔子为"素王"，这即意味着当时的知识分子认定他们的"王"是一位布衣的孔子，而不是由叔孙通的朝仪所装扮出来的刘邦之流。宋人有一首送人受了朝廷贬谪的诗，其中两句是："同游英俊颜何厚？未死奸谀骨已寒。"这把朝廷的贬谪，很明显地指出是一种犯罪的行为；若在今日的大陆，可能会出大乱子；当时纷纷传诵，不以为怪。苏东坡在狱中，"作二诗授狱卒梁成，以遗子由"，此即传诵一时的"柏台霜气夜凄台"的二诗。当时决无卑鄙的小人，以此呈报皇帝，要把梁成加以惩责，因而加强苏东坡在狱中的管教。杨继盛就死刑的诗，是"岂愿同声称义士，可怜无术悟君王"。这样的诗，在今日大陆看来，是死有余辜的；而在君主专制时代，一直传诵得有声有色，连最无耻的宦官，也不曾加以检举。所以，韩愈"琴操"中的"天王明圣，臣罪当诛"的观念，不是中国知识分子心理正常的观念。有自觉的知识分子，纵然他生活上依赖了政治，有如黄山谷所说的"食贫自以官为业"；但有些人只想在事功上建立人生价值；决无人承认"官"的本身，乃至朝廷的赏罚，能代表人生的价值；

中国思想史论集

更不会有人想把自己的权势变成自己的学问。

广义的另一"中庸"的性格，在道家思想影响较大时，便是退避、乡愿；在儒家思想影响较大时，则成为大众性与实践性的融合、扩大。譬如在宗教方面，南北朝时便发生有三教同源的思想。这在西方的僧侣阶级看来，简直是不可想象的；而在中国人看来，宗教是人生价值实践中的一部分；凡是有价值的，都是人生所需要的。为了争各人信仰的神乃至仪式而长期流血；为了"辩神"而来一个水火不容；就中国人的观点来说，那才是离开了宗教所含的人生价值的意气之争，才真是顶着神换饭吃的不可想象的事。又如财产上的贫富观念，西方中世纪把财富贬斥为罪恶之源。及十六世纪以后，又把财富的价值捧得至高无上。而中国则对于合理的穷与富，始终保持一种中庸的看法。"贫而乐"，贫也有价值；"富而好礼"，富也有价值。对知识分子而言，则要求"无恒产而有恒心"；对一般人民大众而言，则要求先衣食足而后治礼义。尤其是对整个的政治、社会而言，可以用《礼记·礼运》篇上的一段话作代表：

> 大道之行也，天下为公，选贤与（举）能……故人不独亲其亲，不独子其子……货恶其弃于地也，不必藏于己；力恶其不出于身也，不必为己……

在上面的一段话中，除了"天下为公"的意义不须再说明外，应首先注意前一句话的"不独"两字，"不独"是"不仅仅"的意思。在这句话中，是认为人应当"亲其亲"，"子其子"；但不仅仅是亲其亲，子其子，而应对自己家族与家族以外的社会，关联在一起，负连带的责任。下一句中的"不必",是"不一定"的意思。货不一定藏于己,力不一定是为己;这里面的意思,没有完全否定私有财产制度,也没有视私有财产制度为神圣,而是想把私有财产制度,限制于某一范围之内,要求各人更能为社会的福利而作献身的努力。这岂不是一种中庸之道?在自由与秩序方面,也是采取中庸的融合态度。重视"礼",是重视群体生活中的秩序;重视"义",并且主张"舍生取义",这是重视个人的尊严、自由,因为义指的是个人意志的合理判断。宋明儒家一致主张"存灭理,去人欲"。天理是人人所共有之理,因而是代表共同利益的;人欲是知识分子由其特殊身份所要求的特殊利益。这两句话,一面含有社会主义的精神在里面;同时,当然也有要求守住人人所应共守的秩序(天理)的意思在里面。但他们同时强调心的"主宰性",强调人的"主宰"的地位,这即是非常重视意志的自由。而他们认为为人作主宰的心,自然会存天理而去人欲,即是认为在每一个人的真正自由中,同时即涵蕴了大多数人的利益,及群体生活的秩序。在中国中庸的理念中,永远是把个体与全体看作是互相涵摄、互相成就的每一个人的德性的两面;而决不像西方文化,自古以来,始终在个体与全体的两极中,互排互拒,颠来倒去。若完全站在政治社会的立场,用现代的语言来表达中庸之道,则中庸的理念,应当是走的一条"民主的社会主义"的道路;即是在民主政体之下,走向个人与社会,既有自由,又有共同福利的道路。

二、知识分子向现实深渊的下坠及民族的乡愁

在上述的现实面与理想面的历史条件中,一般知识分子,多

中国思想史论集

是在二者之间，摇摆不定。即是有的为了现实而抛弃理想；亦有的因理想而牺牲现实，或者想改变现实。不过自隋唐科举制度出现后，知识分子集团的由现实中下坠，直下坠到只知有个人的功名利禄，不复知有人格，不复知有学问，不复知有社会国家的"人欲的深渊"里去了。所以，唐薛光谦认实行科举的结果，是"夫徇己之心切，则至公之理乖；贪任之性彰，则廉洁之风薄"。而宋朱元晦对科举的评议是："今日上之人，分明以盗贼遇士，士亦分明以盗贼自处。"（详见拙文《中国知识分子的历史性格及其历史的命运》）顺着科举向八股文演进的历史，是中国知识分子在现实中作无底的堕落的历史。从某一角度讲，宋明理学是由反科举而反知识分子堕落的运动。他们希望从讲学方面能另开出一条与政治保持一种距离的知识分子的活路。清代考据是顺着科举精神所发出的反宋明理学的一种畸形的学术活动；他们以宋明讲学是"为害于国家"（见《汉学商兑》序例）；而其开宗大师阎若璩，在六十九岁时，因想求得"御书"之荣，特进京住在皇子府里等机会，一直等到病重仓皇抬到北京城外而死；这种精神状态，完全是由科举所养成的"举子"心理状态而来，决非宋明理学家所能忍受的。所以，鸦片战争以后所引起的知识分子的自救运动，在学术上必修正乾嘉时代饾饤考据的学风；在制度上必反科举、反八股；而集结此一自救运动之大成的，是孙中山先生。他在《上李鸿章书》中，主张了学校制度；在民族主义中，重新提出了中国的道统；在民权主义中，接受了民主主义（考试在今日只能成为行政中的一种技术，中山先生却把它提高为五权之一，是不必要的）；在民生主义中，接受了社会主义。我可以这样说：中山先生的三民主义，仅从政治、社会方面来说，他实际继承并发展了中国传统知识分子的理想，而开出了以世界为规模的中庸之道。

但科举遗毒，深中于中国知识分子的心髓；其最显著的形态是：一、不择手段以争取个人升官发财的私利，而毫不顾惜公是公非。口头上可以讲各种学说，但在私人利害上决不相信任何学说。二、除个人、家庭享受外，对文化、政治、经济等等，只有破坏，而无半丝半毫的建设性。这种"遗毒"，于不知不觉之中，传播上了以三民主义为号召的国民党中的许多党员，使其在主义与遗毒之间，不断地摇摆不定，而发生不断的斗争、分裂。每经过一次斗争，分裂，总是助长了遗毒的声势、气焰。更因为这种遗毒的自身是反建设的，不但使中山先生建国的理想落了空；并且因为大家不知在各种建设中安心立命，而只想在升官发财上安心立命，于是在"革命"的口号之下，运用了科举时代所意想不到的组织性、技巧性与勇气，一层一层地拼命向上挤。这更使社会的中层与下层，一天空虚一天，政治的金字塔尖，常常被挤得失掉了真正的均衡与安定。

正因为国民党中许多党员失掉了理想的"中庸"性格，一步一步地向历史的另一极端——"人欲"演进，便激起了另一极端的势力——共产党的崛起。共产党的性格，正可用当时流行的"过激党"的"过激"两字作说明。它对中国而言，是由历史的黑暗面，及西方帝国主义对我们无情的侵略等情形激荡之下，受到苏联的支持而出现的；其不合于传统的中庸的理想，更不待论。他们在中国文化上的背景，以五四运动为中心，要彻底打倒中国文化，连把语言文字也包括在内。鲁迅有一句话是"汉字不亡，中国必亡"；这并不仅仅代表鲁迅个人的意见。在此一背景之下，他们认为只有以背反性格出现的马克思主义，才是万宝灵丹。他们保留了五四时代的"赛先生"（科学）的口号，却以无产阶级专政代替了"德先生"（民主）的口号。这也不足为怪，因为五四时代偏激的文化精神，是与他们自己所提出的"德先生"，在本质上不能相容的。

但不论如何，中国已置身于现代世界之林；在政治社会的闭锁状态中，依然有其开放的裂口。加以理想方面的深厚传统，在人的自觉中固可发生影响，即在人的不自觉中，也可发生某程度的影响。尤其是当局势稍稍平静，知识分子的心理恢复了正常的时代，极端褊急之见，自然要受到淘汰。在民国二十年左右，五四运动在文化上，对传统文化的极端破坏性已成过去，全盘西化论，只当作是一种笑谈；冯友兰以新实在论为基底的《中国哲学史》，亦即是被胡适称为正统的中国哲学史，很轻易地取代了胡适的《中国古代哲学史》；潘光旦、费孝通、何炳松这一般研究西方学问的人，无形地走向中西文化融和之路，亦即是走向了中国传统中庸之道的"道并行而不相悖"的道路。

从政治方面看，国民党逐渐完成了国家需要的统一；但在努力统一的过程中，却又不断地发生分裂。在这种分裂中，有的是来自军阀割据的野心，有的是来自政客的纵横故伎，也有的是自借口于民主，把统一认为不是出自国家的理想，而是满足个人的支配欲。政治的分裂，自然随着有知识分子自身的分裂。而在这些分裂中，最值得注意的，是一部分知识分子，很有意识地要从两极端之间，走出一条第三的道路。此一倾向，在其本质上，是中山先生原始教义的道路，也是中国传统的中庸之道。当时国民党掌握有政权，共产党也有国际性的组织及一部分武力；而抱着上述中庸之道的少数知识分子，则是一无所有。所以，他们的意念，可以说是太天真、太纯朴；在现实中四面受逼，也四面受骗，因而常常发生流动、摇摆不定的情形。正因为这是天真的、纯朴的，是一无权力作凭借的，则不管代表此一倾向的少数人，在现实上如何脆弱，而他们的呼声，却正代表了我们民族在现代的真正乡愁；是千千万万的人，纽结在内心深处，却自己无法表达出来的胎息。这两年被台湾某刊物提出清算对象的"闽变"，正是野心军人利用此一乡愁所作的冒险行动。此一冒险行动的无知与失败，并不意味着此一乡愁的无知与消失。

三、由抗战而来的团结与分裂

民国二十六年的对日抗战，这是以"弱"抗"强"的救亡圣战。此圣战的另一意义，是全国知识分子空前的大团结。共产党发表了实行三民主义、拥护政府的宣言，军队接受了政府所给予的番号。过去因内战、因思想等分歧而四分五裂的个人、团体，都响应政府的号召，向领导中心集中。迫近战区的学校、工厂、教员、学生、工人、技师，都走上漫漫的崎岖道路，冒着轰炸、突击、饥寒、死亡的危险，坚韧地移向作战的准备位置。几千年民族所蓄积的精灵，显现为前方的血肉与后方的血汗。这是民族非常艰苦的时代，也正是民族亘古未有的伟大而辉煌的时代。而其真正的内容，则是知识分子的大团结。当初所成立的第一届国民参政会，虽不能完全代表此一内容，但较之以后之所谓民意机关，实更有社会上政治上的代表意义。

知识分子所以能抛弃成见而归于团结，追溯到底，还是宋明儒所说的"存天理、去人欲"的再现。在精神上能保证这种团结于持久不坠的，依然是要大家"存天理、去人欲"，不因缘抗战以为利。而在现实上，也只有实行政治与社会的改革，以实现由中山先生所代表的中庸之道，满足十五年以后，大家或者意识到，或者意识不到的乡愁。只有中庸之道，才是广大团结的现实基础，才有把国共两党拉在一起的可能。但自民国十五年以来，代表中庸之道的少数人，有了沉挚的呼声，却没有一点可以自立的力量。于是此一道路的实现，只能期之于有现实力量的国共两党。

在抗战期间，共产党在自己所占领的区域内，很计划精密地实行各种预定的清算斗争，其实行的程度，与其占领之时间，常成一正比例。并在这种基础上，作一切可能性的武力扩充，使它的势力彻底建立于全面武装及农村贫农之上。而在其势力未及之地，或初占领之地，他们却在三民主义所允许的范围之内，提出各种中庸性的口号。他们倡导民主自由，公私兼顾，劳资两利，加强团结，一切为了抗战等等，而绝不提共产主义，更不提阶级斗争。于是许多纯朴的青年，大量奔向延安及苏北，并一步一步地在各大学中扩大影响。而许多纯良的无党无派的人士，也把共产党当作一个进步的象征。总而言之，共产党是在其控制范围之内，以真正阶级斗争的方式，建立并扩大其武装势力的基础；而在其控制范围以外，则以中庸路线的口号和面貌，建立并扩大其政治的影响与声势，以削弱、孤立它的政敌——国民党。

国民党面对此一情势，必须作若干政权的开放，有一番政治的改革，才可把刚刚团结起来的爱国知识分子，领导在自己的周围。但这需要有两个前提条件：一是国民党必须深入社会之中，不是仅靠政令去统治社会，而是与社会中大多数的人民，及最富于前进性的分子，和协在一起。在代表他们的利益中，集中、提炼他们的意见；以他们的意见领导他们，重建国民党的社会基础。没有这一努力，而只靠着政权自上而下的统治以图生存，便会感到政权开放一分，自己的生存即受到一分威胁，甚至是连起码的政权开放也不敢实现。然则叫有能力而又有政治兴趣的许多党外人士，怎样会俯首帖耳下来呢？二是居于国民党中统治阶层的各个人，应当有牺牲个人利益以成就团体利益的觉悟；否则，国民党的每一向团结方面的努力，向进步方面的努力，都会被视为与某些有特权的个人"过不去"，而随处受到阻扰，以至找不出团结的主体。

民国二十七年冬，武汉陷落，政治的重心移向重庆。二十八年以后，敌人直指后方的攻势，因太平洋战争的准备与发动而告钝滞；于是以重庆为中心的大后方，稍稍得到了喘息的机会。因抗战而暂时克服下去的"人欲"，在许多分子中，又很快地复活过来。在二十八、九年的重要时机，发生了下述的重要事件：汪精卫带着一批人叛国投敌；这是中国历史中知识分子最可耻的行径。物价大波动，使公教人员的生活陷于苦境。征兵在非常不合理的情况下进行，壮丁逃亡及在征送途中因饥饿而倒毙的，大量出现。这根本削弱了政府军队的组成力量。而带兵官吃空额的风气，又一天猛烈一天。征兵情势及士兵待遇的稍稍改善，是从组织远征军才开始。为了抗战而团结在一起的知识分子，其中政治意识较强的，开始组成了民主同盟。他们原意是想在国共之间，形成一种第三势力，以发生制衡的作用；但事实上的演变，他们与共产党的友谊，远超过对国民党的友谊；并发展成为对国民党完全对立的形势。这种发展倾向，对国民党的存亡，有绝大的关系；因为这代表了国民党以外的许多知识分子的倾向。但国民党当时，只以"共党外围"四字，简单地加以处理。接着事实证明，连不须开放政权即可以从事改革，而这种改革，对国民党自身是绝对有利的建议，因极不相干的私人利害，也无实行之可能。这种倾向，使在国民党之外，以西南联大为中心的知识分子，对国民党在情绪上是愤恨，在理智上是绝望，因而一步一步走向另一极端去。顺此倾向，演变至极，而有重庆校场口的武剧；以后再有闻一多、李公朴之死。就我所能了解的，两人之死，不是出于国民党高阶层有领导有计划的行动。当时陈布雷先生知道此事，和我商谈时，心情的忧怱，与我们一般无二。由此可以证明：由抗战所开始的知识分子的团结，因共党整个的计谋，与国民党若干人的愚蠢，未能凝结成为一条中庸的路线，致使这一团结已完全归于幻灭；而国民党面对有异见的知识分子，已完全失掉了涵容与讨论的精神力量。蒋先生以坚强无比的意志，贯彻了八年艰巨的抗战工作，卒获最后胜利。这种历史上的功勋，是谁也不能抹煞的。但此一功勋，终无补于他所领导的政府与党的完全失败，这是后来历史家所难解释的问题。

在抗战期间，绝大多数的国民党员，都和人民一样，过着茹苦含辛的生活；并在民族大义之下，为最后胜利而未稍萌堕退之心。只因若干上层的分子，多是顺着各人的"人欲"而活动，且不敢正视社会，不能面向知识；使历史的遗毒，日积月累地浸透于各人精髓之中，致令广大的国民党员，除了当一名机械性的公务人员，每天上下班而外，再也发挥不出一点真正的活力。民国三十二年，我因一偶然机会，由军令部派赴延安当联络参谋，在延安大概住了五个月，回到重庆后，我和当时负有较重要责任的人谈天，认为国民党若不改建为代表社会大众利益的党，共产党即会夺取整个政权；而对付共产党，决非如一般人所想象的，只是斗争的技术问题。当时听我这种话的人，都以为我是神经过敏，危言耸听，有一位先生还和我大吵一架。所以，我几次提出的改造计划，都不能发生半点影响。后来，我对政府实际的情况明了得渐多，知道这是当然的结果。因为在统治阶层占得太久了的人，决不相信从每一个人内心所发的精神状态，及不能完全用语言表达出来的民心，会有推动乃至改变社会的巨大力量；更不能了解只有先服从社会大众的意见，才能领导社会大众。尤其重要的，是以不合理的手段，取得了特权利益的人，每一改革，都与他的特权发生冲突；他们宁愿只保持今天的特权，决不想到明天的死活。所以，自民国三十四年夏季以后，我再绝口不谈国民党的改良改造等问题了！因为这也不能仅怪国民党的自身，而只能怪历史的遗毒过于深重。等到三十四年八月，突然胜利到来，这些遗毒更有充分发挥的机会。于是把"接收"工作，变成"劫收"工作；把敌人所剩下的一点点工业基础，破坏得干干净净。接着三十六、七年的选举，暴露出的廉耻丧尽的可怕情形，可说是迈越了往古。此种情势，引发了包括国民党许多知识分子在内的对当时政府的总背弃。少数了解共产党的知识分子，很想为政府撑支危局；但凡是站到政府方面来的知识分子，立刻变得毫无气力。胡适当时担任北京大学校长，发动一部分在学问上有相当成就的教授，组织讲演会，却找不到听众。我曾经想结合一部分党内平日忠贞自爱之士，作勤王之师。但每隔一天，大家的心理即向相反的方向转变一天，最后只有完全撒手。平日视稍有异见，稍有独立精神的知识分子如粪土、如草芥，积忿所至，一到有机可乘，即横决于一旦，纯至弃是非利害于不顾。情势演变至此，而仍望能保留住经八年抗战、劫收、选举以后的千疮百孔的统治权，则历史上黄巾之乱，黄巢之乱，张献忠、李自成之乱，将作何解释呢？从历史发展的径路看，共产党所加于知识分子身上的斗争清洗工作，站在某一部分知识分子的本身说，总多少会有几分内疚的。而从当时整个的局势看，先有绝对多数知识分子的背弃，才有整个军事机能的瓦解。冤冤相结，同归于尽。大家一起挖掘自己的坟墓，谁为为之？！孰令致之？！

四、绝望中的期望

清代乾嘉学派及其末流，反对宋明儒对知识分子自身所作的"存天理、去人欲"的呼吁；更不承认知识分了应当"变化气质"，以承当为大家所共同需要的"天理"。于是共产党乃以有组织的暴力，强迫知识分子"存阶级的偏理"，"去历史包袱之大欲"，"洗封建之脑"，这未尝不可以解释为从此一极端，弹向另一极端的物理反应。尤其是共产党的统治，虽然多少有些物质的建设能力；但这种建设能力，是在只有未来，没有现在；只有由共产党所代表的全体，没有人民的个人；只有牺牲，没有休息等情形之下进行的。那种"人民是为了建设"，而"建设不是为了人民"的极端构想，及无休无尽的清算斗争的极端手段，太远离了中国传统所要求的中庸之道了！宋明儒的"存天理"，是存人性所同然之理，以保障人民的共同利益；"去人欲"，是去知识分了高出于人民以上之欲，以成全人民的合理欲望。共产党则去人性之天理，而存阶级的"偏理"。他们甘心当乾嘉学派末流的尾巴，以反宋明理学，那是当然的。这种过激的偏理之足以杀人，远过于过去的专制，也是势所必至。于是在百花齐放、百家争鸣之下，大陆知识分子又发出了内心的呼声。这些呼声，我可以粗略地作这样的推测：他们在鸣放中的言论，决不是回头走向另一极端的遗毒方面去，而是希望把共产党的极端，作某些程度的修正，以使其稍稍接近于中庸之道。鸣放后的反右派斗争，实际是反中庸之道的最后斗争。一般知识分子，早在共党的手掌心里，当然没有丝毫反抗力量。斗争的结果，便是"人民公社"的出现。"人民公社"才完全拔掉了中国历史社会的根，使中国今后不再出现有中庸之道的社会基础。中国知识分子传统中的理想性的一面，最低限度在目前的大陆，是暂时绝种了。共产党坚持对史达林的崇拜，正是此一事实所反映出来的必然的象征和结论。

国民党到了台湾以后，实行改造，这是理所当然的。改造的方向，关系于如何去认取大陆失败的经验教训。改造的成效如何？迄今亦已十有三年，从台湾各种角度看，皆彰彰在人耳目，无待我的缕述。其中有值得一提的，是台湾的土地改革。但我可以坦率地说一句：国民党的许多党员，并不曾把自己的精神与此一改革熔铸在一起；当然更不会把自己立基于此一土改的社会基础之上，以改造自己的意识与做法。难道北平的故宫春梦和上海的十里洋场，将永远决定国民党员的意识形态吗？不过，我得另外特别提出一件小事，即是一九四九年出现了两个刊物：一是香港的《民主评论》，一是台北的《自由中国》。这都是由当时国民党所支持的刊物。这两个刊物，代表了当时若干知识分子对时局的一些看法，亦即是表现了一部分知识分子对时代的动向。它们有其共同之点，即是在民主自由的大前提之下，要重建反共的精神与合理的制度。但也有不同的地方:《民主评论》开始是多寄希望于国民党内部的反省、革新,《自由中国》则多寄希望于社会一般人士的奋起、团结。《民主评论》是侧重在使民主自由建立在中国文化基础之上,不认为自由即是纯个人主义的自由,也不一概排斥社会主义。《自由中国》则侧重在"民权清单",守住纯个人主义的传统,更彻底排斥社会主义的观念。《民主评论》希望由中国文化的反省、澄清,以把握其精神及长短之所在,开中西文化融通之路。《自由中国》则彻底反对中国文化,反对西方文化中的理性主义,坚持经验论的立场。《民主评论》重视道德的意义,《自由中国》则有些人否认有所谓道德问题。《自由中国》的实际负责人曾费了很大的气力,想达成国民党以外的政治大团结,并想推戴胡适为领袖,曾经想促成胡适和张君劢在美国交换一次意见,但胡适很难忘怀于科玄之争,更因政府借重他当中研院院长,此一希望遂未曾实现。最后则由《新时代》取代了《自由中国》。这一支知识分子的活力,便完全抹掉了。《民主评论》在政治方面的愿望,大概在一九五二、五三年之间,已告破灭。此后便只谈文化问题。今日正由唐君毅、牟宗三先生以忍辱波罗密的精神,苦苦撑持,想为中国文化保留一个讲话的园地。现也正面临随时可宣告结束的命运,(按已于一九六六年结束)可以说,由这两个刊物所代表的若干知识分子对国家时代的愿望,都已在现实中消失了!

此外,以香港为中心地点的海外人士,一度曾有第三势力的活动。所谓第三势力,实即继承民国十五年以后,希望在国共之间,建立一条中庸之道的运动。但是海外的知识分子,不能在社会上生根,而只能仰赖美国的援助,这便缺乏由根而发的柢力。乌合之势,一遇美援停止,即自然瓦解。并且知识分子传统的遗毒，并不因其流亡在海外而即会消失。他们中的许多人，弄来弄去，依然脱不掉以破坏共同理想、达到个人人欲的老路；惟有一点，我应当指出的：第三势力口号的提出，依然是极少数的心理正常、心地良善、有意无意之间，在中国理想性的传统下，要为民族生存开辟出一条中庸之道的乡愁的昙花一现。尽管他们对于这一点是出于不自觉的；正因为是如此，所以他们才瓦解得特别快。病菌是在人的不自觉中传入的，许多营养也常是为人不自觉地吸收。中庸之道，常常是在中国知识分子的不自觉中，给他们以各式各样的影响。因为这才是大众的、实践的生存发展之路。

总结以上的观察，中国知识分子，在这二十五年的短短历史中，他们所应当传承的政治上、社会上、文化上的中庸之道的理想，曾因缘抗战的机会而有短短的一场春梦。以后便成为两极化中的，身不自主的，被人摆弄的工具。最后，则由中庸之道的彻底破灭，中国的知识分子，可以借庄子的话说，"臣之质亡矣"。因此，这二十五年的历史，站在根据知识作独立判断的知识分子而言，是遇到亘古未有的绝望的悲剧历史。国家的命运以外，没有知识分子的命运；有建设性的中庸之道的复苏，这将是国家命运的复苏，也是中国知识分子命运的复苏。这种复苏，十年出现？二十年出现？五十年、一百年出现？没有人能断定，但其必有出现之一日，则是可以断定的。因为中华民族是不可能被消灭掉；而中庸之道，乃出于人心之所同然。在创巨痛深，心理渐渐恢复正常的情形之下，此种理想，是从过剩的人欲方面复活起来？是从过激的偏理方面复活起来？也无人能加以断定。其可以断定的，是它会以世界的规模复活起来。这是我们在绝望中的期望。即

　　　　　　　　　　　　　　　中国思想史论集

使那时我的墓木已拱，也将以当一个中国的知识分子而自豪自慰于地下。

按：写此文时，还不知道大陆上在当时已经大规模地发生了"修正主义"。所谓"修正主义"，即是从极端修正向中庸。虽然步骤很慢，但此一在中国文化传统下的伏流、潜力，不是文化革命暴力所能消灭的。因此我益信中国必会由中庸之道而获得解决。

一九六七年十一月廿一日补志

附录四
明代内阁制度与张江陵（居正）的权、奸问题

　　一九五二年十一月，钱穆先生出有《中国历代政治得失》一书，中谓张江陵是权臣、奸臣。万武樵先生看到后，深为难过，要我写一文为张江陵昭雪。张江陵的相业，虽经当时昏庸之主及虚浮不实的士人，曾极力加以诬蔑，但至崇祯时代，由土崩瓦解的形势所引起的反省，明代的君臣对他已加以昭雪了。钱先生的私人意见，本不必重视。但钱先生是以制度为立论的根据，这里面含有在专制政治下的一大悲剧问题，须稍加清理。所以我便由武樵先生的激励，写成此文。此文写成后，先寄钱先生过目，钱先生写一跋语作答，原拟在《民主评论》上同时发表，后来我因为某种顾虑，把两文一起压下了。今岁四月，钱江潮先生两次来信，谓江陵县在台人士，将以餐会崇乡谊，邀我届时对张江陵的平生作即席讲演；我因张怀九先生及江潮之尊大人钱纳水先生皆耆年硕学，对张江陵的了解，实非我所能企及，故未敢应命。然重违江潮雅意，答应将此文清出发表，借请江陵在台人士加以教正。课务结束后，在抽屉中寻出此文时，首尾两段，因外面未加封套，已经残缺不全，有关刘台的一段考证文章，也在残缺之列，当时用何标题亦不复记忆，连蓝墨水也褪了色，字迹都变成模糊不清。而钱先生的跋语，因装在一厚信封内，却完好如故。乃把原文首段剩下之百余字完全删

去，以原第二段为首段，另添若干材料，重新写作末段，以现标题刊出。钱先生在跋语中认为"历史应就历史之客观讲……若针切在时代，那又是谈时代，不是谈历史"。此意甚好，亦甚难。因对历史的了解，常有待于时代经验、意识的启发，所以克罗齐便说只有"现代史"。而我国传统中的"史论"，十之八九即是时论，也正是这种原因。钱先生以为自己在这里所讲的是客观历史，但他说"此刻我们要提倡法治，却又推尊张居正，正为不了解明代政治制度"，可见讲客观历史，而不针对时代，确是不容易，并且也不必故意去避忌的，大陆目前的大整肃，也正起因于大陆上许多人曾经"以古讽今"的原故。钱先生又提出"历史意见"的问题。历史中，一时谬误的意见，常能在历史的经过中得到澄清、纠正，中国过去之所以特别重视历史，正因为历史能提供是非的判断以保证，可以尽到宗教中因果报应所能尽的责任。张江陵的情形，正是一个显著的例子。是非之所以不明，常常为当事者利害好恶之私所遮蔽。理学家常要求人当下能脱出私人的利害好恶，以把握是非之公；这是为了救当下的人，救当下的事，救当下的时代。历史则在时间之流中，也能使人脱出过去的是非好恶，以看出过去的是非得失之公。在这种地方，理学家与史学家，常于不知不觉之中，有其会归之点。但历史家若缺乏时代意识，则不仅他对历史是非的判断，无补于当时，并且因缺乏打开历史的钥匙，对历史上的是非，因之也无从把握。章实斋对史学家特提出一个"德"字、"敬"字，可知史学家依然要有理学家的若干基底，这在今日更是无从谈起的。

一九六六年七月五日夜记于东海大学

一

钱穆先生在他的大著《中国历代政治得失》中认为张江陵是明代的内阁大学士，不是宰相，但以"相体自居"，这是"不应该揽的权而揽，此是权臣，并不是大臣"，"是奸臣，是权臣，这是违反国法的，也是违反政治上传统道德的"，"现在我们不了解这情形，总认为张居正是一大政治家，他能讲法治。其实他本身就违法，而且违反了当时的大本大法"，"此刻我们要提倡法治，却又推尊张居正，正为不了解明代政治制度"。（以上均见原著页八三至八四）又归结地说："张居正第一不应有权径下政府最高的命令，第二不应要人报皇帝的公事也报他一份。"钱先生要推翻张江陵历史上的地位，纯是就当时政治制度上的法制立言，所以我这里也就此点加以讨论。

钱先生的话，依我的判断，是根据当时御史刘台劾张江陵的奏疏的。刘台是张江陵的门生，他当御史巡按辽东时，坐误奏捷，奉旨谯责，他便深恨江陵，才有劾江陵的奏疏。刘台此一奏疏，尽倾陷之能事。我现在先把刘的奏疏与钱先生论证有关的部分引在下面：

> 高皇帝鉴前代之失，不设丞相……文皇帝始置内阁，参预机务。其时官阶未峻，无专肆之萌。二百年来，即有擅作威福者，尚惴惴然避宰相之名而不敢居，以祖宗之法在也。乃大学士张居正，偃然以相自处。……祖宗朝一切政事，台省奏陈，部院题覆，抚按奉行。未闻阁臣有举劾也。

居正定令，抚按考成章奏，每具二册，一送内阁，一送六科。……阁臣衔列翰林，止备顾问，从容论思而已。居正创为是说，欲胁制科臣，拱手听令。(《明史》卷二百二十九《刘台传》)

首先，我应说明"法"是产生于政治主权之所在。主权所在的地方可以立法，也可以改法、废法。所以法愈近于主权所在的地方，其安定性愈小。民主政治，主权在民。民非一二人，故立法、改法，都要经过认为可以代表民意的机关、程序去实行，因此才可保持法的合理性与安定性。然真正民主国家，依然是人民的自由，大于政府官吏的自由。因为人民是"法原"所在。专制的主权在君，君的意志随时影响到法，君的意志之所在，几乎法即随之。宰相地位不仅与皇帝最接近，而且它本是帮助乃至是代替皇帝总揽一切的。人君在事实上须要这样一个帮助的人，但在心理上却又害怕这样的人，如果有了正式的法理地位，便会感到这是一种莫大的威胁。所以中国历史上宰相的地位，在上述矛盾之下，很少平正地安顿过。钱先生认为中国历史中的政权早开放给读书人，也就是开放给天下了，所以没有主权的问题。我认为中国过去之所以没有主权问题，只是一般人认为主权在皇帝，是天经地义，所以不感觉这是一个问题。好像过去一个人花钱买了田地，田地自然是他的，没有人对之发生疑问一样。及土地改革之说兴，于是土地国有？公有？地主有？耕者有？便成为问题了。明代专制太酷，在黄梨洲的《明夷待访录·原君》一篇中，也正式提出了主权问题。至于过去的选举、考试等制度，实等于今日的大公司、大机关之登报招考职员，这比之贵族政治是开放了，但这并不是开放了主权，不是大家和皇室有平等的地位，作政治的竞争。故与今日之所谓"政治开放"的意义，大不相同。这一大前提不澄清，对于中国历史的了解，便都会走上牵强附会之路。

秦悼武王二年始置丞相，汉承秦制，亦设丞相。《汉书·百官公卿年表》说："丞相掌丞天子，助理万机。"应劭曰："丞者，承也；相者，助也。"陈平在汉文初为左丞相，但答文帝决狱、钱谷之问时，自称"宰相"，是丞相即宰相。秦始皇尊吕不韦为相国；韩信诛后，汉高亦尊萧何为相国；相国比丞相的地位更为尊贵，然实际依然是宰相。宰相是秉承皇帝的意思来帮助皇帝的。这在大一统的专制政治之下，站在人君的立场来说，宰相一职在事实上既不可少，但在事势上又必须提防，于是历史上不外想出下列几种提防的方法：一是多设几位以分其权，一是有宰相之名而不予以宰相之实，一是予以宰相之实而不予以宰相之名，必使其名实之间，有所牵制。所以我觉得宰相在中国历史上的地位最为别扭，名实相符的宰相很少。于是宰相在法的地位，常是习惯法而不是成文法。即是，无宰相之名，而负宰相之实的，时日稍久，人即以宰相视之，史家亦以宰相称之，这是中国历史上的惯例。在官制上言，其间变换甚多，但有一基本线索不变，即是，凡与皇帝最易接近的，不论其官阶之高下，常即居宰相之实。换言之，宰相的实质，常决定于与皇帝的关系，而非决定于官制，此系专制政治的本质使然。言中国政治制度者不了解这一点，便不能真正得到要领。

丞相制度到了武帝便出了毛病。自公孙弘死后，由李蔡到刘屈氂，换了六个宰相，自杀者二，下狱死者二，腰斩者一。这段惨史，正说明在专制中宰相地位的困难。尚书令属于少府，官不过六百石，武帝开始以宦官充任。及他临死时要托孤于霍光，于是一面以光为大司马、大将军，一面以光领尚书事，使光既掌兵权，又掌内朝机要。宰相的权，在制度上已经开始动摇了（汉时故事，"诸上书者，皆为二封，署其一曰副，领尚书者先发之"）。宣帝时张安世以大司马、车骑将军、领尚书事，魏相丙吉为相，大政由安世在尚书办公的地方决定好了，再装病出外，及见之诏令，乃派人到丞相府去假打听消息。所以马端临说："丞相府乃宣行尚书所议之政令耳。"魏相丙吉，号称贤相，而实际他所做的是假宰相，小小的尚书，才是真宰相。东汉以三公为宰相，尚书令的地位提高到千石，外放时也只能当县令。《太平御览》二百十二引《汉官仪》所记东汉明帝诏谓："尚书盖古之纳言，出纳朕命。机事不密则害成，可不慎欤。"这在今日，乃是一个机要秘书兼内收发的地位。但据《通典》说："后汉众务，悉归尚书，三公但受成事而已。尚书令主赞奏事，总领纪纲，无所不统。"并且在朝会时，它可以"专席而坐"。这小小的千石之秩，更成了真正的宰相。此时尚书无宰相之名者，因为还有一个空头宰相三公的招牌存在。

汉献帝时，曹操过了名实俱符的丞相的瘾。"魏、晋以后，或置或否，居之者多非寻常人臣之职"，齐、梁、陈则仅作赠官而无实职。魏、晋以后，始以中书侍中为宰相。宋文帝时，刘湛为侍中，与其他的侍中同为宰相，湛尝谓："今代宰相何难，此正可当我南阳郡汉代功曹耳。"宰相等于郡守的功曹，实说破了宰相一职，根本无制度可言。唐代门下、侍中、中书令是真宰相；尚书左仆射（太宗为秦王时曾为尚书令，故阙不复置）加平章事方为宰相。其以他官参掌者无定员，"但加同中书门下三品"。尚书左仆射为从二品，而门下、侍中及中书令均为正三品。在"法"的立场说，他们皆不是宰相，则实际做的是宰相的事。因中书独取旨，尤为相权之所在。可是又不像以前另外有一个空头宰相的招牌，故即认他们为真宰相。宋虽承唐旧，以三省长官为宰相，但旋"以其秩高，不轻授人……乃以尚书令贰（尚书令是尚书省的长官，贰是其副手，等于今日的次长）左右仆射为宰相。而左仆射兼门下侍郎，以行侍中之职；右仆射兼中书侍郎，以行中书令之职"（叶梦得语）。把尚书令的副手来当作宰相，这更于法无据。所谓"同平章事"，是共同商量政事，这是给它的一种任务，而不是官职。但这任务是宰相的任务，故即以宰相称之而不疑，并不发生"法"的问题。这是习惯法。此种习惯法所以得到一般的承认，因为后面有作为"法原"的皇帝意志。

南宋恢复了宰相的名称，因为这才是名实相符，在"法"上说得通一点。明初所以有宰相，是继承此一线索来的。但太祖秉性特为猜忌，洪武十三年胡惟庸之变，大肆诛戮，并废止宰相，设"四辅官"来帮他看公事。后又觉得四辅官的地位高了一点，不很妥当，遂于十五年仿宋制置殿阁大学士。宋朝的学士"资望极峻，无吏守，无职事，惟出入侍从，备顾问而已"。马端临谓宋的"学士直阁，尊卑不同，故难概称"。其中观文、资政两大学士，非拜过相的人不能当。明太祖取其"仅备顾问"，而抑其官秩为五品。此时是以翰林春坊帮他看公事，出主意。那等于现时的侍从秘书。所以刘台对殿阁学士职位的论断，就始设的时候说，那是正当的。但《明史·职官志》及《续通志》的《职官略》，列殿阁学士于六部之前，而对大学士的职位说："掌献替可否，奉陈规诲，点检题奏，票拟批答，以平允庶政。以其授餐大内，常侍天子殿阁之下，避宰相之名，故名内阁。"这和宋制大学士之"仅备

　　　　　　　　　　　　　　　　　中国思想史论集

顾问"，完全是两样，他们所行使的可以说完全是宰相的职权，乃是实质的宰相。何以要"避宰相之名"？因为明太祖有一道敕谕，禁止后世设宰相。"臣下有奏请设立者，论以极刑"。明以大学士为宰相，与隋、唐、宋之以三省长官为宰相者，在法理上说完全相同，都是由演变的事实而来的。所不同者，明代既不同于东汉之另外有一挂名宰相，而较之唐、宋，又多了明太祖的一道敕谕。但所谓"避宰相之名"者，也只是表面文章而已。当时的人，以及后世的史家，无不以宰相称大学士。并且这种演变，是在张居正以前早就完成了的。

二

明代大学士职位的演变，大抵可分为四个阶段。成祖即位，特选择解缙、胡广、杨荣等直文渊阁参机务，"阁臣之预机务自此始"。这是第一阶段的演变。但这时，"入内阁者皆编检、讲读之官，不置官属，不得专制诸司，诸司奏事亦不得相关白"，所以没有演变到宰相的职位。仁宗因杨士奇、杨荣、杨溥等为东宫旧臣，以侍郎、太常卿等官兼大学士，地位渐增重要，其后士奇等皆迁尚书，且累加至三孤（少师、少傅、少保，从一品），内阁地位便水涨船高起来。到了宣宗，"内柄无大小，悉下大学士杨士奇等参可否。虽吏部蹇义、户部夏原吉，时召见，得预各部事，然希阔不敌士奇等亲，自是内阁权日重。即有一二吏兵之长（尚书）与执持是非，辄以败"。这是第二阶段的演变。在此一演变开始时，杨士奇与尚书吕震讨论问题，吕震"当面厉声叱之"。对于士奇的意见，仁宗因尚书们认为士奇无参政资格，所以不敢直接接受。

但到宣宗时，时人以杨荣比姚崇，即系以宰相视大学士。而《明史·三杨传》赞曰："明称贤相，必首推三杨。"大学士之演变为实质的宰相，至此已经确定。而其演变的过程亦表现得最为清楚。《宪章类编》谓，"洪武中，惩胡惟庸之专权生乱……严为禁革，俾永不得设丞相。……内阁置大学士以备顾问，官仅五品，不预政柄。……自三杨入阁，乃以少师、尚书兼大学士，官尊于六卿，而口衔天宪，自是无丞相之名，而有丞相之实矣，故中外皆称之曰宰相云"，正指的此一阶段。

景泰中，"王文以左都御史进吏部尚书入内阁，自后诰敕房俱设中书舍人，六部承奉意志，靡所不领"（《续通志·职官略》）。这是第三阶段的演变。在此演变中，大学士有了正式办事的机构，而大学士之成为实质宰相的机能至此始具备。到了"嘉靖以后，朝位班次，俱列六部之上"（同上）。这是第四阶段的演变；而大学士成为实质宰相，已得到朝廷正式的承认。假定朝位班次，应算一种制度，这也可以说至此而得到制度上的承认。接着很著名的大学士是夏言、严嵩，《明史·职官志》称他两人"赫然为真宰相"。严嵩是奸臣，夏言并非奸臣，《明史》亦未将夏言列入《权臣传》。修纂《明史》的人，决不以大学士成为真宰相，而目之为权臣、奸臣。因为这在当时已经承认了，这是"历史事实"；客观的史学家不能任意加以抹煞。再接着是华亭徐阶。他写三句话在"直庐"墙上说"以威福还主上，以政务还诸司，以用舍刑赏还公论"，这是鉴于严嵩的专横自肆，处危疑之地，以谦抑自勉。但这三句话只是说明了徐阶为相之量，而并不是否定自己的相位，所以《明史》说："论者翕然，推为名相。"再接着为首辅的是高拱。神宗冲年即位以后，拱"每慷慨收宫府权曰，有传奉中旨，所司按法覆奏，白老臣折衷之，以复百官总己之义"（《明史》本传）。这是要把宦官经手的皇帝"圣旨"，由他审核一番；他认为这是他当宰相的职责。高拱即因此被宦官所逐。而刘台劾张居正的原因之一，是认张居正有参加逐高拱的嫌疑，因而要为高拱打不平的。若照刘台的大学士不得以宰相自居的理论，则高拱是应该被逐，他何必为其打不平呢？张居正在穆宗时，以礼部右侍郎入阁，又迁吏部左侍郎兼东阁大学士，进礼部尚书兼武英殿大学士，加少保。一年多的时间，由学士五品升至尚书的正二品、少保的从一品。《明史》本传称"时徐阶以宿老居首辅，与李春芳皆折节礼士。居正最后入，独引相体，倨见九卿。人以是惮之，重于他相"，可见当时大学士以相体自居，已视为当然。神宗即位后，他代高拱为首辅，"慨然以天下自任"。因为他不仅是神宗的老师，而且是受了顾托之重。慈圣太后（神宗的生母）要他特别多负责任说："先生有师保之责，与诸臣异。"历史上凡是受命托孤的人，一面是保育皇帝，一面也可以说是代理皇帝，除非是太后自己垂帘听政。居正后由吏部尚书而进太师（明文臣无生而进太师者，居正是一个例外），官正一品，在六部尚书之上。神宗赐居正札称"元辅张少师先生"；当时的皇帝、皇太后都以"元辅"称他，在《明史》本传中，班班可考。这即是"历史事实"，史学家有什么方法去否定这种"历史事实"呢？他当政后，主要政策之一是守祖法，尊主权，屡次要神宗多御朝，亲万机，并建议增加阁员人数。此在《明史》及《江陵集》（《江陵集》出于张家残败之后，危疑未解之时，其中决不敢有饰辞）中记载至为明了。权臣、奸臣有一共同特点，便是不愿皇帝多问事，而居正则惟恐皇帝不问事。他指挥政治，除私人书札外，都是敕制诏令，这在法理上是皇帝的而不是居正个人的，凭什么可以说他是权臣、奸臣？至于说他"不应要人报皇帝的公事也报他一份"，这更是一种误解。如前所述，在西汉时，各方奏报，即须以副本送尚书令。假使明代大学士等于汉代尚书令，则多要一份公事也是理所当然。何况此时大学士已演变为实质宰相，报皇帝的事，没有不经过大学士之手的。也即是对张居正而言，没有多报一份的必要。刘台原劾疏对此事说："居正定令，抚按考成章奏，每具二册，一送内阁，一送六科。抚按延迟，则部臣纠之，六部隐蔽，则科臣纠之。六科隐蔽，则内阁纠之。"可见居正是为了增加行政效率，使能互相循环考核，以对治当时散漫、疲玩、欺瞒之蔽。《明书》张传说："前是，六部、都察院有覆奏，而行抚按勘者，度事之不易行……则稽缓之，至数十年不决。居正下所司，以大小缓急为限行之。"这正是对治此病的一种办法，乃是一种行政措施，是宰相应有的措施。这与西汉上奏事者以副本送尚书的情形也不相同。刘台只认为"阁臣衔列翰林，止备顾问，从容论思"，站在此一立场，才算是违法的。可是阁臣之成为事实宰相已经百年，刘台说的只是百年前的掌故而已。当时攻击张居正最力的如傅应桢，以王安石比居正，王安石是宰相；王用汲劾居正疏中，指居正为"辅臣"、"宰臣"、"相"、"大臣"；艾穆劾居正疏中称之为"元辅大臣"。在居正的政敌心目中，并未否认他宰相的地位。且刘台既攻击居正不应以大学士冒充宰相，但在同一疏中，对于居正推荐张四维、张瀚入阁为大学士一事，则称"祖宗朝，用内阁冢宰，必由廷推。今居正私荐用张四维、张瀚"云云，可见刘台自己也承认大学士为冢宰。冢宰当然是宰相。由其疏中之自相矛盾，即可见他的话不能引作历史的论证。假定说张居正的"独引相体"（此"独"字系对徐阶等

　　　　　　　　　　　　　中国思想史论集

之折节下士而言）为违法，这是中国历史千百年中许多宰相的共同违法，是张居正百多年以来的先辈的共同违法，是中国历史中共同承认、中国史学家共同承认的违法。钱先生说："试问当时何尝有一道正式命令叫张居正代理皇帝呢？"宰相代理皇帝，是制度决定的。宰相制度没落后，是出于事实要求，而由皇帝承认的。这在明代，在宣宗时代，已正式有此要求和承认，决不始于张居正。张居正和旁人不同的，倒真是"有道命令叫他代理皇帝"；因为他受命托孤的时候，神宗只有十岁，他不代理皇帝，便只有由宦官代理。神宗曾降敕谓"卿受遗辅政，有安社稷之功"，又"赐大字凡五，曰元辅、曰良臣、曰尔惟盐梅、曰汝作舟楫、曰宅揆保衡"。当江陵要回籍奔父丧时，神宗一则谓"天降先生，非寻常者比，亲承先帝付托，辅朕冲幼……"再则谓"但今朕当十龄，皇考见背，丁宁以朕嘱卿……"，这类的话，不一而足。

三

张居正有许多缺点。熊师十力说他的思想有道家底子，《明史》上也曾提到。道家多半是有"机心"的。熊先生又责他不应干涉讲学，有统制思想之嫌。此外，也是当时引人最不满的，是他接受批评的雅量不够，这是政治家的大忌。但虽然如此，他依然是一个大政治家。第一，中国承认皇帝还要有"先生"，这正是中国政治思想与制度的伟大处。可是实际做到的很少。居正对皇帝以师道自居，进《帝鉴图说》及列圣宝训实录，真正尽了"为士者师"的责任，这只有大政治家才得有此。第二，中国历史上谈政治的，多半是谈一人一事，以一人一事为对象。有几个人能像张居正那样，把当代整个政治问题，本末精粗，一齐含摄住，作有系统地说出来，以构成一个结实的政治大体制，而以毅力贯彻之。可以说，周、秦而后，只有王安石有此气魄。江陵一集，气刚理密，风采俨然，虽与日月争光可也。他取怨的原因，就《明史》本传所载，一是痛折御史在外凌辱抚臣，因为他知道政治的基础在地方；二是执法严，省冗官，核驿递，得罪了不少"绍兴师爷"；三是减少县学生名额，大邑士子难于进取；四是治盗太认真，奉行不便者相率为怨言；五是江南豪贵，恃势与猾吏勾结，隐瞒赋税，居正遣大吏精悍者严行督责，国富而豪猾皆怨。当时对他攻击最力的公开理由是"夺情"。而其身后之祸，根本原因有二：一为对神宗要求太严，使神宗受不了，又得罪了宦官、外戚。宋学洙在《张文忠公遗事》中，对此详加考订后，归结地说："确然见造冰者外戚也，换日者中官也。闪烁其间者凤盘（王四维）二三公。彼呶呶者只鹰犬耳。故两宫圣母，不闻传矜宥之旨。神宗宿三十七年之怨，非惟新郑（高拱）无此党，缙绅宁有此力量哉？"说得再明白也没有。二还是种毒于刘台劾疏中的另几句话："盖居正之贪，不在文吏而在武官，不在内地而在边郡。"这是影射毒恶的几句话。大家知道居正治边很勤而又很有成效的。刘台若说居正在文吏和内地这一方面贪污，是马上可以查验的。他说是在武臣边地这一方面贪污，便远无对证，而且那又是当时花钱最多的一方面。这几句话说入了神宗的心，所以"疑居正多蓄，益心艳之"（《明史》本传)，遂籍没居正家。当籍没时，侍讲于慎行写了一封信给担当籍没任务的丘橓，中有谓："江陵殚精毕智，勤劳于国家。阴祸机深，结怨于上下。当其柄政，举朝争颂其功，而不敢言其过。今日既败，举朝争索其罪，而不敢言其功，皆非情

　　　　　　　　　　　　中国思想史论集

实也。且江陵平生，以法绳天下，而间结以恩，此其所入有限矣。彼以盖世之功自豪，固不甘为污鄙，而以传世之业期其子，又不使滥有交游，其所入又有限矣。若欲根究株连，称塞上命，全楚公私，重受其困……"于慎行的信，是在举朝构陷正急的时候写的，当然不敢稍有阿私之词。但丘橓没有接受于氏的意见。当时籍没的情形，《明史》本传谓：

> 帝命司礼张诚及侍郎丘橓……籍居正家。诚等将至荆州，守令先期录人口，锢其门，子女多遁避空屋中。比门启，饿死者十余辈。诚等尽发其诸子兄弟藏，得黄金万两、白金十余万两。其长子礼部主事敬修不胜刑，自诬服寄三十万两金于（曾）省吾、（王）篆及傅作舟等，寻自缢死。

张敬修在缢死前写有血书，略谓：

> ……其当事噂沓之形，与吏卒咆哮之景，皆平生所未经受者。而况体关三木，首戴幪巾乎？在敬修固不足惜，独是屈坐先公以二百万银数，不知先公自历官以来，清介之声，传播海内，不惟变产竭资不能完，即粉身碎骨亦难免者。且又要诬报曾确庵寄银十五万两，王少方寄银十万，傅大川寄银五万，云'从则已，不从则奉天命行事'。……他如先公……惟思顾命之重，以身殉国，不能先几远祸，以至于斯。而其功罪与今日辽藩诬奏事，自有天下后世公论在，敬修不必辩。独其虚坐本家之银，与三家之寄，非一时可

了之案，则何敢欺天罔人，以为脱祸求生之计？不得已而
托之片楮，啮指以明剖心。……

江陵身后受如此惨祸，但其第五子允修，于甲申正月十日，以
八十之年纵火自焚，殉流寇张献忠之难。他的曾孙张同敞，与瞿
式耜同死难于桂林；"同敞尸植立，首坠跃而前者三，人皆辟易"。
江陵张氏，可算无负于明室吧！假使历史上的权臣、奸臣，皆如
江陵张氏，何至亡国圮族相次呢？！我国专制政治，到明代而发
展到了高峰。钱先生的高论，实质上是认为明代的专制还不够。
然则中国的历史，到底要走向何处？

四

张居正身后之祸，几乎可说是专制政治下，想为国家真正负
一番责任的大臣所必然要受的祸。这在张居正自己也知道得很清
楚。他在万历元年《答吴尧山书》谓："二十年前曾有一宏愿，愿
以其身为蓐荐，使人寝处其上，溲溺垢秽之，吾无间焉。有欲割
吾耳鼻者，吾亦欢喜施与。"《答张操江书》谓："受重托之重，谊
当以死报国。远嫌避怨，心有不忍，惟不敢以一毫己私与焉耳。"
《答李渐庵书》谓："草茅孤介，拥十龄幼主，立于天下臣民之上；
国威未振，人有侮心；仆受恩深重，当以死报国。宋时宰相，卑
主立名，违道干誉之事，真仆之所薄而不为。"又《答李渐庵论驿
递书》谓："天下事非一手一足之力。仆不难破家沉族，以殉公家
之务。而一时士大夫，乃不为分谤任怨，以图共济，将奈何哉？
计独有力竭而死已矣。"在万历六年《答林按院书》谓："既已忘

家殉国，遑恤其他。虽机阱满前，众镞钻体，不之畏也。如是，稍有建立耳。"万历八年《答李学院书》谓："不谷弃家忘躯，以殉国家之事，而议者犹或非之。然不谷持之愈力，略不少回。故得失毁誉关头，若打不破，天下事无可为者。"他在《被言（被刘台的弹劾）乞休疏》中，也说得痛切：

> 念臣受先帝重托，既矢以死报矣……今皇上圣学尚未大成，诸凡嘉礼尚未克举，朝廷庶事尚未尽康……臣岂敢言去？……皇上宠臣以宾师不名之礼……即其恩款之深洽，亦自有不能解其心者，又何忍言去？然而臣之必以去为请者非得已也。盖臣之所处者危地也，所理者皇上之事也，所代者皇上之言也。今言者方以臣为擅作威福，而臣之所以代王行政者，非威则福也。……今谗邪之党，实繁有徒；背公行私，积习已久。臣一日不去，则此辈一日不便……若取臣之所行者，即其近似而议之，则事事皆可以为作威，事事皆可以为作福。明明之谗，日哗于耳；虽皇上圣明，万万不为之投杼；而使臣常负疑谤于其身，岂亦臣节之所宜有乎？

他的儿子张懋修事后曾惨痛地说：

> 夫人必回顾，然后周虑足以庇后；必好名，然后完美足以保功。未有见先公专行一意，但知报主，祸机毁怨身后名，都置之不顾者。明知其且破家而不恤，明知庸庸多厚福而不为，难乎免其后矣……

邹元标是因攻击张居正"夺情"而受了廷杖的人。但籍没事起，却上疏援救，说他"功在社稷，过在身家"。海瑞说他"工于谋国，拙于谋身"。这都可与张懋修的话相印证。江陵若非五十八岁便死掉，一定会及身而受到惨戮。不过当时攻击江陵的人虽多，但从政治制度上攻击江陵的，恐怕在当时只有刘台，在以后便只有钱先生了。

　　钱塘林鹿庵有《江陵救时之相论》，以为"逐新郑、废辽王、夺情起复，三者罪之大者也"。关于江陵与新郑（高拱）的关系，宋学洙（顺治丁亥翰林）在《张文忠公遗事》中考之甚详。他与新郑的相违，是为了保全他的馆师徐文贞（阶）。但新郑卒赖江陵得以保全。王大成挟刃入后宫案，王大成在初讯时谓"自戚继光及高拱所来"；江陵但以阑入罪诛之，不使其牵连构成大狱。辽王宪㸁以淫酗被废，时人诬江陵羡其府第壮丽，攘以为宅，而不知辽王故第已赐广元王（以上见张同奎《上六部稟帖》）。由此可知，以废辽王罪江陵，实出于当时腐儒谬守"亲亲"之义，又从而伪造事实，以诬蔑江陵的政治动机。至"夺情"一事，为当时不满江陵者最大的借口。袁枚《答洪稚存书》谓"古名臣如汉之赵熹、耿恭，唐之房、杜、褚遂良、张九龄，俱有夺情之事"，意谓不应以此责江陵。林鹿庵在上文中又说：

　　　其（江陵）进《直解》、进《大宝箴》、进《帝鉴图》，欲天子进学。进皇陵碑、进宝训、进御札，欲天子法祖。裁进奉，谏营造，欲天子节俭。引见贤能，欲天子知吏治。图百官于御屏，欲天子体群臣。请大阅，欲天子念边防。蠲逋赋，欲天子子庶民。绝馈遗，戒请托，欲天子知大臣法，则小臣廉。……彼（江陵）亲见贵溪（夏言）、分宜（严嵩）交相龃龉，而边备废弛……一旦柄国，辅十龄天子，绸缪牖户……以奠安中夏者十年。至江陵没而享其余威以固吾圉者，又二十年。……方其柄国时，惓惓致书贤者，辨明心曲，以为吾非不知府天下之怨；既已肩其任矣，吾欲贻冲圣以安，不专，必不一；不断，必不成。十年之间，两宫冲圣享其逸……六曹大臣荫其逸，犹日侵官。乃委琐龌龊者畏之，有才无胆者妒之，清正拘牵者非之，畏难者怨之，迎合者惮之，深文排诋者疑之。蜚语喧腾，而欲虚心衡断其是非功罪也，胡可得哉？……以忠君爱国之心，而杂以一切吐弃之意，此则太史公责淮阴不能学道谦让，不矜不伐者也。

上面的话，可谓说得痛切允当。至于有人说江陵的相权太重，代皇帝做了事；林氏在上文中则以为"宰相重，则朝廷尊，百务举；宰相轻，则朝廷卑，百事杂。自江陵没后，而诋江陵者非惟自轻，而卒以误国，而国不可为矣。……"

《明史》本传引尚书李日宣下面的一段话，以作对江陵的断案：

> 故辅居正，受遗辅政，事皇祖者十年，肩劳任怨，举废饬弛，弼成万历初年之治。其时中外乂安，海内殷阜，纲纪法度，莫不修明，功在社稷。日久论定，人益追思。

其次，则钱牧斋在《少保梁公恤忠录序》里面的话，也值得深省：

> 绍述江陵者，以阴柔为和平，以愦眊为老成，尽反其政以媚天下。江陵所用之人，一切抑没。其精强干办之才略，奄然无复存于世。……夫江陵所用之人，良马也；江陵以后所用之人，雄狐也，黠鼠也。江陵，能御良马者也。江陵以后，能豢狐鼠而已耳。国家之事，与狐鼠谋之，良马必将迁延负辕，长鸣而不食。……公与江陵，立谈数语而弭两浙之乱。向令今日公在本兵，江陵在政府，岂以奴寇遗君父哉？……念江陵之遗事，不胜其慨然也……

尤可异者，变节和尚道忞《北游录》中，载道忞在清世祖前讥张居正为揽权，世祖谓："老和尚罪居正揽权，误矣。彼时主少国疑，使居正不朝纲独握，则道旁筑室，谁秉其成？亦未可以揽权罪居正矣。"江陵在《明史》中稍得昭雪，与此一故事有甚大关系。身受江陵辅翼之功的神宗，因真信江陵有二百万两银，使江陵受残家之惨祸，而易世外夷专制之主，却不以江陵为揽权，认定其为历史中的贤相；兴亡之机，岂非表现得太清楚吗？权臣、奸臣之论，恐怕太昧于史实了。顾梁汾曾谓"先文端（疑应作'端文'）在郎署时，立论颇不直张相国。后与史太常王池书有云：'梅长公致思于江陵，其言可痛。'盖久而论定也。又相国言，有明一代，艰巨之事，众所不敢承者，率楚人当之。异时如熊（廷弼）、如杨（涟），可为一叹。"有清一代，楚人才气，已大不如明，而今人聪明伶俐，更谁会蹈江陵的覆辙呢？这一点是钱先生可以放心的。

一九六六年八月十七卷八期《民主评论》